明心寶鑑

명심보감

동양고전으로 익히는 새로운 한문법 강좌

명심보감

1판 1쇄 | 2006년 12월 10일
1판 2쇄 | 2021년 1월 10일

지은이 | 김진식
펴낸이 | 양기원
펴낸곳 | 학민사

등록번호 | 제10-142호
등록일자 | 1978년 3월 22일

주소 | 서울시 마포구 토정로 222 한국출판콘텐츠센터 314호(㊐ 04091)
전화 | 02-3143-3326~7
팩스 | 02-3143-3328

홈페이지 | www.hakminsa.co.kr
이메일 | hakminsa@hakminsa.co.kr

ISBN 978-89-7193-176-9 (03710)

明心寶鑑

명심보감

글 — 김진식

학민사
Hakmin Publishers

머리말

이 책은 『명심보감』을 '말씀'이 아닌 '언어'로 받아들이고 분석한 책입니다. 그리고 한문(漢文)이라는 고대 언어의 학습서로 만든 책입니다. 한문에 대한 문법 정의는 학자마다 견해를 달리하는 부분이 적지 않게 있는데, 이는 그 연구한 학자들이 기초한 언어가 다르기 때문이기도 하며, 고대 언어가 가지는 태초성(太初性)을 한문은 그대로 가지고 있어서 현대의 문법으로는 유효한 적용이 불가능한 요소가 많이 있기 때문이기도 합니다. 그러므로 한문에 대한 문법 정의는 전혀 새로운 시스템이 요구된다고 하겠습니다.

어떤 한문 문법서에서 어떤 비슷한 류의 구문을 총합적으로 설명하는데, 그중에 어떤 형식이 주로 사용되고 있는 것이며, 어떤 형식은 이미 천 년 전부터 거의 사용되고 있지 않는 것이며, 어떤 구문은 의미는 같지만 별다른 어기가 존재하고 있음을 부연 설명해 주지 못하는 한, 그 구문에 대한 설명은 문법서로서의 기능을 다했다고 할 수 없을 것입니다. 그러한 설명의 어려움은 한문이란 언어가 시기별로의 분명한 사용 구분을 나누기 어려운 점에 있습니다. 이는 한문의 한 특성으로 세월에 의하여 변해가는 사람들의 입말을 따라가면서도 태초의 발화구조 역시 버리지 않고 답습하는 방식에 기인한 것이기도 합니다.

마찬가지로 대개 언어 학습서는 동일한 구문에 대하여 일정한 풀이의 데이터베이스를 만들고, 해당 구문이 등장할 때마다 기존의 데이터베이스를 가져오는 방법이 설명하는 사람이나 학습하는 사람 모두에게 유효합니다. 그러나 한문은 분화될대로 분화되어 있는 현대 언어와는 다르게 태초 언어의 분화되기 이전의 모습을 그대로 간직하고 있는 경우가 많아 동일한 구조가 문장에 따라 달리 읽혀지기도 하기 때문에 근원에 대한 접근방식으로 풀이할 수밖에 없습니다.

그리고 근원적인 설명을 하려다 보니 말이 많아지고 더 많은 예문들이 요구되어져 한번에 마무리짓는 식이 아니라 해당 문장에 가장 적합한 설명만 하고 일부는 남겨 다음에 동일한 구문이 등장할 때 앞의 내용을 축약하고 다시 새로운 내용을 덧붙이는 방식으로, 이를테면 어떤 허사들은 10회 이상의 설명이 나오지만 매번 관점과 접근 방향을 달리 하여 전개해 나가기도 합니다.

이러한 방식의 기술이 자칫 처음 한문을 접하는 사람에게 더 큰 혼란을 빚게 할 수도 있고, 어느 정도 학업이 이루어진 사람에게는 납득이 가지 않을 수도 있을 것입니다. 하지만 한문 공부라는 게 한 책을 한 번에 끝낼 수 없는 게 기본이라 두 세 번 반복하다 보면 아주 명확하게 될 것이라고 생각합니다. 또한 비슷한 류의 한국어 문법과 비교 설명함으로써 이해와 학습의 효과를 높이도록 했습니다. 한문과 한국어는 유사한 근원을 가지고 있는 구문들이 많이 있습니다.

이는 GPS와 독도법(讀圖法)의 차이입니다. 처음 길을 가는 사람이 GPS의 안내에 따라 몇 번 가 보고는 나중에 그런 도움없이 혼자서 가야 한다면, 매 기점마다 방향이 다시 생각나면 다행이지만 그렇지 못하고 한번이라도 잘못 접어들면 전혀 다른 곳으로 가게 되거나 아니면 미로에 빠져 버리는 반면, 독도법을 익힌 사람이라면 목표점에 조금 어긋나게 갈 수는 있더라도 전혀 다른 지점에 도달하지는 않을 것입니다.

한문을 공부함에 있어 어떤 언어에 상관없이 현대 언어의 문법이론에 해박하다면 상당히 효율적이긴 합니다. 하지만 한문에는 현대 언어와는 개념이 다른 부분이 많아서 피치 못할 틈바구니가 있게 됩니다. 그것은 현대 한국어가 몸통이 되는 단어나 품사에 활용이라는 구멍을

뚫어 다른 품사와 연결시키고, 또 격조사라는 볼트로 위치(格)를 고정시켜 나가는 일종의 모듈 구조인 반면, 한문은 다수의 크고 긴 구조물이 장부와 같은 이음매 방식으로 서로 연결되어 보다 큰 구조로 이어져 나가는 통합형입니다. 한 구조물이 다른 구조물의 부속이 되는 것이 아니라 상호 지지대의 기능을 함께 하는 식이기 때문입니다. 이것이 한문이 가지는 태초성의 하나입니다.

한문 문장의 기본은 끊임없는 단문의 연속입니다. 단문의 연속 역시 모든 언어의 태초성일 것입니다. 이러한 단문과 단문의 연속이 수 천년 진화하여, 어떤 단문은 격조사와 같은 부가적인 요소로 퇴화하기도 하고, 또 어떤 요소는 활용어미로 다음 문장과 섬세한 결합을 이루게 하는 요소로 진화하는데, 한문은 그러한 진화를 거의 하지 않고 있는 것입니다. 언어에 있어서 진화란 곧 세분화를 의미하는데, 그런 세분되지 않은 모습으로 하나의 문자가 현대 언어의 다수의 품사나 의미에 걸쳐지게 되는 것입니다. 이 걸쳐지는 현상으로 분석하는 사람이 더 자기에게 적합하게 여겨지는 것으로 주장하면 결국은 오류가 되고 말 것입니다.

한문에 대한 현대 문법으로의 분석은 한문이라는 언어에 대한 '정의내림'이 아니라 '원활한 이해의 도움'에 지나지 않음을 우선 알고 시작해야 합니다. 이 책에서도 동사다, 조동사다, 부사다 하고 지정하고는 있지만 '동사와 비슷한, 조동사와 비슷한'의 의미로 사용하고 있음을 미리 말씀드립니다. 한문을 읽음에 항상 염두에 두어야 할 것이 이 태초성입니다. 이러한 부분들 역시 이 책에 비교적 자세히 설명을 해 놓았습니다.

2300여년 전 진(秦)나라의 권력자 여불위(呂不韋)는 자신의 문객들의 말과 글을 집대성한 『여씨춘추(呂氏春秋)』를 내놓고, "이 책에서

한 자라도 더 하거나 뺄 수 있는 사람이 있다면 천금을 주겠다"고 했습니다. 한문은 고대로부터 글쓰기에 있어서 완전성을 추구한 언어입니다. 생략해서는 안되는 글자는 생략하지 않았으며, 의미가 통하는 한은 또 무엇이건 가리지 않고 생략하기도 한 것입니다. 한문을 풀이함에 있어서 생략되어진 목적어나 주어와 같은 성분은 '문맥상' 추가하여 풀이할 수 있지만, 문법적으로 즉 상적이나 서법(敍法)적으로 함의하고 있는 의미는 구체적인 의미의 단어를 추가하여 풀이할 수는 없는 것입니다.

한문 문장의 반에 가까운 허사(虛辭)들이 서로 엉키어 그런 서법적인 함의를 가지고 있는 경우가 많습니다. 그런데 그에 맞춘 풀이를 하지 않고 별도의 구체적인 단어를 추가해버리고, 해당 허사는 무의미하게 사용된 것처럼 넘어가 버릴 수는 없습니다. 허사는 그렇게 풀이하지 않고 넘어갈 수 있는 글자들이 아니라고 생각합니다. 문투가 달라지고, 어감이 달라지고, 심지어는 의미마저도 달라집니다. 전체 문맥에 따라 감각적으로 읽혀지도록 씌어진 게 한문이 아닙니다. 현대의 그 어떤 언어도 따라올 수 없는 완성도를 지니고 있습니다. 그 완성도는 함축에서 나오는 것입니다. 함축 혹은 함의는 숨기고 감춘다는 의미가 아닙니다. 특이한 방식으로 드러낸다는 말이기도 합니다. 고대의 지식인들에 의하여 적어도 반만년 이상의 세월 동안 세련되어진 언어입니다.

한자(漢字)는 한문(漢文)으로 씌어진 이상 한 자[一字]도 그냥 넘어갈 수 없으며, 한 자도 임의적으로 추가해서는 안 된다는 게 저의 한문에 대한 생각입니다. 현대 중국어나 영어와 같은 언어에서는 한문 방식으로는 문장이 성립되지 않아 피치 못하게 별도의 단어를 추가하여 풀이해야 하지만, 한문을 한국어에 적용시킬 때에는 한 자도 더하거나 뺄 필요없이 꼭 맞아집니다. 한문이 이 땅에서 더욱 융성할 수 있었던 원인이기도 한 것입니다.

언어에 있어서 서법(敍法)과 시제(時制)는 완성을 의미합니다. 이 상(相)과 시제가 빠지면 모든 문장은 단순 서술문이 되고 맙니다. 한국어는 첨가어(添加語)로서 조사와 활용어미가 덕지덕지 붙어 가면서 정말 다양하고 미묘한 상과 현란한 어감을 구사해냅니다. 언어를 이루는 한 구성요소에 불과한 이 상과 시제의 기능은 놀라운 것입니다. 외국인이 한국어를 배울 때 가장 어려워하는 부분이며, 가르칠 방도 또한 막막한 부분이기도 합니다.

사람의 말에 있어서 상(相)은 언어에 앞서는 개념입니다. 결국 놀람, 기쁨, 위협, 방향의 지시 등 본능적인 감각을 표현하는 소리냄이 바로 상의 표현이기 때문입니다. 비, 구름, 바람과 같은 자연의 물질이나 현상이 사람의 언어로 옮겨올 수 있었던 것은 그 물질에 대한 인간의 공통된 정서[相]가 있었기 때문입니다. 공통된 정서는 단일한 소리냄을 이루게 되었으며, 이 단일한 소리가 결국 구체적인 의미를 가진 단어로 발전하게 된 것입니다. 그리고 더 이상 구체적인 단어로 발전할 수 없는 일련의 정서[相]들은 감탄사나 종결사, 그리고 문법적인 상조사로 발화됩니다.

그렇게 언어에 있어서 상은 언어 이전의 언어로 사람의 소리를 말로 만들어준 것이기도 합니다. 또 상과 단어는 절대 동질의 것이 아니기에 상호 유기적인 관계를 이루고, 그 개별 단어들은 각기 다른 단어로의 유착(癒着)을 가능하게 합니다. 화단에 피어 있는 '장미꽃' 이 그녀의 '입술' 로 옮겨 가기도 하고, 때로는 '아…' 와 같은 감탄사 하나로 함축되어 버리기도 합니다. 그렇게 상은 모든 언어 표현의 기본이 되는 것이며, 언어에 힘을 부여하는 근간이 되는 부분입니다.

문법적인 상과 정서적인 상은 정의적으로는 다른 것이긴 하지만, 사고의 전달을 보다 효율적으로 하는 측면에서나 생성과정에서나 근본은 같은 것이라 할 것입니다.

한문의 특징으로 함축성과 생략성이 있는데, 주어든 목적어든 보어든 가리지 않고 의미가 통하는 한은 생략해 버립니다. 이러한 생략성은 고대 한인들의 구어에 대한 반영이기도 하며, 또한 한국어 구어의 큰 특징이기도 합니다. 그러한 생략을 가능하게 하는 것은 상을 나타낼 수 있는 서법조사와 시제의 발달에서 기인한 것입니다. 한문 허사의 대부분은 독자적인 의미를 가지지 못하고 다른 말과의 호응에 의하여 아주 복합적이고 다양한 의미로 나타나는 경우가 많은데, 이런 일련의 허사들과 실사의 조합은 결국은 상과 시제에 관련된 것이라는 게 한문에 대한 저의 또 다른 관점입니다.

하지만 어느 문법서에도, 어느 허사사전에도 그러한 상과 시제에 대한 언급은 거의 없는데, 아니 그런 관점 자체가 없는 것과 마찬가지인데, 문장의 주성분도 가리지 않고 생략하면서 상과 시제마저도 없다면 그것은 언어로서 요건이 채워지지 않는다고 할 수 있을 것입니다. 단순한 의미전달을 위한 기호체계에 불과한 것입니다. 겨우 그러한 기호체계를 구축하기 위하여 엄청난 양의 허사가 동원되지는 않았을 것입니다. 한문 문장을 살펴보면 각 문장 거의 반에 가까운 글자들이 허사인데, 이렇게 많은 허사가 발달해 있다는 것은 한국어에 못지않은 상과 시제가 한문에도 존재함을 의미합니다.

만약 한국어에 상을 표현하는 조사와 활용어미들이 없다면 각 문장마다 객체와 주체가 필요한 영어와 같은 언어가 되고 말았을 것입니다. 한 예로 '가다, 갔다, 갔었다' 처럼 동사에 시제만 존재한다면, 동사의 주어는 사람과 사물, 그리고 가정적인 상황 등 포괄적인 모든 명사가 다 올 수 있습니다. 근데 '가더라' 처럼 '~더라' 가 활용됨으로 주어가 적어도 화자(話者)와 청자(聽者)는 아님이 분명해집니다. 또한 발화되고 있는 현장의 일이 아닌, 즉 회상(回想)이라는 상적 의미를 가

집니다. 시제에 관해서는 '미래' 외에는 중립적인 상태가 됩니다. 현재 시제로서는 '(아직은) 가고 있는 중인 상태' 일 수도 있습니다.

여기에 사역과 피동접미사, 그리고 의존명사까지 더해집니다. 한국어는 어떤 동사나 형용사든 뒤에 추가되어질 수 있는 활용어미와 서법을 나타내는 상조사는 다른 언어에 비해 무궁무진하다고 할 것입니다. 이런 상조사의 발달이 문장의 기본성분의 생략을 가능하게 하는 것입니다. 한문은 한국어보다 더 많은 생략성이 있습니다. 아직 다 밝히지 못한 허사(虛辭)의 용법에 시제(時制)와 상(相)이 존재하고 있는 것입니다. 그리고 이런 상과 시제의 어우러짐은 영어권이나 현대 중국어의 관념으로는 받아들이기 어려우며, 한국어와 거의 흡사한 발화의 방식이기도 합니다.

한국어 표현에 '사랑한 것이다' 는 '사랑한 게다' 로 축약되는데, 이에 대한 분석은 보는 사람에 따라 다를 수는 있지만 '사랑하다' 라는 타동사를 의존명사 '것' 이 한번 휴지(休止)시킨 다음에 자동사형의 계사로 풀어 놓은 형식입니다. 이는 단순한 '사랑하다' 라는 의지적인 감정의 표현을 '자신도 어쩔 수 없는 자동적인 상황' 으로 한 번 변환시킴으로써 그 사랑에 대한 당위성과 필연성을 표방하는 방식입니다. 의존명사 '것' 이 피동형으로서 강조 이상의 강조를 나타내는 것입니다. 그리고 이 문장은 다시 '사랑한 것이야' 와 같은 방식으로 한 번 더 단정의 상을 부여합니다. 그리고 다시 '사랑한 겨' 로 축약됩니다. 이러한 '겨' 에 대한 표현은 영어권의 언어나 현대 중국어로서는 거의 불가능한 것입니다. 수많은 수식어구를 사용하든지, 두 개 이상의 문장이 요구되는 표현입니다.

현대 한국어는 너무 정형화되어 있습니다. 어쩌면 그것은 서구의 문법을 한국어에 열심히 대입시킨 결과일 것입니다. 그런 나머지 지금은 기본적인 문형 외엔 거의 서구화되어 있습니다. 열심히 대입시키고 더 이상 대입시킬 수 없는 나머지 것들을 따로 모아 '한국어의 우월성' 이라고 주장하기도 합니다. 지금 '겨' 와 같은 표현은 드라마같은 것에서 조연의 '향토적인 감칠맛' 정도의 대사로 사용되고 있습니다. 어쩌면 우리는 아버지, 할아버지대의 발화(發話) 방식을 그대로 답습하는 것이 더 옳았을 수도 있습니다. 그 발화 방식을 그대로 문장 쓰기에도 적용시켰어야 하는 것이었습니다.

『명심보감』이라는 고대 중국어 문장을 풀어 놓은 책의 머리글에 이러한 이야기를 하는 것은 한문에 저러한 발화방식이 그대로 적용되고 있기 때문입니다. 한국어의 한 특성으로 분류되는 그러한 부분에서의 언어적 일치가 많이 발생하는데, 고립어인 한문과 첨가어인 한국어라는 근본계통이 다른 두 언어에서의 단순한 우연으로 보기 힘든 언어적 일치는 그 근본체계가 같은 곳에서 출발하였음을 나타냅니다.

한문의 부정사(기존 한문 문법 정의에 의한)로 莫(말 막)자가 있습니다. 이 문자가 사용된 문장을 한국어로 풀이하면 '결코 ~할 수 없다', '더 ~것은 없다', '아무도/ 어느 것도 ~않다/못하다' 등으로 의존명사를 동반한 형식의 강한 상을 띠게 됩니다. 이를 구조적으로 분석하면 '無/毋+之+ (어감의 뒤틀림 : 한국어의 보조사 혹은 특수조사에 해당)' 로 일련의 조사 연합체입니다. 이외에도 한문에는 합음사로 焉(於+之), 然(如+之) 등이 있는데, 기존의 정의에서는 이 때의 之를 일반적으로 목적어로 사용되는 대체사로 풀이하고 있습니다. 하지만 실제 문장에 사용된 사례의 풀이에서는 之는 대체사라기보다는 문법적으로 독립된 명사성 지시사로, 어떤 독특한 상적 기능을 하고 있습니다. 이 之는 한국어의 의존명사와 거의 흡사한 형태로 이 역시 첨가어적인 요소입니다. 또한 의존명사는 한국어의 특수성의 하나이기도 합니다.

기존의 문법정의에 의한다면 之는 대체사로, 모든 합음사들은 '개사

+목적어' 의 형태입니다. 이 개목구조는 한문 문형의 가장 일반적인 형태이며, 따라서 빈도 높은 사용에 의하여 영어의 전접어(前接語 : 예 I will → I'll)처럼 이어지거나 하나의 발음으로 축약될 수 있는 것이지만, 대개의 합음사들은 잦은 사용에 의한 것이 아니며, 개별의 독특한 문법구조 내에서 발생한다는 것입니다.

저러한 모든 합음사들은 한국어의 '것이야' 가 '거' 로 축약되는 것과 마찬가지로 하나의 음가가 두 개 이상의 단어[혹은 형태소]를 포합(抱合)하는 발음현상에 대한 표기이며, 이는 교착어(膠着語)의 특징입니다. '한문(漢文)은 고립어(孤立語)' 라는 개념에 반(反)하는 현상입니다. 물론 언어의 계통 분류는 한정적이거나 절대적인 정의가 아니며, 서로 다른 어족의 특징을 동시에 가지고 있는 것이며, 시간의 흐름에 따라 또 이민족과의 역사적 배경과 함께 조금씩 전이되는 것이기도 하지만, 여기서 말하고자 하는 것은 저러한 문자들이 처음 고안되고, 저런 독특한 문법구조로 사용되기 시작한 시기에 관한 것입니다.

문헌상으로는 거의 3천년에 가까우며, 실제 저러한 용도로의 사용은 5천년 혹은 1만년 전으로도 거슬러 올라갈 수도 있을 것입니다. 교착어를 구사하는 사람이 아니라면 결코 표기할 수 없는 방식의 문자인 것입니다. 만약 한자에 음이 없고 뜻만 있다고 가정하고 문형을 '주어+목적어+술어' 의 순으로 하여 '我汝愛' 라고 표기한다면, 어족을 초월하여 '나는 당신을 사랑한다' 는 의미를 전달할 수 있을 것입니다. 이런 상태로 표기된 기호체계는 어족(語族)적인 계통 분류가 불가할 것입니다. 아니 모든 어족을 포괄하는 형식의 문자언어일 것입니다.

'我汝愛' 라는 단순 의미전달 체계가 하나의 계통언어로서 자리잡기 위해서는 독특한 문법구조를 가진, 즉 조사나 활용의 형식이 첨가되어야 하는데, 한자는 처음부터 표의적으로 개발되었기에 사람의 말에 있는 세세한 음을 나타낼 수가 없었습니다. 따라서 한문이 활용하는 언어에서부터 시작된 것인지 아닌지에 대하여 밝혀내기 위해서는 일련의 독특한 조사 사용에서 그 기원을 찾아낼 수 있을 것입니다.

예로 '나는 당신을 사랑하는 것만은 않겠다' 라는 표현은 '나는 당신을 절대 사랑하지 않는다' 라는 표현과 유사하기는 하지만 분명 다른 어기를 함의하고 있습니다. 전자는 후자에 비하여 '나' 와 '당신' 과의 관계가 보다 더 직접적 혹은 상대적이며, 과거에서 미래로의 시간의 전이에 따른 감정의 전이[뒤틀림]도 함의하고 있습니다. 하지만 후자는 그런 것에 비교적 중립적 혹은 객관적인 상황입니다. 전자는 교착어적인 표현방식이며, 후자는 어족을 포괄하는 방식입니다.

여기에서의 '~ 것만은 않겠다' 와 같은 표현은 현대 한국어에서는 하나의 음가로 포합되지 못하지만, 5천년 전에는 하나의 음가에서 점점이 분화되어 나왔을 수도 있을 것입니다. 이 유추는 단순한 가정입니다. 그 가정은 그러한 음운현상이 교착어의 특징이기 때문입니다. 이러한 복합적인 문법 기능을 가졌던 초기 한문에서의 莫과 같은 문자들은 근대로 올수록 그 기능이 점점 단순화되어 갑니다. 이것은 언어에 있어서의 점진적인 변화로 볼 수 없는 현상입니다. 고립어족에 있어서 莫자와 같은 일련의 허사(虛詞)들은 이물질로, 아무리 오래 단련하더라도 언어 사고에 체득될 수 없는 것이기 때문입니다.

이외에도 더 고대에서 덜 고대로, 혹은 한문에서 현대 중국어로는 언어의 점이적 변화로 볼 수 없는, 근본체계상의 상이(相異)로 보여지는 많은 현상들이 있습니다. '한문은 어려운 언어이다' 라는 고정관념은 이러한 이중체계 언어에서 온 것입니다. 합음사는 생략, 축약 혹은 융합의 형태로 현재까지 알려진 것보다 훨씬 더 많은 수가 존재하고 있습니다. 이런 정황들에 의하여 아래의 가설을 세웁니다.

고대 중국과 인접한 지역에서 교착어를 구사하던 어떤 민족이 그들의 입말을 축약하는 형태의 문자를 만들었다. 이 민족을 북방민족으로, 그들이 개발한 문자를 북방어(北方語)라고 가칭한다.

이 북방어는 한족(漢族)에게 전해졌으며, 수 천 년 이상 한족은 이 원형의 북방어를 자신들의 언어 습관에 맞도록 개작하고, 또 새로운 문자들을 개발하여 대략 춘추전국시대에 이르러서 새로운 형태의 문자언어의 기초를 닦는데, 이것이 현재 한문(漢文)이라 불리어지고 있는 변종북방어(變種北方語)이다.

춘추전국이라는 대혼란기를 통일제국의 구축이라는 성공으로 마감한 결과 구심점있는 명령체계에서 오는 강력한 군사력, 혼란기를 통한 물질문명의 급속한 발달, 더없이 많은 인구 등으로 인하여 한족은 주변 국가들에 영향력을 행사하였으며, 그에 따라 이 변종북방어는 아시아 전체의 공통어로 자리잡게 되고, 문학과 사상과 같은 인간의 사고를 표현하는 독특하고 아름다운 언어로 급속히 발전한다.

20세기 초반에 이르러 변종북방어의 기본체계가 한족의 언어사고와 근본적으로 맞지 않자 '백화문(白話文) 운동'을 일으켜 그들 스스로 한문을 타도하기에 이른다. 하지만 수 천 년 이상 신봉해온 이 북방어의 지배력은 막대한 것이어서 일본처럼 새로운 표음문자를 만들어내지도 못하고, 기존의 복합적이고 난해한 문법구조를 그들의 언어사고에 맞게 단순화시키고, 복잡한 자형을 간략화시킨 정도에 그치고 만다. 이것은 언어의 발전 혹은 진화라기보다는 더 많은 퇴행적인 요소를 가지고 있는 것이다. 이를 무마하기 위하여 중국 정부는 백화문 작가들을 국가적 차원에서 지지하고 선양한다.

한족만의 문화유산이라고 할 수 있는 만리장성의 부자재가 민가(民家)의 가축우리로 사용되고 있는 것은 방치하면서도, 이민족의 고대 유적지에 대해서는 1급 국가요원을 파견하여 통제하고 그들의 역사에 맞도록 오·훼손한다. 이것은 원형북방어와도 관련이 있다. 이런 한족의 역사 왜곡은 2천년 이상 된 내력이기도 하다.(사서삼경은 물론 모든 제자백가서는 왜곡 혹은 개작된 내용이기도 하다)

한족에 있어서 문자 언어는 그들의 문화유산이기도 하지만, 수천 년 그들의 정신세계를 억압해온 것이기도 한 딜레마이다. 원형북방어가 한족에게 전해지는 과정은 지배와 피지배의 관계로, 강압에 의한 지배가 아닌 추종에 의한 관계이며, 그 기간은 장구한 세월이다. 단순한 지역적인 인접이나 교류에 의한 것이었다면 실사(實詞)나 단어류(單語類)의 차용에 그쳐야 하지만, 어형은 물론 문법구조상의 변화를 동반하기 위해서는 그러한 관계가 아니고서는 발생하기 어려운 것이다.

소설적 요소를 가미한 가설입니다. 하지만 이 변종북방어 가설, 즉 이중체계 언어는 한문 문장의 구석구석에서 만나지는 난해한 구문을 연구하는데 좋은 나침반 역할을 할 것입니다. 이 가설에서 파생되는 또 다른 가설과 그에 이어지는 정황들도 있지만 이에 대한 구체적인 논증은 다음 기회로 미루고, 여기서는 한자(漢字) 보기와 한문(漢文) 읽기에 대한 새로운 시각을 제시한다는 것에 의미를 두겠습니다.

翌者 金眞息

明心寶鑑

子曰 爲善者 天報之以福 爲不善者 天報之以禍 漢昭烈 將終 勅後主曰 勿以善小而不爲 勿以惡小而爲之 太公曰
見善如渴 聞惡如聾 又曰 善事須貪 惡事莫樂 馬援曰 終身行善 善猶不足 一日行惡 惡自有餘 司馬溫公曰 積金以
遺子孫 未必子孫能盡守 積書以遺子孫 未必子孫能盡讀 不如積陰德於冥冥之中 以爲子孫之計也 子曰 爲善者 大報之以福 爲不善者 天報之以
禍 漢昭烈 將終 勅後主曰 勿以善小而不爲 勿以惡小而爲之 太公曰 見善如渴 聞惡如聾 又曰 善事須貪 惡事莫樂 馬援曰 終身行善 善猶不足
一日行惡 惡自有餘 司馬溫公曰 積金以遺子孫 未必子孫能盡守 積書以遺子孫 未必子孫能盡讀 不如積陰德於冥冥之中 以爲子孫之計也 子曰
爲善者 天報之以福 爲不善者 天報之以禍 漢昭烈 將終 勅後主曰 勿以善小而不爲 勿以惡小而爲之 太公曰 見善如渴 聞惡如聾 又曰 善事須貪

차례

子曰 爲善者 天報之以福. 爲不善者 天報之以禍. 漢昭烈 將終 勅後主 曰 勿 以善小而不爲 勿 以惡小而爲之. 太公 曰 見善如渴 聞惡如聾. 又曰 善
事須貪 惡事莫樂. 馬援 曰 終身行善 善猶不足. 一日行惡 惡自有餘. 司馬溫公 曰 積金以遺子孫 未必子孫能盡守. 積書以遺子孫 未必子孫能盡讀. 不
如積陰德於冥冥之中 以爲子孫之計也. 子曰 爲善者 天報之以福. 爲不善者 天報之以禍. 漢昭烈 將終 勅後主 曰 勿 以善小而不爲 勿 以惡小而爲之.
太公 曰 見善如渴 聞惡如聾. 又曰 善事須貪 惡事莫樂. 馬援 曰 終身行善 善猶不足. 一日行惡 惡自有餘. 司馬溫公 曰 積金以遺子孫 未必子孫能盡
守. 積書以遺子孫 未必子孫能盡讀. 不如積陰德於冥冥之中 以爲子孫之計也. 子曰 爲善者 天報之以福. 爲不善者 天報之以禍. 漢昭烈 將終 勅後主
曰 勿 以善小而不爲 勿 以惡小而爲之. 太公 曰 見善如渴 聞惡如聾. 又曰 善事須貪 惡事莫樂. 馬援 曰 終身行善 善猶不足. 一日行惡 惡自有餘. 司馬

繼善篇

계선편

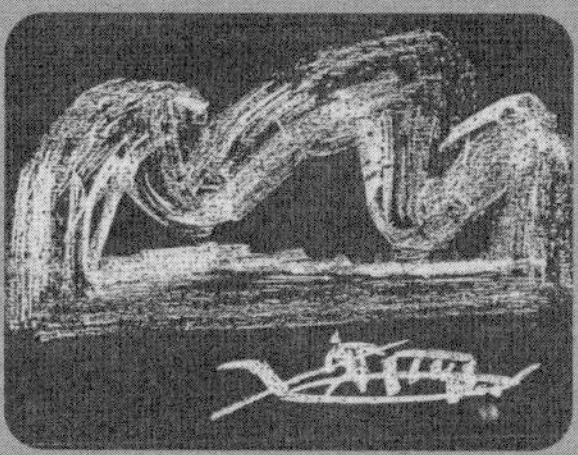

明心寶鑑

子曰 爲善者 天報之以福 爲不善者 天報之以禍 漢昭烈 將終 勅後主曰 勿以善小而不爲 勿以惡小而爲之 太公曰 見善如渴 聞惡如聾 又曰 善事須貪 惡事莫樂 馬援曰 終身行善 善猶不足 一日行惡 惡自有餘 司馬溫公曰 積金以遺子孫 未必子孫能盡守 積書以遺子孫 未必子孫能盡讀 不如積陰德於冥冥之中 以爲子孫之計也 子曰 爲善者 天報之以福 爲不善者 天報之以禍 漢昭烈 將終 勅後主曰 勿以善小而不爲 勿以惡小而爲之 太公曰 見善如渴 聞惡如聾 又曰 善事須貪 惡事莫樂 馬援曰 終身行善 善猶不足 一日行惡 惡自有餘 司馬溫公曰 積金以遺子孫 未必子孫能盡守 積書以遺子孫 未必子孫能盡讀 不如積陰德於冥冥之中 以爲子孫之計也 子曰 爲善者 天報之以福 爲不善者 天報之以禍 漢昭烈 將終 勅後主曰 勿以善小而不爲 勿以惡小而爲之 太公曰 見善如渴 聞惡如聾 又曰 善事須貪 惡事莫樂 馬援曰 終身行

子 曰 爲善者 天報之以福.
爲不善者 天報之以禍.

자 왈 위선자 천보지이복 위불선자 천보지이화

선생께서 "선을 행하는 것에 하늘이 복을 보답할 것이고,
악을 행하는 것에 하늘이 그에 화를 갚을 것이다"라고 말하였다.

풀이

子 한문에서 남자에 대한 미칭(美稱)으로 포괄적으로 사용된다.

夫子 : '선생님' 의 의미로 대화 등에서 상대방이나 제3자에 대한 존칭으로 사용된다.

吾子 : '나의 선생님' 의 의미로 보통 상급자가 존중해야 할 하급자에게 부른다.

豎子 : 종아이. 어린 남자 종에 대한 일종의 애칭이다.

이러한 사용으로 子는 '사람' 의 의미를 상실한 하나의 명사접미사로 정착하게 된다.

曰 '말하다, ~라고 불리다' 의 의미이며, 직접인용문을 이끈다. 간접인용문의 경우에는 云이 사용된다. 한국어에서의 직접인용과 간접인용의 차이는, 대화나 전술한 내용을 그대로 가져올 경우 '(이)라고 말하다' 는 형식으로 직접인용을, '~이라는 말을 했다' 는 형식으로 간접인용을 나타낸다. 한문에서는 구체적이고 분명한 상황에 대한 인용일 경우에는 曰이, 그렇지 않은 경우에는 云이 사용된다. 대화체에서 대화의 내용은 曰이, 책 등에서의 인용일 경우에는 云이 사용된다. 종종 이러한 원칙이 혼용되는 경우가 있는데, 이는 어떠한 내용이나 책을 여러 사람이 옮겨 적는 과정에서 발생한 일종의 오류로 보여진다. 앞으로 曰

과 云에 대한 풀이는 원칙에만 의거하지 않고 문맥에 맞추어서 풀이할 것이다.

爲善者 선을 행하는 경우에

여기서의 者는 之也와 같다. 종속절 끝의 也는 시간성을 함의하는 '때' 의 의미로 사용된다. 이 구문을 직역하자면 '선을 행하는 것에' 로, 여기서 者는 직역을 하자면 '것' 이지만, 한국어의 의존명사와는 조금 다른 문법적 기능이 있는데, 그것은 경우나 상황을 나타내는 '때' 의 의미이다. 주어(天) 앞에는 관형어(주어를 수식)나 부사어 외에는 올 수 없다. 문법의 가장 기본적인 내용이기도 하다. 爲善者를 '선을 행하는 사람' 으로 풀이한다면, 명사구로서 주어 앞에 성립될 수 없다. 이를 만약 爲善人이라고 한다면 하나의 독립된 문장으로 풀이할 수 있지만, 者가 '사람' 의 의미로 사용된 경우는 '之人(~의 사람)' 의 합으로 분명한 명사구를 이루는 형태이다.

爲善者 天報之以福의 구문은, 기존의 풀이서에서는 ① '선을 행하는 사람은 하늘이 그에게 복으로 보답한다' 가 가장 일반적인 형태이다.

그리고 之를 대체사(代替詞), 대사(代詞), 지시대명사(指示代名詞) 등으로 분류하고, 이 문장에서 지시하는 것은 爲善者(선을 행하는 사람)이며 '그에게' 로 풀이하고 있는 것이다.

하지만 풀이 ①의 한국어를 다시 한문으로 작문하면, ①-1 '善報福' (선하면 복을 보답받는다)이다.

저 세 글자면 더 이상 추가할 글자도 삭제할 글자도 없다. 善이라는 형용사는 기본적으로 사람에게만 부과되는 특징이기에 이런 경우 한문 문장에서는 人을 생략해 버린다. 人을 사용한다면 별도의 강조적인 어기를 나타내려고 하는 것이며, 복을 보답할 수 있는 존재란 하늘뿐이므로 같은 이유로 天은 생략해 버린다. 그리고 이것은 거의 한국어 구어에 가까운 발화(發話) 방식이기도 하다.

이 말은 유가(儒家)의 시조(始祖)인 공자의 언행으로 전해지고 있다. 맹자에게서는 뿜어져 나오는 드라마틱한 웅변감, 장자에게서는 장대히 흘러가는 강을 대하는 듯한 담대함이 있다. 풀이 ①은 촌로(村老)의 덕담(德談)과 같은 내용이다. 공자가 자신의 학문의 내용으로 기술한 것이거나 제자들에게 가르치기 위하여 한 말이라고 보기는 어렵다.

天이란 개념은 그 기원을 알기조차 묘연한 것으로——4천 5백 년 전의 단군신화를 생각해 보라——인류의 문명과 함께 한다고 보아야 할 것이다. 하지만 유구한 세월 동안 모든 정의의 귀결점으로 작용되어 오다가 주(周)나라 말기 天의 아들로 여겨지던 타락한 천자(天子)들에 의해 그 기능이 상당수 쇠약해진 상태로 춘추전국(春秋戰國) 시대가 시작되고, 이 天을 대신하여 새롭게 생겨난 비전이 道이다. 그리고 이 도에 대한 나름의 정의를 당시의 많은 학파들이 내리고, 그것으로 민심을 수습하고 새로운 정치이상으로 구현하고자 하였다. 그 중 대표적인 것이 유가(儒家)와 도가(道家)이다. 이런 상황에서 풀이 ①이 유가의 시조인 공자(孔子)의 말로 전해지고 있는데, 이에는 별다른 시각이 요구되는 것이라 하겠다.

풀이 ①과 같은 내용은 현대의 모든 사람이 다 구사할 수 있지만, 아무도 사용하지 않는 말이기도 하다. 그리고 그것은 공자 시대에도 역시 마찬가지 상황이었을 것이다.

하지만 풀이 ①과 같은 말이 아니라 아래의 ②와 같은 내용이라면 경우에 따라 얼마든지 사용이 가능할 것이다.

② '(그래서/그렇다면) 선을 행한다는 것에 하늘이 복으로 보답한다는 게다/ 보답할 것이다.'

가설을 하나 세운다면, 공자의 시대에 어떤 제후가 잘못된 전쟁을 일으켰다든지 학정(虐政)을 일삼고 있을 때, 공자가 주나라나 그 앞의 어떤 타락한 천자에 비견을 하면서 그 결과에 대한 암시로 ②와 같은 말을 했다면, ②는 분명 군주에 대한 계도(啓導)의 글로서 '주나라 초기의 덕치(德治)가 구현되는 이상사회로 돌아가겠다'는 유가의 기본 이념과 잘 맞아지는 것이며, 그래야만 공자의 언행으로 기록되고 전승되어질 가치가 발생하는 것이다.

한국어 풀이 ②에 대하여 분석하자면, '선을 행한다'와 '하늘이 복을 보답한다'는 두 문장이 결합한 형태이다. 이 두 문장을 부드럽게 그대로 이어붙인다면, '선을 행하면 하늘이 복으로 보답한다'가 될 것이다. 그리고 보다 강조적으로 끊어 붙인다면 풀이 ②가 된다. 그러기 위해서는 두 문장을 모두 명사화시켜야 하는데, 이때 동원되는 것이 의존명사 '것'이다. 두 문장을 결합시킬 때는 항상 양쪽을 모두 명사화시켜야 더 자연스럽다.

한국어 풀이 ②와 같은 한문 작문은 현재까지의 한문에 대한 문법 정의로는 불가능하다. 그러기 위해서는 새로운 정의가 필요하다.

이 책에서 내린 정의는, "之는 지시사로서 한국어의 의존명사 '것+∝'로, 여기에서의 ∝는 서법에 관여하는 상(相)조사"라는 것이다. 이때의 之는 앞뒤 말과의 관계에 의해서 생겨나는 한국어의 조사에 해당하는 것이다. 상조사라고 하는 것은 문법적인 활용 측면에 대한 분석이며, 실제로 之의 기본적인 용도는 '지시사(指示詞)'이다. 지시사는 지시대명사와 지시관형사뿐만 아니라 한국어의 속격조사 '의'를 모두 포함하는 개념이다.(한국어의 속격조사 '의'에는 지시적인 기능이 있다. '동방의 예의지국'은 결국 '동방, 그것의 예의지국'을 의미하기 때문이다. 즉 '의'는 바로 앞말을 그대로 재지시하는 형태이기 때문이다)

者는 之也(직역하여 '그것의 때에', '~의 때에')의 합음으로 정의한다.(모든 경우의 者가 之也의 합음은 아니다. 명사접미사 者와는 발

음상의 차이가 있었을 것이다)

다시 본문을 불러와, 爲善者(之也) 天報之以福(선을 행하는 것의 때에 하늘은 복으로 보답할 것이다)에서 선행절 끝의 也는 특정한 상황이나 시간의 참조가 없는 '때'로 경우나 상황을 나타낸다.

종합해서 설명하면, 爲善(선을 행하다)과 天報福(하늘이 복을 보답한다)의 주어가 다른 두 문장이 결합한 형태로 선행절을 화제구로 제시하는 방식이다. 한 문장을 전체 문장의 하나의 성분화(화제구-부사구)시키기 위하여 者(직역하여 '것〔에〕')를 결합시킨 것이다. 즉, 앞 문장을 爲善(者)로 之에 의해 품사화시켜줌으로써 뒷 문장에도 이에 맞추어 之(직역하여 '것')가 삽입되어 天報(之)以福이 된 것이다.

이는 한국어의 절 결합 방식과 거의 같은 것이다.(참고로 의존명사에 의한 절 결합방식은 한국어의 한 특수성이기도 하다. 이 문장의 之가 한국어 문법의 의존명사와 같은 기능을 수행하고 있는 것은 특기해야 할 점이다)

한국어 : 선을 행하다 + 하늘이 복을 보답한다=선을 행하는 것에 하늘이 복을 보답하는 것이다

한문 : 爲善 + 天報福 = 爲善者 天報之以福

한국어에서도 주어 앞에 등장하는 시간과 경우를 나타내는 '~의 때'는 마치 명사구(주어 앞에 사용된 관형어)처럼 사용되지만, 실제로는 '~의 때(에)'로 뒤에 처격조사 '에'가 '때'에 융합되어 있는 형식으로 부사어로 사용되는 것이다.

또 특이한 점은 한문에서 '동(동목구)+者'가 문두에서 이렇게 부사어(화제구)로 작용하지만, 문중이나 문말에 위치하게 될 때에는 명사구로도 작용한다.(이때 개사는 사용되지 않는다. 개사가 생략되는 것

이 아니라 사용되지 못한다) 한국어의 '~의 때' 역시 이와 동일하다. 이는 한국어의 '때'가 처격조사 '~에'를 융합하고 있듯이 한문의 者도 개사의 기능을 융합하고 있기 때문이다.

한문의 '동(동목구)+者'와 한국어의 '~의 때'가 의미적으로나 통사규칙 면에서나 동일한 점은 경이로운 것이라 하겠다.(음의 차용도 아니고 우연의 일치라고 보기 어려운 한문과 한국어의 언어상의 유사한 특수성은 이 외에도 적지 않게 발견된다)

以福 복을

여기서의 以는 개사(介詞)이다. 개사는 전치사(前置詞)라고도 하는데, 전치사는 일반적인 한문 문법상의 용어이다. 이 책에서는 전치사란 용어를 사용하지 않고 개사라 했다. 전치사는 단순한 위치적으로 개념을 분석한 것이며, 그러한 정의는 단순한 조사임을 분명히 하는 것이기도 하다. 하지만 한문의 개사는 전치사와는 달리 동사적 어기를 나타내고 있는데, 以福을 직역한다면 '복을 사용하다'이다. 즉 '복을 사용해서 보답한다'가 직역이다.

한문의 기본문형은 동사의 연속으로 연동식(連動式) 구문이다.(단문의 연속) 이것은 한문이 가지는 태초성의 하나로, 以는 개사이지만 동사로서의 의미가 남아 있기에 이 동사의 주어는 엄연히 존재한다. 바로 天이다.(한국어에서 '복으로〔서〕 보답한다'라고 하면, 복은 하나의 도구가 되며 '으로〔서〕'는 아무런 주어를 가지지 못하는 격조사이지만, '복으로써 보답한다'라고 하면 '복을 사용해서 보답한다'로 '써'는 동사적인 어기로 주어를 가지게 되는 것이다)

이러한 형식의 사용을 '以+목적어'로 '개목구조'라 부른다. 以 개목구조는 일반적으로 부사나 보어로 분석되지만 본문처럼 목적어로 사용되기도 한다.

以가 이끄는 개목구조는 보는 관점에 따라 '복을 보답한다(목적어로 사용)', '복이 보답된다(보어로 사용)', '복으로 보답한다(부사로 사용)'의 여러 형태 풀이가 가능하다. 영어의 전치사나 한국어의 격조사는 분화가 끝난 그런 형태이지만, 한문의 以는 그러한 분화가 시작되기 이전의 태초적인 사용인 것이다. 따라서 이런 태초어(太初語) 以를 현대 언어의 세분화된 관점으로 접근한다면 결국 한계에 부딪치고 만다.

또한 以는 반드시 동사라고도 할 수 없는데, 그것은 이 구문이 단순서술문으로 사용되었다면 사용되지 않았을 것으로, 즉 天報福(하늘이 복을 보답한다). 하지만 상조사 之의 출현으로 명사간의 충돌을 피하기 위한 용도이며, 다른 의미로의 풀이(天報之福－천보의 복, 혹은 동사 報가 이중목적어를 취한 형태)가 되는 중의성을 제거하기 위하여 사용된 것이다. 경우에 따라 적절히 생략해 버릴 수도 있고, 드러내어 별도의 어기를 조성해 나가는 유동성(流動性)을 가지고 있는 것으로 한국어의 활용방식과 거의 유사한 발화 방식이기도 하다. 고립어에 있는 첨가어적인 현상이다.

不善 선하지 않다

'不＋형용사'는 형용사 반대의 개념이다. 한국어도 이와 비슷한 개념이다. 한국어에서 '절약하지 않아서 망했다'고 한다면 곧 낭비해서 망했다는 뜻이다. 하지만 이러한 언어의 사용은 다른 나라에서는 의아해 하기도 한다. '낭비를 한 것이 아니라 단지 절약하지 않았을 뿐인데 왜 망했는가?'라는 유의 의문을 발생시킬 수도 있다. 한국어는 '(형용사) 않다'가 때때로 중성적인 의미로도 사용되지만, 한문에서는 거의 정반대의 의미로 사용된다.

이 명심보감 첫 문장의 者를 그 동안 출간되었던 모든 서적들에서, 또한 이러한 구조의 者를 동서양을 막론하고 명사접미사로서 '사람'으로 풀이하고 있지만, '사람'으로 풀이하는 것과 '之他'의 합으로 전술된 구나 절을 하나로 묶어주면서 다음에 이어지는 구나 절에 이어주는 역할을 하는 재지시대사(의존명사)로 풀이하는 것에는 단순한 문법적 견해 차이를 벗어난 문제가 발생된다.

그것은 한자(변종 북방문자)를 처음 개발한 민족이 달라지는 문제이다. 정확히 말하면 '어족(語族)'이 달라진다.

'사람'으로의 풀이는 모든 어족을 포괄할 수 있는 단순서술문인 반면, '之他'의 합으로 본다면 첨가어족이 아니면 표기할 수 없는 문자이며, 이러한 의존명사에 의한 문장결합방식은 한국어만의 독특한 특징이기도 하다.

일반적으로 한문(변종북방어)의 문형을 SVO(주+술+목)로 영어나 현대 중국어의 문형과 동일하다고 정의내리고 있는데, 이는 잘못된 개념이다. 물론 대다수의 문형이 SVO이긴 하지만 적지 않은 부분에서 태초 한문(원형북방어)의 문형인 SOV(한국어 문형과 동일) 형식이 잔존하고 있다. 이 원형북방어에서 변종북방어로의 전이는 결코 동일한 민족, 동일한 언어의 점진적인 변화나 발전이라고 할 수 없다.

다수의 문법서에서 의문문이나 부정문, 수사문 등에서의 '문법적인 도치', 혹은 강식(强式)이나 관용격식 등으로 분류하고 있지만, 이는 어떤 민족의 언어를 체계 자체가 다른 이민족이 점유하는 과정에 문형의 변화가 의미의 외전을 일으키는 형식들이 본래의 문형을 지니고 있게 된 현상이다. 이러한 부분들에 대해서 새로운 문법적인, 혹은 언어인류학적인 연구와 규명이 요구된다.

漢昭烈 將終 勅後主 曰 勿
以善小而不爲 勿 以惡小而爲之.

한소열 장종 칙후주 왈 물 이선소이불위 물 이악소이위지

한소열이 죽음을 앞두고 다음 왕에게 칙서를 내려
"선의 작음을 이용해서 아니 행하지 말며,
악의 작음을 이용해서 행하지 말 것이다"라고 하였다.

풀이

勅 칙서(勅書)를 말한다. 임금이 내리는 글.

將終 죽음을 앞두다

將은 앞으로 '발생할 상황' 에 대한 어기를 지니고 있다. '장차(곧, 막)~하려 하다' 와 같은 식으로 부사와 조동사의 품사를 합쳐 놓은 의미로도 풀이가 가능하지만, 한문의 기본적인 문형인 술목구조로 보아야 할 것이다.

後主 다음 군주

勿 ~하지 말라

금지사이다.

以善小而不爲 선의 작음 때문에/ 선의 작음으로써/ 선이 작다는 이유로/ 선이 작다고 여기고

以의 기본적인 의미는 '쓰다, 사용하다, 이용하다' 라는 동사에서 출발하였다. '선이 작음을 이용해서' 의 의미가 이유/원인의 내용을 나타

내는 개사적인 용법(~때문에, ~하여서, ~여기다, ~에 의하여 등등)으로 발전한 것이다. 이 구문 전체를 직역하면, '선의 작음을 이용하다, 그리고, 행하지 않다 → 선의 작음으로써 행하지 않다' 이다.

而는 접속사로 사용되었다. 而는 동사나 형용사 절 사이의 접속사로 사용된다. 與는 명사간의 접속사로 사용된다.

'以A而B' 구문은 'A이기 때문에 그래서 B하다' 라는 하나의 숙어로 분석하기도 한다.

爲之 행해지는, 행하는 것은, 행하기는

여기서의 之 역시 상조사로 사용되었다. '강조' 의 상을 나타낸다고 하겠다.

일반적으로 이러한 之를 목적어 대체사로 정의내리고 있다. 영어와 같은 언어는 매 문장마다 주체와 객체가 요구되지만, 한문과 한국어는 발화(發話)방식이 다르다. 이 문장에서도 주어(汝-너)는 나타나지 않는다. 이런 발화방식에서 목적어를 대체사를 불러오면서까지 등장시킬 이유가 없는 것이다. 하지만 강조나 제한 등과 같은 독특한 문법 기능을 가진 상조사는 문장의 주성분보다 의미 전달 면에서 더 중요한 요소이다.

莊子 曰 一日不念善 諸惡 皆自起

장자 왈 일일불념선 제악 개자기

장자가 "하루라도 선을 생각하지 않으면
모든 악이 다 스스로 일어난다"라고 말하였다.

풀이

不 동사 앞에 와서 동사의 부정사로 사용된다. 非는 명사의 부정사로 사용된다.

諸와 皆, 그리고 凡

諸(모든, 제반) : 수적인 전체의 의미가 아니라 '구성원 전체'의 의미이다. 이는 일반화를 먼저 이룬 다음 그 속 각각의 개별 구성원을 의미하는 것이다.(諸般＝各般)

皆(모두) : 한정적인 통합의 의미이다. 일반적인 전체가 아니라 전술되거나 특정 한정 내에서의 '모든'을 의미하는 용어이다.

凡(모든, 모두) : 일반적인 전체를 의미하기도 하고, 수적인 총합을 나타나기도 한다. 보통 사람을 의미하기도 하는 凡人은 '모든 사람'의 의미이기도 하다.

皆自起 모두 스스로 일어난다

自는 '스스로, 저절로'를 의미하는 부사어로 사용된다. 皆도 부사이고 自도 부사이다. 이들의 어순은 우선은 한어를 사용하던 사람들의 언어습관에 의한 것이겠지만, 自가 항상 재귀부사로서 동사 앞에 나타나는 원칙에 의한 것이다.(예외적으로 自家, 自己 등은 동사 앞이 아니라 명사 앞에 사용된 경우이다) 한국어에서도 '스스로 모두 일어난다' 라고 했을 때, 문법적인 오류는 없지만 어색한 느낌이다. 한문 역시 이와 마찬가지의 상황이다.

太公 曰 見善如渴 聞惡如聾.
又 曰 善事須貪 惡事莫樂.

태공 왈 견선여갈 문악여롱 우 왈 선사수탐 악사막락

태공이 "선을 보거든 목마른 듯이 하고, 악을 보거든 귀머거리처럼 하라"고 말씀하시고,
또 "좋은 일에는 모름지기 탐해야 하고, 악한 일에는 결코 즐거워하지 말아야 할 것이다"라고 말씀하셨다.

풀이

又 접속부사로 '또'의 의미이다.

見善如渴 如는 '~와 같다'의 의미이다.

須 부사로 '모름지기, 당연히' 등의 뜻이다.

莫樂 莫은 일반적인 부정/금지사 不이나 無, 勿과는 다르다. 莫에는 강조적인 상(相)의 의미가 있는데, '결코 ~않다, ~만은 아니다(없다)' 등과 같은 어기를 지닌다. 또한 항상 다수 중에 선택된 일부로서의 제한적인 금지와 부정의 함의를 지닌다. 或, 各, 孰 등의 단어도 이러한

어기를 지니는데, 한국어 독음으로 끝이 받침 자음 ㄱ으로 끝나는 동일성을 가지고 있다. 이것은 고대 한어의 구어상에서 한국어의 조사에 해당하는 어떤 발음이 융합된 것으로 추정된다. 보통 문장에 그외 전체의 내용은 분명히 드러나지 않는다. 따라서 莫樂은, 다른 것도 있겠지만, 樂만은 절대로 하지 말라는 어기를 가지는 것이다. 이 莫을 구조적으로 분석하자면, '毋(부정금지사)+之+∝' 이다. 여기서의 ∝는 부사나 조동사적인 문법 기능으로 강한 상을 나타내는 것이다. 이 구문에서는 '~해야 한다' 는 조동사적인 어기로 풀이하였지만, 모든 구문에 동일하게 적용시킬 수 있는 것은 아니다.

莫은 진(秦)나라 이후에 와서는 단순금지사로 변용 사용되기 시작한다.

馬援 曰 終身行善 善猶不足. 一日行惡 惡自有餘.

마원 왈 종신행선 선유부족 일일행악 악자유여

마원이 "삶이 끝나도록 선을 행하여도 선은 오히려 부족하며, 하루라도 악을 행한다면 악은 도리어 남음이 있다"라고 말하였다.

풀이

終身 몸(삶, 목숨)을 마치다/끝내다

절이 부사어로 사용된 경우이다. 일련의 구나 절이 자주 사용되면서 점차로 하나의 일반명사화되기는 하지만, 한문에서의 기본은 어디까지나 한 글자(형태소)가 한 단어로 작용하는 것이다. 한국어에서 終이나 身은 독립된 단어가 아니라 의미 형태소로 작용하여 합성어를 이루어내지만, 한문에서는 각각이 하나의 단어로 사용되어 더 큰 구나 절을 이루게 된다. 이 구문을 한국어화된 일반명사로 풀이하여 '종신토록'으로 한다 하여도 기본적인 의미의 변화는 없겠지만, 우선은 저러한 기본적인 내용을 숙지하여야 한다.

猶, 自 부사로 사용되었다. '도리어, 오히려' 등의 뜻이다.

司馬溫公 曰 積金以遺子孫 未必子孫能盡守. 積書以遺子孫 未必子孫能盡讀. 不如積陰德於冥冥之中 以爲子孫之計也.

사마온공 왈 적금이유자손 미필자손능진수 적서이유자손 미필자손능진독 불여적음덕어명명지중 이위자손지계야

사마온공이 이렇게 말하였다.
"돈을 쌓아 놓음으로써 자손에게 물려주어도 반드시 자손이 능히 다 지킬 수 있는 것은 아니고, 책을 쌓아 놓은 것으로써 자손에게 물려주어도 반드시 자손이 능히 다 읽을 수 있는 것은 아니다. 남 모르는 덕을 더없는 어둠 속에 쌓는 것만 못하다. 그것으로써 자손의 계책으로 삼아야 한다."

풀이

積金以遺子孫 돈을 쌓아 놓음으로써 자손에게 물려주다

以는 앞에 나왔던 말을 다시 지시하는 대용어(代用語)이다. 이 대용어는 之를 융합하고 있는 형태인데, 융합의 원인은 분명하진 않지만 발음상의 융합일 수도 있고, 의미적 중복에 의한 것일 수도 있다. 以(之)에서 之가 의미하는 것은 지시사로 한국어의 의존명사 '그것'과 유사하다. 직역하면 '(그것)을 사용하다 → (그것)으로써'가 된다. 한국어의 '으로서'는 도구격을 나타내는 격조사이지만, '으로써'는 '~을 쓰다/사용하다'의 축약으로 알려져 있다. 이 역시 한문과 한국어의 통사적으로나 의미적으로나 동일한 형식의 구문이다.

이 구문에서도 목적어 대체사는 생략된다. 즉, '돈을 쌓고 그것을 사용하여 자손에게 물려주다'와 같은 식의 언어 사용은 고대에나 지금

이나 구어(口語)에서 사용했다고 보기 어려운 것이다. '돈을 쌓아 써 자손에게 물려주었다' 가 더 구어적인 것이다.

未必 '반드시 ~인 것은 아니다' 는 의미로 부분 부정문을 이끈다. 未 역시 상부정사이다. 不必이라고 한다면 '반드시 ~는 아니다' 로 단순한 부분 부정이 되지만 未必의 경우에는 보다 제한적인 상의 어기를 담고 있는 것이다.

A 不如(若) B A가 B만 못하다(不如〔若〕 B : B 하는 것이 낫다)
如의 기본적인 의미는 '같다' 라는 자동사이다. '같지 못하다 → 낫다' 로 풀이된다.

於冥冥之中 더없는 어둠의 속에
於는 개사로 위치/장소의 보어를 이끈다. 한국어의 '~에' 해당한다.
冥冥 : 한문에서 동일한 형용사나 동사의 연속 사용은 한국어의 동일 동사나 형용사의 연쇄(어둡고 어두운)와는 의미가 다르다. '더 어두운', '까마득한', '캄캄한' 등의 개념이다. 한국어의 '어둡고 어두운' 은 한문으로 표현하면, '冥且冥' 정도가 될 것이다. 한문에서 동일한 글자의 반복은 가중(加重)의 의미이다.
之는 속격조사로 한국어의 '의' 에 해당한다. 두 단어 사이에 사용되어서 하나의 더 큰 명사구를 만든다. 之의 기본적인 용도는 '지시사' 이며, 이 구문에서는 앞의 冥冥을 그대로 재지시하는 형식이다. 한국어의 '의' 역시 지시적인 기능에서 출발한 조사일 것이다.

以爲子孫之計也 흔히 '以爲 A' 구문을 'A라고 여기다/삼다' 로 풀이하고 있지만, 이 以 역시 지시사 之를 함축하고 있는 동사성의 대용

어(代用語)이다. '以 A 爲 B(A를/로써 B라고 여기다/삼다)' 에서 A가 재지시대명사 之로 대체되고 다시 생략된 형태이다.(생략의 원인은 동일한 의미의 반복 사용을 피하기 위해서였을 것이라고 추측한다. 한문과 한국어는 최소화의 법칙이 적용되는 언어이다. 영어와 현대 중국어는 이와 달리 문장 구성 성분상의 체계에 치중한다) 단순하게 以爲를 '~로 삼다/여기다' 로 직접 풀이하는 게 아니라 앞에 사용된 積陰德를 받아 '음덕을 쌓음으로써' 의 형태로 풀이해야 한다.

景行錄 曰 恩義廣施 人生何處不相逢. 讐怨莫結 路逢狹處難回避.

경행록 왈 은의광시 인생하처불상봉 수원막결 로봉협처난회피

『경행록』에 이렇게 쓰여 있다.
"은혜와 의리는 널리 베풀도록 하라. 사람이 살다가 어떤 곳에서라도 서로 만나지 않겠는가? 원수와 원한은 맺지 말 것이다. 길이 좁아지는 곳에서 만난다면 회피하기 어렵다."

풀이

恩義廣施 은혜와 의리는 널리 베풀도록 하라, 은의가 널리 베풀어지도록 하라

주어(주격보어)가 동사의 행위의 주체가 아니라 피동체가 될 때 동사는 사역형이나 피동형으로 바뀐다. 이 문장에서 恩義는 동사 施를 행위하는 주체가 아니라 피동체로 의미상의 목적어이다. 이러한 구문을 풀이할 때 恩義를 목적어로 분석하여 '은의를 널리 베푼다'로 할 수는 없다. 한문에서 목적어가 동사 앞으로 전치될 경우에는 반드시 도치의 표지로 그 사이에 之가 사용된다. 恩義는 목적어가 아니라 주격보어이다.

'은의를 널리 베풀어라'와 '은의가 널리 베풀어지도록 하라'에는 어기상의 차이가 있다.

人生何處不相逢 사람이 살다가 어떤 곳에서라도 서로 만나지 않겠는가

不相逢 : 서로 만나지 않겠는가

어순을 살펴보면 동사의 부정사 不 다음에 부사가 이어지고 있다.

한문에서 이러한 어순은 대부분 수사의문문을 만드는데, 만약 이를 '不逢' 이라 한다면 '만나지 않는다' 라는 단순부정이 된다. 또 '相不逢' 이라고 한다면 '서로 만나지 않는다' 로 단순부정문으로 풀이된다.

한국어에서 '~하지 않겠는가' 는 항상 부정수사의문문을 만든다. 하지만 그 이외의 수사의문문에 관해서는 문법적인 정의가 곤란한 경우가 더 많다. '不(부정사)相(부사)逢(동사)' 의 어순이 종종 부정수사의문문을 만들기는 하지만, 이러한 모든 어순이 부정수사의문문을 만드는 것은 아니다. 앞의 何와 호응하여 만들어지는 것이다. 그 외에도 많은 수사의문문의 형태가 있는데, 이는 대부분 문맥과 어기상으로 파악해야 한다. 한국어와 한문 모두 수사의문문은 문법이라는 논리 범주에 속하는 것이 아니라, 느낌 즉 어감의 범주이다.

莊子 曰 於我善者 我亦善之. 於我惡者 我亦善之. 我旣於人 無惡 人能於我 無惡哉.

장자 왈 어아선자 아역선지 어아악자 아역선지 아기어인 무악 인능어아 무악재

장자가 "나에게 대하여 선함의 것(경우)에 나는 또한 선하게 여길 것이고, 나에게 대하여 악함의 것(경우)에 나는 또한 선하게 여길 지다. 내가 이미 남을 대함에 악함이 없다면 남도 나를 대함에 악함이 없을 것이다!"라고 말하였다.

풀이

於我善者 於가 동사로 사용되었다. 於는 대부분 개사로 사용되며 이렇게 직접 동사로 사용되는 경우는 특이한 예이다. 동사로 사용된 於는 '~에 있다, ~를 대하다'의 의미다. 이 구문은 명사구로 사용된 것이 아니라 하나의 독립된 절이 전체 문장에 하나의 구성성분으로 결합된 형태이다.

者는 之也의 합으로, 종속절의 也는 흔히 특정한 사건이나 시간 참조가 없는 '때'(경우/상황)의 의미로 사용된다.

我亦善之 亦은 '또'의 의미이다. 대등한 문장이 이어질 때 사용된다. 한국어에서는 동질의 문장이 이어질 때 후행하는 문장에 한해서 사용되지만, 한문에서는 두 문장에 모두 사용되는 특징이 있다. 후대로 갈수록 이러한 현상은 줄어든다.

我旣於人 旣는 '이미'라는 의미의 부사이다. 또한 현재완료라는 시제로서의 기능도 가지고 있다.

人能於我 能은 일반적인 분석으로는 '~할 수 있다, ~할 것이다' 라는 조동사로 사용된 것이다. 하지만 고대 한어에 대한 현대적인 문법적 분석에는 항상 딱 들어맞지 않는 면이 있다. 能에는 그런 조동사적인 용법과 함께 '잘' 등과 같은 부사적 어기와 '당연함' 이라는 서법으로서의 기능과 미래라는 시제 기능도 있다. 여기서의 能은 앞의 旣에 대응되는 개념으로 의지라는 상이 아니라 미래라는 시제적으로 사용된 것이다.

哉 哉는 감탄문의 종결어기사이다.

東嶽聖帝 垂訓 曰 一日行善 福雖未至 禍自遠矣. 一日行惡 禍雖未至 福自遠矣. 行善之人 如春園之草 不見其長 日有所增. 行惡之人 如磨刀之石 不見其損 日有所虧.

동악성제 수훈 왈 일일행선 복수미지 화자원의 일일행악 화수미지 복자원의 행선지인 여춘원지초 불견기장 일유소증 행악지인 여마도지석 불견기손 일유소휴

동악성제 수훈에 이렇게 이르고 있다.
"단 하루 선을 행하였어도 복은 비록 이르지 않으나 화는 저절로 멀어질 것이다. 일일 악을 행하였더라도 화는 비록 이르지 않으나 복은 저절로 멀어질 것이다. 선을 행하는 사람은 봄 동산의 풀과 같아서 그 자라남이 보이지 않아도 날로 더해진 것이 있다. 악을 행하는 사람은 칼을 가는 돌과 같아서 그 덜어냄이 보이지 않으나 날로 이지러진 것이 있다."

풀이

垂訓 후세에 전하는 교훈
원 의미는 '훈계를 내리다' 는 동목구이나 일반명사화되었다.

一日行善 하루 선을 행하다
여기서 一은 단순한 수적인 의미로서의 시간의 양이 아니라 '하루' 라는 뜻으로, 오직, 단지, 겨우, 등과 같은 부사적 어기를 담고 있다.

福雖未至 未는 '아직~않다' 의 의미이다.

禍自遠矣 화는 저절로 멀어질 것이다

自는 '저절로, 자연히'의 의미이다. 自는 항상 동사 앞에서 재귀부사로서의 의미로 사용된다. 이 문장에서도 '스스로'의 재귀부사적인 어기를 포함하고 있다.

矣는 변화나 가정에 따른 결과를 유도하는 종결어기사이다. 이에 대응되는 개념은 '也'로서 불변화를 내포한다.(禍自遠 : 화가 스스로 멀어진다) 따라서 矣에는 '강조'라는 양상의 기능을 가지고 있다.

行善之人 선을 행함의 사람

之가 이 구문이 명사(주어)로 작용하고 있음을 분명히 나타내고 있다. 한국어의 속격조사 '의'에 해당한다. 명사화조사라고도 한다. 만약 之가 사용되지 않고 行善人라고 한다면, '선을 행하는 사람이다'로 독립된 문장으로 읽혀지거나, '선인을 행동하게 만들다'라는 사역문(한문에서 타동사는 직접 사역동사로 사용될 수 있다)으로 읽혀질 수도 있는 중의성을 제거하기도 한다. 또한 行善人은 어떠한 사람에 대한 직접적인 형용으로서 '선을 행하고 있는 사람'의 어기를 가지는 반면, 行善之人은 가정적인 상황으로서 '선을 행하는 사람 일반'의 어기로 객관성을 부여하기도 한다. 한국어의 속격조사 '의'와 거의 동일한 기능을 하고 있다.

如春園之草 如는 형용사로서 '~듯하다, ~와 같다'의 의미이다. 한국어와 한문의 형용사는 동사의 한 종류(자동사)이기도 한데, 여기서는 보어 '春園之草'를 취한 불완전자동사의 형태이다.

日有所增 날로 더해지는 것이 있다

한문은 고립어로서 교착어인 한국어와는 달리 격조사나 어미의 활용이 일어나지 않고 문장 내에서의 위치에 의해 단어의 품사와 문장성분이 결정된다. 增도 여기서는 목적어로 사용되었기에 所자와 같은 조사의 도움없이도 명사로서 사용될 수 있다. '日有增'는 '날로 더함이 있다(더함이 있다/일어나다/발생하다)'가 된다.

所에 대한 풀이는 '~하는 것'이다. 명사구 '所A' 결구는 어떤, 다수 중의 하나, 가정적인 경우 등의 의미를 함의하는 명사구이다. 반면 'A者' 결구는 보다 구체적이고 또 분명히 지시하는 사항이 있는 경우에 사용된다. 이 구문에서 더해지는 것이 무엇인지는 구체적이지 않다.

日有增者라고 하면 '날로 더함의 것이 있다'가 된다. 이 경우에는 문장의 앞부분에 '것'으로 지칭할 수 있는 분명한 사항이 있어야 한다. 또한 所는 동사의 시제에 관여하지만 者는 시제에 관해서는 중립적이다.

子曰 見善如不及. 見不善如探湯.

자 왈 견선여불급 견불선여탐탕

공자께서 "선을 보거든 미치지 못하는 듯이 하고,
악을 보거든 끓는 물을 만지는 듯이 하라"라고 말하였다.

풀이

不及 미치지 못하다, 이르지 못하다

及은 '이르다, 도달하다' 의 뜻이다.

探湯 끓는 물을 만지다

探 : 더듬어 찾다.

天命篇

천명편

子曰 爲善者 天報之以福 爲不善者 天報之以禍 漢昭烈 將終 勅後主曰 勿以善小而不爲 勿以惡小而爲之 太公曰 見善如渴 聞惡如聾 又曰 善事須貪 惡事莫樂 馬援曰 終身行善 善猶不足 一日

明心寶鑑

行惡 惡自有餘 司馬溫公曰 積金以遺子孫 未必子孫能盡守 積書以遺子孫 未必子孫能盡讀 不如積陰德於冥冥之中 以爲子孫之計也 子曰 爲善者 天報之以福 爲不善者 天報之以禍 漢昭烈 將終 勅後主曰 勿以善小而不爲 勿以惡小而爲之 太公曰 見善如渴 聞惡如聾 又曰 善事須貪 惡事莫樂 馬援曰 終身行善 善猶不足 一日行惡 惡自有餘 司馬溫公曰 積金以遺子孫 未必子孫能盡守 積書以遺子孫 未必子孫能盡讀 不如積陰德於冥冥之中 以爲子孫之計也 子曰 爲善者 天報之以福 爲不善者 天報之以禍 漢昭烈 將終 勅後主曰 勿以善小而不爲 勿以惡小而爲之 太公曰 見善如渴 聞惡如聾 又曰 善事須貪 惡事莫樂 馬援曰 終身行

孟子 曰 順天者 存. 逆天者 亡.

맹자 왈 순천자 존 역천자 망

맹자께서 "하늘에 따르는 경우는 존속하고,
하늘에 거스르는 경우는 멸망한다"라고 말하였다.

풀이

順天者 여기서의 者는 한국어의 불완전명사 '~것(에)' 에 해당한다. '者' 는 '之也' 로 바꾸어 쓸 수 있는데, 즉 '順天之也(직역하여—하늘에 따르는 그러한 것/때/경우)' 의 의미이다. 주절의 앞 종속절 끝에 사용되는 也가 때때로 특정 시간 참조가 없는 '시간' 의 의미를 내포하는데, 이러한 특정 시간과 경우의 참조가 없는 상황이 가정절로 유도되는 것이다. '하늘에 따른다면/하늘에 따르는 경우에' 정도로 풀이가 가능하다.

여기서 者를 생략하여 '順天存 逆天亡' 으로 쓴다면, '하늘에 따름은 살아남고 하늘에 거스름은 망한다' 는 식으로 풀이할 수 있다. '순천해서 살아남게 된다' 는 식의 일반 심정적인 가설은 단정적으로 말하기에는 어색한 내용일 수밖에 없으며, 또한 '順天存 逆天亡' 은 단조로운 표현일 수밖에 없다.

다른 관점에서 이 者를 휴지어기사로도 볼 수 있다. 휴지어기사로 者의 사용은 주어 앞에서, 특히 주어가 고유명사나 일반명사화된 경우에 주로 등장한다. 휴지어기사의 주된 용법은 앞말과 뒷말을 음운적으로 끊어줌(휴지)으로써 앞의 말을 강조(주어를 노출)하는 효과를 나타내는 것이다.

보는 시각에 따라 휴지어기사(休止語氣詞)나 강조를 위한 노출(露

出)의 표시로 해석할 수도 있지만, 者의 기본적인 의미는 한국어의 불완전명사 '것' + α(조사)이다.

順天者가 '하늘에 따르는 사람' 으로 풀이되려면, 이 구문은 '人有順天之人(사람 중에 하늘에 따르는 사람)' 의 축약 형태로 보아야 한다. 者의 문법적 용도 중에는 'N_2之N_1' 에서 之N_1을 대신하여 N_2者로 사용된다. 여기서 N_2는 선행된 것이거나 이에 대응되는 선행사가 있어야 하는 것이다. 이러한 구조를 흔히 者字결구의 한 형태라고 한다. 이 구문에서는 者字결구로 사용된 것은 아니다.

이 문장은 책에 따라 공자가 한 말로도 되어 있는데, 공자나 맹자 모두 기원전 사람들이다. 이 문장은 현대식의 잠언이나 마음 속에 새기는 훈계의 뜻으로 씌어진 것이 아니라 천자나 군왕, 혹은 그들을 직접 보필하는 사람을 양성하기 위한 내용이다. 이러한 글은 고대에는 병서에 속한다. 정책 전반에 걸쳐 결정사항에 참고하라는 계도의 글이지 일반인을 위한 내용이 아니다.

악행을 저지르고도 잘 먹고 잘 살다가 늙어 죽은 사람은 고대에도 현대에도 얼마든지 있는 것이다. '하늘에 따르는 사람은 존하고, 하늘에 거스르는 사람은 망한다' 는 식으로의 풀이는 고대에도 현대에도 고답적이고 무미건조한 것에 지나지 않는다. 『명심보감』 첫 문장도 이와 같은 내용이다.

康節邵先生 曰 天聽寂無音. 蒼蒼何處尋. 非高亦非遠. 都只在人心.

강절소선생 왈 천청적무음 창창하처심 비고역비원 도지재인심

강절 소선생이 "하늘의 들음은 고요하여 소리가 없는데, 더없이 푸르러 어느 곳에서 찾을까? 높지도 않고 또한 멀지도 않다. 모두 다만 사람의 마음에 존재한다"라고 말하였다.

풀이

先生 이 용어는 秦나라 이후부터 사용되었다. 夫子와 같은 의미이다. 즉 진나라 이후부터 先生이 夫子를 점차적으로 대체하게 된 것이다.

蒼蒼 더없이 푸르다

한문에서 동일한 형용사나 동사의 연속 사용은 연동식(連動式) 구문이 아니다. 한문에서도 단음절의 서로 다른 동사나 형용사가 연속 사용되어 연동식을 이루기는 하지만, 동일한 글자를 사용했을 경우에는 별도의 어기를 지니는 특별한 강조의 형태이다.

따라서 蒼蒼을 연동식으로 풀이하여, 그에 대응되는 한국어의 동사 연쇄처럼 '푸르고 푸르다'로 할 수는 없다. 이러한 경우에는 '蒼且蒼' 정도로 사용된다. 동일한 형용사나 동사의 연속은 가중(加重)의 의미이다.(예 : 高高－드높다)

玄帝 垂訓 曰 人間私語 天聽若雷. 暗室欺心 神目如電.

현제 수훈 왈 인간사어 천청약뢰 암실기심 신목여전

현제의 수훈에 이렇게 씌어 있다.
"인간의 사사로운 말도 하늘의 들음은 우레와 같고,
암실에서의 속이는 마음도 신의 주목은 번개와 같다."

풀이

人間 '사람 사이'의 의미이나 일반명사화되어 '사람 제반' 혹은 '일반 사람'으로 사용되었다.

欺心 술목구조로 보아 '마음을 속이다'로 풀이할 수도 있으나, 대응되는 항인 '私語(수식관계)'에 맞추어 '속이는 마음'으로 풀이하였다.

目 주목(注目)하다
한문에서 目이 시각적인 의미로 사용되면 '주의 집중해서 살펴봄'의 의미이다. '눈'으로 풀이할 수도 있다.

益智書 云 惡鑵 若滿 天必誅之.

익지서 운 악관 약만 천필주지

『익지서』에 이렇게 씌어 있다.
"악한 마음이 만약 가득하다면 하늘이 반드시 벨 것이다."

풀이

惡鑵 악한 마음

鑵은 '두레박'으로 물을 담는 용기다. 비유적으로 사용되었다.

若滿 만약 가득하다면

若은 가정절을 이끄는 조사로 '만약'의 뜻이다.

天必誅之 하늘이 반드시 벨 것이다

여기서의 之는 목적어 대체사가 아니다. 이 문장 역시 하나의 일반적인 가정 형식이므로 之가 대체할 만한 특정한 목적어로 기능할 주어가 없다. 之 역시 강조와 추측의 상적인 의미를 지닌 조사이다. 한국어의 의존명사 '것'에도 이런 상적 요소가 있으며, 한문의 之에는 한국어의 '것'처럼 불완전명사로서 지시적인 용법이 있다.

莊子 曰 若人 作不善 得顯名者 人雖不害 天必戮之.

장자 왈 약인 작불선 득현명자 인수불해 천필륙지

장자께서 "만약 사람이 악을 일으켜 명성을 얻은 경우라면, 사람은 비록 해치지 못하나 하늘은 반드시 죽일 것이다"라고 말하였다.

풀이

若人 만약 사람이

若은 가정절을 이끄는 조사로 '만약'의 뜻이다. 이러한 경우 주어 다음에 사용되어 주어를 한정하는 것이 더 일반적인 용법이긴 하지만, 이 문장에서처럼 문두에서 문장 전체나 절 전체를 제한하기도 한다. 若이 한정하는 부분은 '~者'까지이다. 이것은 한국어에서도 동일하다.

作不善 악을 일으키다

作은 '행하다, 일으키다'의 의미이다. 이는 爲와 비슷하나 보다 더 인위적이고 고의적인 어기가 강하다. 『명심보감』 첫 문장에 사용된 '爲不善'에 대한 처벌로 '禍'가 사용된 것에 반하여, 이 문장에서는 '戮(죽이다)'이 사용되었다.

'不+형용사'는 한문에서 '형용사하지 않은' 처럼 중성적인 의미가 아니라 항상 그 형용사의 반대 개념이다. 한국어에서는 종종 '(형용사)하지 않은' 자체가 그 형용사의 반대 개념으로 사용되기도 하지만, 이 구문에서는 '선하지 않음을 일으키다'로 풀이될 수 없다.

得顯名者 명성을 얻은 경우

이 구문에서 者는 앞의 若人을 되받아 之人의 축약으로 보여지기도 한다. 즉 'N_2之N_1' 에서의 '之N_1' 을 대신하는 者. 하지만 바로 다음에 이어지는 절과의 관계상 명사구로서의 성립이 불가능하다.(동일 문장 내에서 주어 앞에 올 수 있는 성분은 그 주어를 수식하는 관형어이거나 부사어뿐이다)

또한 마침표(.)를 찍을 수도 없는 문맥이다. 즉 者가 之人의 의미적 축약이라면 명사구로서 역할만 해야 하는데, 다음에 바로 주어가 등장함으로 得顯名者는 관형어가 되거나 부사어가 되어야 한다. 관형어로서는 人과의 관계가 성립되지 않는다. 따라서 어떤 경우와 상황에 대한 부사어로서의 之也의 합이다. 직역하여 '그러한 경우/때(에)' 이다.

이와 유사한 구문으로 '有~者' 는 '만약 ~라면' 으로 숙어화되어 있다. 이 문장에서는 '若~者' 의 형태로 사용되었다. 有와 若의 차이를 말하자면, 有에는 '어떤' 의 의미가 함의되어 있다.

'~의 사람' 의 者(이 때의 者는 명사접미사이다)와, 之也의 합으로서의 者는 성조가 달랐을 것으로 추측한다.

種瓜得瓜 種豆得豆.
天網 恢恢 疎而不漏.

종과득과 종두득두 천망 회회 소이불루

"오이를 심으면 오이를 얻고 콩을 심으면 콩을 얻는다.
하늘의 그물은 드넓어서 성기지만 새지 않는다."

풀이

恢恢 '드넓어서, 끝없이 넓어서' 의 뜻이다. 연동식이 아님에 주의.

疎而不漏 성기지만 새지 않는다

而가 접속조사로 사용되었다. 而는 연접 및 순접 모두에 사용된다. '그리고, 그래서, 그러나' 등의 의미이다. 주로 동사나 형용사, 절 사이에 사용되며, 명사 사이에 사용되는 한국어의 '~과(와)' 와는 다르다.

子 曰 獲罪於天 無所禱也.

자 왈 획죄어천 무소도야

선생께서 "하늘에 죄를 얻으면 빌 곳이 없어지게 되는 것이다"라고 말씀하셨다.

풀이

獲罪於天 하늘에 죄를 얻다(짓다)

獲은 동사로 '얻다' 의 뜻이다.

於는 개사로 위치 · 장소의 보어를 이끌고 있다. '~에' 에 해당한다.

無所禱也 빌 곳이 없어지게 되는 것이다, 빌 곳이 없다는 것이다

所는 위치 장소를 나타내는 '~곳' 의 의미이지만 물리적인 특정한 위치나 장소를 가리키는 것은 아니다. 뒤의 동사를 명사화시키는 조사이기는 하지만 단순한 명사화 조사만은 아니다. 앞의 無와 관계에 의해 사용된 것이다. 無所는 하나의 관용격식으로 '~할 곳(것)이 없다' 의 의미로 사용된다. 이것은 無가 종종 동사 앞에서 금지사나 부정사로 사용되어, '無禱也' 라 한다면 한국어로 '빌지 말 것이다' 는 식의 풀이가 가능하기 때문이다. 즉 所가 하는 기능은 앞의 無가 부정사나 금지사와 혼동될 중의성(重意性)을 제거하는 것에도 있다.

동사술어문 뒤에 사용된 종결어기사 也는 단정과 불변화, 그리고 강조의 서법적인 어기를 나타낸다. 한국어의 '~ㄴ 것이다' 가 이와 동일한 기능을 하며, 한국어의 '것' 이 가지는 지시적인 기능이 한문의 也에도 있다. 無所禱(빌 곳이 없다), 無所禱也(빌 곳이 없다는 것이다).

順命篇

순명편

明心寶鑑

子曰 爲善者 天報之以福 爲不善者 天報之以禍 漢昭烈 將終 勅後主 曰 勿 以善小而不爲 勿 以惡小而爲之 太公 曰 見善如渴 聞惡如聾 又 曰 善事須貪 惡事莫樂 馬援 曰 終身行善 善猶不足 一日行惡 惡自有餘 司馬溫公 曰 積金以遺子孫 未必子孫能盡守 積書以遺子孫 未必子孫能盡讀 不如積陰德於冥冥之中 以爲子孫之計也 子曰 爲善者 天報之以福 爲不善者 天報之以禍 漢昭烈 將終 勅後主 曰 勿 以善小而不爲 勿 以惡小而爲之 太公 曰 見善如渴 聞惡如聾 又 曰 善事須貪 惡事莫樂 馬援 曰 終身行善 善猶不足 一日行惡 惡自有餘 司馬溫公 曰 積金以遺子孫 未必子孫能盡守 積書以遺子孫 未必子孫能盡讀 不如積陰德於冥冥之中 以爲子孫之計也 子曰 爲善者 天報之以福 爲不善者 天報之以禍 漢昭烈 將終 勅後主 曰 勿 以善小而不爲 勿 以惡小而爲之 太公 曰 見善如渴 聞惡如聾 又 曰 善事須貪 惡事莫樂 馬援 曰 終身行

子 曰 死生有命 富貴在天.

자 왈 사생유명 부귀재천

선생께서 "사생은 명에 있고 부귀는 하늘에 있다"라고 말씀하셨다.

풀이

死生 두 글자 모두 각각 동사이지만 합성어로 일반명사화되었으며, 주어로 사용되었다.

富貴 두 글자 모두 각각 형용사이지만 합성어로 일반명사화되었으며, 주어로 사용되었다. 일반적으로 有에 비하여 在가 보다 단정적인 '있다' 의 의미로 사용된다.

한문의 품사 분류는 현대문법으로 분명하게 나누기 어려운 점이 있다. 문장 내에서 사용되는 위치에 따라 달라지기 때문이다. 이는 고립어(孤立語)의 특징이기도 하다. 이를 현대문법의 관점으로 보면 여간 난해하지 않다. 하지만 한자란 본래부터 하나의 단어나 품사를 이루기 위해 만들어진 것도 아니고 고립어라는 특성상 활용이나 조사의 도움을 받아 특정 품사로 전이되지도 않는다. 한자는 한 자 한 자가 하나의 문장을 표현하는 것에서 시작되었다.

生이란 글자는 의미적(현대문법적)으로는 자동사이지만 한문에서는 문장의 위치에 따라 명사로도, 동사로도, 형용사나 부사로도 사용이 가능하다. 하지만 한문에서 生 한 자만 쓴 경우라면 이는 어느 품사나 문장 성분으로 보는 것이 아니라 하나의 완전한 문장, 즉 '살아있다'

로 보아야 한다. 人 역시 마찬가지다. 의미적(현대문법적)으로는 명사이지만, 한문에서 이 한 글자만 사용했다면 하나의 문장으로 '사람이다'라고 보아야 하는 것이다.

萬事分已定 浮生空自忙.

만사분이정 부생공자망

만사의 분수는 이미 정해져 있는데
떠도는 사람이 부질없이 스스로 바쁘다.

풀이

萬事分 모든 일의 분수

萬은 허수로 사용되었다. 허수는 말 그대로 실제 수적인 개념이 아니라 별개의 용도로 사용된 것이다. 3이나 9, 혹은 그 배수가 허수로 사용되는 경우가 있고, 십, 백, 천, 만 등의 수가 허수로 사용되는 경우도 있는데, 이중 3, 9의 경우는 '많은'의 의미를, 십의 배수에 해당하는 수에는 '모든'의 의미를 담고 있다.

萬事와 分 사이에 속격조사 之가 생략되었다. 2음절 이상의 동목구나 형용사구가 명사를 수식할 경우에는 之가 사용되는 것이 일반적이다. 속격조사 之의 생략에 관한 분명한 법칙은 없다. 이 구문에서는 글자 수를 맞추기 위한 것이다. 또 이 구문의 分은 부사 '분명히' 등으로의 풀이도 가능하다.

浮生 떠도는 삶

浮는 부평초를 말한다. 일반적으로 세상을 사는 모든 사람에 대한 형용으로 사용되는 합성어이다. '덧없는 인생' 의 의미이다.

空自忙 부질없이 스스로 바쁘다

自는 항상 동사 앞에서 재귀부사로 사용된다.

景行錄 云 禍不可倖免 福不可再求.

경행록 운 화불가행면 복불가재구

『경행록』에 이렇게 기록되어 있다.
"화는 요행으로 면하는 것이 가능하지 않으며,
복은 두 번 구해짐이 가능하지 않다."

풀이

禍不可倖免 화는 요행으로 면함이 가능하지 않다

문장 성분 분석을 하면 禍(주어)不(부정사)可(동사-술어형용사)倖免(보어)이다. 한국어로 풀이하는 과정에서 '화는 요행으로 면할 수 없다'가 되기는 하지만, 可를 조동사로 '~할 수 없다'로 사용된 것은 아니다. 조동사는 동사 앞에 위치해야 한다. 즉 不可免이 되어야 한다. 따라서 여기서의 可는 '가능하다'라는 형용사(자동사)로 사용된 것이다.

再 횟수 상의 '2번'을 의미한다. 즉 두 번째로 발생함을 말한다. 수량상의 2개는 '兩'이나 '二'를 사용하며, '한 번 더(중복, 다시)'의 의미에는 '復(부)'를 쓴다.

時來 風送滕王閣. 運退 雷轟薦福碑.

시래 풍송등왕각 운퇴 뢰굉천복비

"때가 오니 바람이 등왕각에 보내고,
운이 물러나니 벼락이 천복비를 때렸다."

풀이

風送滕王閣 送과 滕王閣 사이에 위치/장소의 보어를 이끄는 개사 於가 생략되었다. 개사 於는 대부분의 경우 생략이 가능하다. 이 생략의 원인에 관해서는 더 많은 고찰이 필요하지만, 기본적으로 발음상의 문제에서 그리 되었을 것이다.

雷轟 벼락이 치다
轟은 동사로 '울리다, 치다(때리다)' 의 뜻이다.

唐나라의 고관인 염백서가 남창이란 곳에 등왕각을 짓고 9월 9일에 낙성식의 잔치를 베풀기로 했다. 王勃(당나라 시인. 당시 14세)은 동정호 부근에 살고 있었는데, 꿈에 어떤 노인이 나타나 등왕각으로 가서 그 서문을 지으라고 일러주었다. 이것이 낙성식 이틀 전이었는데, 그곳에서 남창까지는 7백리나 되는 거리였다.

그래도 왕발은 배에 올랐으며, 그러자 순풍이 불어 배는 쏜살같이 나아가 결국 낙성식 잔치에 참석할 수 있었다. 왕발은 그 자리에서 滕王閣序를 지었으며, 이 글은 당시 사람들뿐 아니라 후세 사람들의 입에까지 널리 회자(膾炙)되고 있다.

宋나라 때 가난한 선비가 살고 있었는데, 어떤 사람이 薦福碑의

碑文을 탁본으로 떠다주면 큰 사례를 하겠다는 부탁을 받고 천신만고 끝에 수천리 떨어진 천복산으로 갔다. 밤늦게 도착한 선비는 하루를 묵고 다음날 薦福碑의 碑文을 떠내기로 했지만, 그날 밤 벼락이 비석을 때려 선비의 꿈은 비석과 함께 산산이 부숴지고 말았다.

列子 曰 癡聾痼瘂 家豪富.
智慧聰明 却受貧.
年月日時該載定 算來由命不由人.

열자 왈 치롱고아 가호부 지혜총명 각수빈 연월일시해재정 산래유명불유인

열자가 "어리석고, 귀먹고, 고질병이 있고, 벙어리라도 집은 큰 부자이다. 지혜있고 총명하여도 도리어 가난을 받는다. 연월일시는 모두 다만 정해져 있다. 계산해 보자면 명에 의함이지 사람에 의함이 아니다"라고 말하였다.

풀이

豪富 큰 부자

豪는 '크다, 호화스럽다' 의 의미이다.

却受貧 도리어 가난을 받는다

却은 도리어, 문득.

年月日時 운수를 점치는 자료가 되는 태어난 해, 달, 날, 시의 4가

지. 사주(四柱)

該載定 모두 다만 정해져 있다, 모두 정해져 있을 뿐이다

該는 본래 '갖추다' 라는 타동사이나 여기에서는 '모두, 두루, 전부' 의 의미로 파생되었다.

載 : 단지, 다만, ~뿐이다

算來由命不由人 계산해 보자면(점쳐 보자면) 명에 의함이지 사람에 의함이 아니다

算은 '산가지' 로 고대에 점을 치거나 수를 계산하기 위한 도구이다.

來는 청유나 권유의 의미를 나타낸다. '~하자면' 으로 풀이될 수 있다. 試와 비슷한 단어이다.

由는 '~에 의하다, ~에 따르다' 를 의미하는 동사이다.

年月日時該載定 算來由命不由人 이 두 구절은 문맥이 서로 바뀐 것으로 보여진다.

孝行篇

효 행 편

明心寶鑑

子曰 爲善者 天報之以福 爲不善者 天報之以禍 漢昭烈 將終 勅後主曰 勿以善小而不爲 勿以惡小而爲之 太公曰 見善如渴 聞惡如聾 又曰 善事須貪 惡事莫樂 馬援曰 終身行善 善猶不足 一日行惡 惡自有餘 司馬溫公曰 積金以遺子孫 未必子孫能盡守 積書以遺子孫 未必子孫能盡讀 不如積陰德於冥冥之中 以爲子孫之計也 子曰 爲善者 天報之以福 爲不善者 天報之以禍 漢昭烈 將終 勅後主曰 勿以善小而不爲 勿以惡小而爲之 太公曰 見善如渴 聞惡如聾 又曰 善事須貪 惡事莫樂 馬援曰 終身行善 善猶不足 一日行惡 惡自有餘 司馬溫公曰 積金以遺子孫 未必子孫能盡守 積書以遺子孫 未必子孫能盡讀 不如積陰德於冥冥之中 以爲子孫之計也 子曰 爲善者 天報之以福 爲不善者 天報之以禍 漢昭烈 將終 勅後主曰 勿以善小而不爲 勿以惡小而爲之 太公曰 見善如渴 聞惡如聾 又曰 善事須貪 惡事莫樂 馬援曰 終身行

詩曰 父兮生我 母兮鞠我. 哀哀父母 生我劬勞. 欲報深恩 昊天罔極.

시 왈 부혜생아 모혜국아 애애부모 생아구로 욕보심은 호천망극

『시경』에 이렇게 이르고 있다.
"아버지께서 나를 낳으시고 어머니께서 나를 기르셨다.
아아! 슬프도다! 부모여. 나를 기르시느라 수고하셨다.
깊은 은혜에 보답하려지만, 넓은 하늘과 같이 끝이 없도다."

풀이

詩 『시경(詩經)』

父兮生我 아버지께서 나를 낳으시다

兮는 휴지어기사로 사용되었다. 일반적인 휴지어기사 者와 也의 경우에는 별도의 문법적인 기능이 있는데, 兮의 경우에는 문법적인 기능이기보다는 어감과 음절의 수에 관계된 어음조사로서의 기능이 있는 것 같다.

『시경』이란 공자가 당시의 전해져 내려오는 노랫말을 채록한 것이다. 兮은 특이한 경우이며, 초나라 등에서 간혹 사용되는 것이 보인다. 방언의 한 종류로 정의되고 있다. 정서적인 어기를 담는다고 할 수 있으며, 시가 등에서 주로 사용된다.

劬勞 애쓰고 수고하다.

어버이의 자식을 낳고 기르는 수고를 말함.

欲報深恩 깊은 은혜에 보답하려 하다

欲은 조동사로서 '~하려 하다'의 뜻이다.

昊天 여름 하늘

고대 중국에서는 여름 하늘을 일컬어 하느님 혹은 상제(上帝)를 나타냈다. 여기서는 '넓은 하늘'의 의미로 사용되었다.(예 : 旻天-가을 하늘, 하늘)

子曰 孝子之事親也 居則致其敬 養則致其樂 病則致其憂 喪則致其哀 祭則致其嚴.

자 왈 효자지사친야 거즉치기경 양즉치기락 병즉치기우 상즉치기애 제즉치기엄

선생께서 "효자의 어버이를 섬김이란 기거하신다면 그 존경을 다하고, 봉양한다면 그 즐거움을 다하고, 병중이라면 그 근심을 다하고, 상이라면 그 슬픔을 다하고, 제사지낸다면 그 엄숙함을 다한다"라고 말씀하였다.

풀이

孝子之事親也 효자의 어버이를 섬김이란

孝子(주어)事(술어)親(목적어)이다. 주어와 술어 사이에 之가 삽입되어 있는데, 여기서의 之는 한국어의 속격조사 '의'에 해당하는 것으로, 즉 주술관계를 수식관계로 전환시켜 명사구를 이룬다. 孝子事親(효자가 어버이를 섬기다), 이렇게 전환된 명사구는 전체 문장의 주어로 사용되고 있다. 이는 하나의 문장을 전체 문장 속으로 내포시키는 것이다.

① 내가 살던 고향이다 → ② 나의 살던 고향은

①에 비하여 ②는 내포문으로서 전체 문장의 일부가 됨이 더욱 분명해진다.

선행절의 끝에 사용된 也는 흔히 시간의 의미를 나타낸다. 여기서는 물량적인 시간이 아니라 경우와 상황으로서 '때(경우/상황)'의 의미이다. 효자가 어버이를 섬기는 상황과 경우에 대한 명제를 제시(휴지어기사)하는 어기를 가진다.

그리고 也에는 지시사적인 기능이 있다. 따라서 한국어의 '~라는,

~이라는' 등으로 풀이할 수 있다. 이 구문에서는 之의 사용과도 관련이 있다. 之가 문장을 하나의 명사화시켜 주고, 也를 사용함으로써 이 也가 종결어기사로 풀이되는 중의성을 제거한 것이다.

居則致其敬 기거하신다면 그 공경을 다하다

居는 '기거하다, 살고 있다' 의 뜻이다.

則은 부사로서 '곧' 의 어기를 함의하기는 하지만, 명사구를 노출/대비시키는 기능을 가진 조사이다. 이때 노출된 명사(구)는 대부분 주어이다. 則이 절 다음에 사용될 경우에는 '그렇다면' 의 의미로 접속사로 기능한다. 따라서 居는 명사가 아니라 문장(동사)으로 사용된 것이다. (기거〔명사〕 → 기거하다〔동사〕/기거하다. 그렇다면 → 기거한다면)

其는 흔히 소유격의 대명사로 'N+之' 를 대신하여 '그의' 의 의미로 사용된다. 하지만 여기서는 양상의 조사로 사용된 것이다. 이 양상이 나타내는 것은 '어기상의 고조' 이기는 하지만 딱히 정의내리기는 어렵다. 영어의 정관사 the와도 비슷하지만 부사성을 띠고 있는 점이 다르다. '기거하심에는 그렇게 공경을 다하다' 가 其의 더 적합한 어기일 것이다.

子 曰 父母在 不遠遊 遊必有方.

자 왈 부모재 불원유 유필유방

선생께서 "부모가 계시거든 멀리 가서 놀지 않으며, 놀더라도 반드시 가는 곳이 있어야 한다"라고 말씀하셨다.

풀이

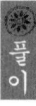

有方 방위가 있다, 방향이 있다
정처없이 돌아다니지 않는다는 뜻이다.

子 曰 父命召 唯而不諾 食在口則吐之.

자 왈 부명소 유이불낙 식재구즉토지

선생께서 "아버지가 명하여 부르시면 '유' 하지 '낙' 하지 않으며, 음식이 입에 있다면 뱉을 것이다"라고 말하였다.

풀이

唯而不諾 唯는 공손하게 하는 대답을 말하며, 諾은 공손하지 않게 천천히 하는 대답을 말한다.

食在口則吐之 음식이 입에 있다면 뱉을 것이다
則은 조건의 결과절을 유도하는 접속조사로 '그렇다면' 의 의미이다.

太公 曰 孝於親 子亦孝之 身旣不孝 子何孝焉.

태공 왈 효어친 자역효지 신기불효 자하효언

태공께서 "어버이에 효도하면 자식 또한 효도할 것이다. 자신이 이미 불효했는데 자식이 어떻게 효도하겠는가?"라고 말하였다.

풀이

子亦孝之 자식 또한 효도할 것이다

之는 목적어 대체사로 보기 어렵다.(일반적인 문법 정의에서는 목적어 대체사로 보고 있다) 이 문장에서는 목적어로 대체될 만한 주어가 없기 때문이다.

이 문장은 주어가 사용되지 않는 일반적인 진실이나 가정적인 상황을 기술한 것이다. 이렇게 주어마저도 사용되지 않은 문장에서 주어를 대신하는 목적어를 대체사를 끌어오면서까지 주어를 만들 필요는 없는 것이다. 之는 상조사(한국어의 의존명사)로 사용되었다.

子何孝焉 자식이 어떻게 효도하겠는가

焉는 서술어기사(종결어기사)이다. '사실 확인' 의 어기로 상(相)적으로는 '강조' 의 의미를 가진다. '그렇다' 는 단정적인 어기를 내포한다.

孝順 還生孝順子 忤逆 還生忤逆子.
不信 但看簷頭水 點點滴滴不差移.

효순 환생효순자 오역 환생오역자 불신 단간첨두수 점점적적불차리

"효순하면 다시 효순하는 자식을 낳고, 오역하면 다시 오역하는 자식을 낳는다. 믿기지 않는다면 다만 추녀 끝의 물을 살펴보라. 방울방울 어긋나거나 옮겨지지 않는다."

풀이

孝順 효도하고 순종함

還生孝順子 다시 효순하는 자식을 낳다
還은 '도리어, 다시' 의 뜻이다.

忤逆 거역하고 불효함

但看簷頭水 단지 첨두수를 보라
但은 '다만, 단지' 의 뜻이다.

點點滴滴 點點과 滴滴 모두 빗물이나 물방울이 떨어지는 모습과 소리에 대한 형용이다. 의성/의태어이다. '방울방울, 똑똑' 정도의 어기를 지닌다.

差移 옮겨지고 어긋나다

正己篇
정기편

明心寶鑑

子曰 爲善者 天報之以福 爲不善者 天報之以禍 漢昭烈 將終 勅後主曰 勿以善小而不爲 勿以惡小而爲之 太公曰 見善如渴 聞惡如聾 又曰 善事須貪 惡事莫樂 馬援曰 終身行善 善猶不足 一日行惡 惡自有餘 司馬溫公曰 積金以遺子孫 未必子孫能盡守 積書以遺子孫 未必子孫能盡讀 不如積陰德於冥冥之中 以爲子孫之計也 子曰 爲善者 天報之以福 爲不善者 天報之以禍 漢昭烈 將終 勅後主曰 勿以善小而不爲 勿以惡小而爲之 太公曰 見善如渴 聞惡如聾 又曰 善事須貪 惡事莫樂 馬援曰 終身行善 善猶不足 一日行惡 惡自有餘 司馬溫公曰 積金以遺子孫 未必子孫能盡守 積書以遺子孫 未必子孫能盡讀 不如積陰德於冥冥之中 以爲子孫之計也 子曰 爲善者 天報之以福 爲不善者 天報之以禍 漢昭烈 將終 勅後主曰 勿以善小而不爲 勿以惡小而爲之 太公曰 見善如渴 聞惡如聾 又曰 善事須貪 惡事莫樂 馬援曰 終身行

性理書 云 見人之善 而尋己之善. 見人之惡 而尋己之惡. 如此 方是有益.

성리서 운 견인지선 이심기지선 견인지악 이심기지악 여차 방시유익

『성리서』에 이렇게 이른다.

"타인의 훌륭함을 보거든 곧 자신의 훌륭함을 찾아보고, 타인의 악함을 보거든 곧 자신의 악함을 찾아보라. 이와 같다면 바야흐로 이에 이로움이 있을 것이다."

풀이

見人之善 而尋己之善 타인의 훌륭함을 보거든 곧 자신의 훌륭함을 찾아보라

而는 부사로 '곧, 바로' 등의 의미이다. 두 동목구조 사이에 사용된 접속사적인 부사로 사용되었다. 則에도 '곧, 바로'의 의미가 있지만, '그렇다면'이라는 의미로 원인절에 대한 결과절을 유도하는 반면, 而는 뒷말을 강조하는 성향이 강하다.

如此 이와 같다

方是有益 바야흐로 이에 이로움이 있을 것이다

方은 부사로 '바야흐로, 곧' 등의 의미이다. 여기서의 是는 대명사성의 부사로 '이에, 곧, 그렇게' 등의 어기를 갖는다. 보다 강조된 표현을 이끌기 위하여 부사를 연속 사용한 것이다. 是의 문법적 기능은 앞의 접속사성 부사 而와 같다.(예 : 方乃－비로소, 이에)

景行錄 云 大丈夫 當容人 無爲人所容.

경행록 운 대장부 당용인 무위인소용

『경행록』에 이렇게 이른다.

“대장부는 당연히 남을 용서해야 하며, 남에게 용서받지 말아야 한다.”

풀이

當容人 당연히 남을 용서해야 한다

當 : 당연하다, 당연히 ~해야 한다

爲人所容 남에게 용서받다

피동문의 한 형식으로 ‘爲A(명사)所B(동사)－A에게 B받다/되다’ 구문이다. 일반적인 문법 정의에서 爲는 개사로 간접목적어를 이끄는 기능을 하며, 所는 동사를 피동으로 만드는 조동사(보어)이다. 所가 흔히 조동사로 사용될 경우는 ‘받다, 당하다’의 의미를 가진다고 하지만, 실제로 所가 직접 그러한 피동의 어기를 띠는 것이 아니다. 다음에 오는 동사의 시제를 전성시키는 역할을 한다. 容(용서하다), 所容(용서되어지다). 所가 직접 그러한 피동의 어기를 지니고 있다면, 所行은 ‘행동을 받다, 행동을 당하다’로 풀이되어야 할 것이다. 所行은 ‘행해온 일, 행하여진 일’의 뜻이다.

太公 曰 勿以貴己而賤人
勿以自大而蔑小 勿以恃勇而輕敵.

태공 왈 물이귀기이천인 물이자대이멸소 물이시용이경적

태공이 "자신을 귀하게 여김으로써 남을 천하게 여기지 말며, 스스로 크다고 하여서 작은 것을 멸시하지 말며, 용맹을 믿음으로써 적을 가벼이 여기지 말라"고 말하였다.

풀이

勿以貴己而賤人 자신을 귀하게 여김으로써 남을 천하게 여기지 말라

勿은 금지사로 '~말라'의 뜻이다.

以貴己 : 以는 개사로 사용되었다. 以의 원의미는 동사로 '사용하다, 이용하다, 쓰다'의 뜻이다. 이 원의미가 점차 원인이나 수단, 도구 등을 나타내는 개사로 발전하게 된 것이다. (〔자신을 귀하게 여김〕을 쓰다, → 자신을 귀하게 여김으로〔써〕) 한국어의 '~으로써'도 '~을 가지고, ~를 사용하여'의 의미이다. '써'는 '때문에'의 어기도 함의하고 있다.

貴己 : 貴는 형용사이다. 한국어에서나 한문에서나 형용사는 자동사의 한 종류이기도 한데, 이 자동사가 목적어를 취함으로 사역형이나 의동(意動)동사로 사용된다. 여기서는 의동동사로 '귀하게 여기다'의 뜻이다. '賤人, 輕敵'도 마찬가지이다.

'以A 而B' 구문은 일반적으로 'A이기 때문에 B이다'로 정의내리고 있다.

馬援 曰 聞人之過失 如聞父母之名 耳可得聞 口不可言也.

마원 왈 문인지과실 여문부모지명 이가득문 구불가언야

마원이 "남의 허물과 잘못을 들거든 마치 부모의 이름을 들은 듯하여, 귀로 들을 수는 있어도 입으로 말할 수는 없다는 것이다"라고 말하였다.

풀이

耳可得聞 귀로 들을 수 있다

耳 : 신체의 일부가 도구로 사용된 경우로, 명사가 부사로 사용되었다.

可得 : '~할 수 있다.' 조동사로 허가나 가능의 의미를 나타낸다.

口不可言也 입으로 말할 수는 없다는 것이다

흔히 也는 명사 술어문의 종결어기사로 계사적으로 사용된다. 이 문장에는 동사 言이 존재하고 있음에도 也로 종결되고 있다. 也가 문장을 강조적으로 종결하는 역할을 하기도 하지만, 이전의 절에는 모두 동사가 존재한다. 끝에 也가 사용됨으로 전체를 하나의 문장으로 만들어주는 기능도 하는 것이다.

康節邵先生 曰 聞人之謗 未嘗怒.
聞人之譽 未嘗喜. 聞人之惡 未嘗和.
聞人之善 則就而和之 又從而喜之.
其詩 曰 樂見善人 樂聞善事 樂道善言
樂行善意. 聞人之惡 如負芒刺
聞人之善 如佩蘭蕙.

강절 소선생 왈 문인지방 미상노 문인지예 미상희
문인지악 미상화 문인지선 즉취이화지 우종이희지
기시 왈 락견선인 락문선사 락도선언 락행선의
문인지악 여부망자 문인지선 여패란혜

강절 소선생이 이렇게 말하였다.
"남의 비방을 듣더라도 먼저 화내지 말아야 하며, 남의 예찬을 듣더라도 먼저 즐거워하지 말아야 하며, 남의 악함을 들으면 결코 화합하지 말아야 하며, 남의 훌륭함을 들으면 나아가 화응할 것이며, 또 따르고 기뻐할 것이다."
그의 시에 이렇게 이르고 있다.
"훌륭한 사람 만나기를 즐겨하고, 착한 일을 듣기를 즐겨하고, 착한 말 이르기를 즐겨하고, 착한 뜻 행하기를 즐겨하고, 남의 악함을 듣거든 마치 가시를 등에 진 듯이 하고, 남의 훌륭함을 듣거든 마치 난초와 혜초를 패용한 듯이 하라."

풀이

未嘗怒 먼저 화부터 내지 말아야 한다

흔히 '未嘗~也'는 '일찍이 ~한 적이 없다'의 의미로 쓰이는 숙어이다. 하지만 여기서의 未와 嘗은 각각 별도의 어기를 나타내는데, 未는 시제적으로 동작이 아직 발생하지 않았음을 내포하고 있는 부정사

(아직~하지 않다)이다. 嘗은 구어체에서 강한 명령을 청유나 권유의 정도로 내리는 효과가 있다. '화부터 내어 버리지는 말 것이다' 로의 풀이도 가능하다.

〔예〕 勿怒－화내지 말라

未嘗怒－화부터 내지 말아야 한다, 먼저 화내지 않도록 한다

莫怒－화는/만은 내지 말 것이다

또한 未는 '아직' 의 어기 외에도 '결코' 의 어기를 나타내기도 한다. 未嘗和(결코 화합하지 말아야 한다). '아직' 과 '결코' 모두에 '현재미완' 이라는 시제적인 어기가 있다.

樂見善人 선인 만나기를 즐겨하다(즐겁게 여기다)

樂은 형용사로서 목적어 見善人를 취하여 의동동사로 사용된 형태이다.

芒刺 가시

蘭蕙 난초와 혜초

모두 향기가 좋은 식물이다.

道吾善者 是吾賊. 道吾惡者 是吾師.

도오선자 시오적 도오악자 시오사

"나의 훌륭함을 말하는 경우라면 곧 나의 도적이고,
나의 악함을 말하는 경우라면 곧 나의 스승이다."

풀이

道吾善者 나의 훌륭함을 말하는 경우/때

吾善 : '나의 훌륭함.' 수식관계의 구조에서 인칭대명사 다음의 之는 일반적으로 사용되지 않는다.

者 : '之也'의 합음이다. 者가 명사접미사(~의 사람)로 사용되기 위해서는 道吾善이 하나의 단어로 명사화되어야 한다. 이 구문에서는 道吾善이라는 하나의 문장을 화제화(부사구)시키는 문법적인 기능을 하고 있다.

또한 다음에 이어지는 是가 앞말이 하나의 구로 작용함을 분명히 해주고 있다. 是가 부사와 계사를 겸하여(바로 ~이다) 명사간의 충돌을 막아주는 것이다.

是吾賊 바로 나의 적이다

是의 기본적인 용도는 계사로 한국어의 '~이다'나 영어의 'be동사'에 해당하지만, 그외에도 다른 독특한 어기를 지니고 있는데, 그것은 부사적인 어기이다. 是의 기본적인 의미는 지시사이지만, 반드시 대명사인 것만은 아니다. 판단사로서 '곧/바로 ~이다'의 어기를 함의하고 있다. 한국어의 '이야말로'는 지시사적인 기능과 함께 부사적인 기능이 있다. 是에는 또 판단사나 계사적인 용도도 함께 포함하여 '이야말로~이다' 정도가 더 적합한 어기의 표현일 것이다. 이러한 형태로의 是의 잦은 출현은 한대(漢代) 이후에 들어 점차 계사로서의 문법적인 용도로 굳어지기 시작한다.

太公 曰 勤爲無價之寶 愼是護身之符.

태공 왈 근위무가지보 신시호신지부

태공이 "근면함은 무가의 보배요, 삼감은 삶을 보호하는 부적이다" 라고 말하였다.

풀이

無價 ① 값이 없음, 하찮음 ② 값을 칠 수가 없을 만큼 귀중함 여기서는 ②의 의미이다.

爲, 是 계사로 사용되었다. 'A는 B이다' 에서 '~이다' 에 해당하는 부분이다.

愼 삼가다, 조신하다

景行錄 曰 保生者 寡慾. 保身者 避名. 無慾易 無名難.

경행록 왈 보생자 과욕 보신자 피명 무욕이 무명난

『경행록』에 이렇게 이르고 있다.

"생을 보호하는 경우에는 욕심을 적게 하고, 삶을 보호하는 경우에는 이름남을 피해야 한다. 욕심을 없게 하는 것은 쉬우나 명성을 없게 하는 것은 어렵다."

풀이

保生者 寡慾 생을 보호하는 경우에는 욕심을 적게 한다

者는 之也(그러한 것/때/경우/상황)의 합이다. 직역한다면, '생을 보호하는 때(에) 욕심을 적게 한다' 이다. 다시 의역을 하면 '생을 보호하려면 욕심을 적게 하다/적도록 하다' 가 된다.

寡慾 : 욕심을 적게 하다, 욕심을 적도록 하다, 욕심을 적게 만들다.

형용사(자동사) 寡가 목적어를 취하여 사역동사로 사용된 형태이다. 한국어와 한문에서의 형용사는 목적어를 취하지 않는 일종의 자동사이기도 한데, 목적어를 취하게 되면 의동동사나 사역동사로 사용된다. 여기서는 사역동사로 사용되었다. 無慾과 無名 역시 마찬가지이다. 無는 형용사로서의 無이다. 주어와 목적어와의 관계에 의해 동사의 의미가 전성하는데, 이는 문법적으로 추정하여 풀이하는 형식이긴 하지만, 본래 한어에는 같은 동사에 대하여 사역, 피동, 의동, 위동 상의 고유한 성조가 있었을 것으로 추정한다.

保生者를 만약 '생을 보호하는 사람' 으로 풀이한다면 寡慾은 문맥상 보어를 취한 형용사로 '욕심이 적(어지)다' 가 된다. 즉 '생을 보호하는 사람은 욕심이 적(어지)다' 가 된다. 주어 保生者는 술어 寡의 직

접 행위자가 아니라, 화자에 의해서 인식되는 피동체가 되는 것이다. 한국어에서 '당신은 아름답다' 고 했을 때, 주어(주격보어) '당신' 은 동사(형용사-자동사) '아름답다' 의 행위주체가 아니라 화자에 의해서 인식되는 피동체인 것이다. 이럴 경우 주격 보어가 행위의 주체가 되기 위해서는 '~해야 한다' 라는 조동사의 사용이 필연적이다.(당신은 아름다워야 한다) 이 문장이 '생을 보호하려는 사람은 욕심이 적어야 한다' 로 풀이되기 위해서는 '保生者 能寡慾' 과 같은 형식이 되어야 하는 것이다.

이렇게 전체 문장을 직역하면, "생을 보호하는 사람은 욕심이 적고, 몸을 보호하는 사람은 명성을 피한다. 욕심이 없음은 쉬우나 명성이 없음은 어렵다"가 된다. '생을 보호하는 사람은 욕심이 적다(욕심을 적게 하다)' 라는 단순 서술문은 객관적 증명의 내용에 의한 기술이어야 한다. 객관성이 없는 주관적 삶에 대한 관조를 단순서술문의 형태로 기술하기는 어려운 것이다.(이러한 어색한 기술이 고대 한인들의 고졸한 언어 사용은 아니다) 즉 가정이라든지 추측이라든지 의지적인 상을 띠는 조동사의 사용이 필연적인 것이다.

따라서 保生者는 '생을 보호하기의 때에' 로 직역할 수 있으며, 者(之也)에서의 之에 의해 '특정한 지정은 받은 어떤 사람' 의 '생을 보호하려는 행위' 가 아니라, 객관성을 띠는 가정적(일반적) 상황으로서의 '생을 보호하기의 경우' 이며, '(만약) 생을 보호하려고 한다면' 정도로 의역 풀이가 가능한 것이다.

이 문장은 개인적 삶에 대한 지침으로서 도가적인 글만은 아닐 수도 있다. 반대로 천자(天子)나 제후(諸侯)에게 전하는 계도의 내용이기도 한 것이다. 그렇다면 生, 身, 慾, 名에는 각기 다른 의미를 부여할 수도 있을 것이다.

子 曰 君子有三戒. 少之時 血氣未定 戒之在色. 及其長也 血氣方剛 戒之在鬪. 及其老也 血氣旣衰 戒之在得.

자 왈 군자유삼계 소지시 혈기미정 계지재색 급기장야 혈기방강 계지재투 급기노야 혈기기쇠 계지재득

선생께서 "군자는 세 가지의 경계가 있다. 젊음의 시기는 혈기가 아직 안정되지 않아 경계할 것이 여색에 있고, 그 장성함에 이른 때는 혈기가 바야흐로 강성하여 경계할 것이 싸움에 있다. 그 늙음에 이른 때는 혈기가 이미 쇠하여 경계할 것이 이득에 있다"라고 말하였다.

풀이

血氣 피의 기운

血氣는 비록 일반명사화되기는 했지만 본래는 명사구로 사용되었다. 한문은 고립어로서 하나의 형태소가 대부분 하나의 단어를 이루고 있다. 이러한 수식관계 명사구의 잦은 사용이 일반명사로 전이되는 것이다. 한국어에서는 '혈'이란 한 글자가 단어를 이루지 못하고 혈기, 혈색 등으로 하나의 형태소로 존재하지만, 한문에서는 한 자 한 자가 기본적으로 한 단어를 이루고 있는 차이가 있다. 이러한 동일한 구문의 잦은 사용이 결국은 하나의 성어를 이루어내기도 한다.

未定 아직 안정되지 않다

未는 상부정사이다. 시제적으로 사용되며 '아직은'과 같은 어기를 담고 있다. 이에 반대되는 개념으로는 旣(이미, 벌써)이다. 종결사가 사용되는 문장일 경우에는 未의 끝에는 불변화의 의미를 내포하는 也가, 旣의 끝에는 변화에 따른 결과의 의미를 내포하는 矣가 사용된다.

戒之在色 경계할 것이 여색에 있다, 경계란 여색에 있다

주어〔戒〕와 술어〔在〕 사이에 之가 삽입되어 있다. 이러한 之를, 한국어의 주격조사에 해당한다, 문장의 중간에 쓰여 어기를 도울 뿐 별다른 의미가 없다, 문장의 독립성을 없애는 역할을 한다 등으로 정의내리고 있다. 그렇다면 주격조사가 사용된 것과 그렇지 않은 경우는 어떤 차이가 있는가? 기본적으로 이러한 주격조사는 사용되지 않는 것이 한문의 일반적인 문형이다. 또한 어기조사로서 어기를 도울 뿐 별다른 의미가 없다는 정의에도, 어떤 경우에는 쓰이고 어떤 경우에는 쓰이지 않는지 그 차이에 대한 분명한 구분이 없다. 고대 한어를 구사하던 사람들의 개별적인 습관의 차이라고 정의내리기도 곤란하다.

之는 '가다' 라는 동사에서 시작되어 지시사로 사용되었다. 또 술목구조에서 목적어가 술어 앞으로 도치될 경우 그 사이에 도치의 표지로 사용되기도 한다.

戒色(여색을 경계하라)는 기본적인 술목구조를 도치시키면 色之戒(여색은/을 경계할 것이다)이다. 〔예〕 色戒—여색은 경계한다

다수 한문 풀이서에서는 이러한 도치 구문을 변별력없이 동일하게 풀이하고 있지만, 그 역시 한국어적인 관점에서의 풀이이다. 한국어에는 조사와 어미 활용이 풍부하여 문형이 자유로운 편이다.

'나는 너를 사랑한다' 는 한국어의 기본적인 문형이다. 이를 '너를 나는 사랑한다' 로 한다면 도치문이기도 하고, 또한 목적어 '너를' 을 강조하였다고도 할 수 있지만, 단지 문형의 변화에 지나지 않는 것이기도 하다. 어떤 사람은 습관적으로 저러한 형태로의 표현과 언어를 구사하기도 하는데, 그렇다고 그 사람이 모든 말과 표현에 힘을 주고 강조하는 것은 아니다. 한국어의 문형은 술어를 마지막에 두는 것 외에는 개방적이기 때문이다.

① 여색을 경계하라 ② 경계하라, 여색을

②는 ①의 도치문이 아니다. 말에 힘을 주고 강조를 하기 위하여 시등에서 일종의 문형을 파괴한 것이거나, 강조를 위해 연속 사용한 동사를 생략한 형태, 즉 '경계하라. 여색을 경계하라' 라는 두 문장에서 뒷문장의 동사를 생략한 형태이다.

한문처럼 문형이 아주 고정적인 언어에 문형을 도치시키고, 사용하지 않아도 될 어떤 형태소를 추가한다는 것은 분명한 어기를 나타내려고 하는 것이다. 즉 愛汝(너를 사랑한다)의 술목구조의 도치로서, 汝之愛에 대한 풀이로 '사랑한다. 너를' 은 완전히 다른 풀이가 되는 것이다. '너를 사랑하는 것이다' 가 술목이 도치된 한문에 대한 풀이로 더 적합한 어기를 나타낼 것이다. '之' 가 가지고 있는 지시적이고 강조적인 용법이 한국어의 '것' 에도 그대로 적용되기 때문이다.

다시 본문으로 돌아가, 戒之在色에서처럼 도치문이 아닌 주어와 술어 사이에 사용된 之 역시 분명 한문에서는 형태소로 하나의 단어를 나타낸 것이며, 그것은 지시와 강조의 어기를 나타내는 한국어의 '~라는 (것), ~란 (것)' 에 가까운 것이다.

설명이 장황하고 복잡했다. 한문은 한국어처럼 발달된 조사나 어미 활용이 없고, 굵직하게 덩어리 하나씩 뱉어내는 식이다. 그것을 서로 맞추려고 하니 장황해지고 복잡해진 것이다. 之의 본연의 용법은 한국어의 '이, 그, 저' 와 같은 지시사이다. 戒之在色를 굵게 한 덩어리 형식으로 직역하면 '경계, 그것, 여색에 있다' 이다.

及其長也 그 장성함에 이른 때

及은 '~에 이르다' 의 의미이다.

也는 종결사로 사용된 것이 아니다. 선행절 끝에 사용되었다. 종속절 끝에 사용된 也는 보통 시간(경우/때)의 의미이다. 문두의 少之時는 부사구인 반면, 及其長也는 부사절이다.

孫眞人 養生銘 云 怒甚偏傷氣 思多太損神 神疲心易役 氣弱病相因 勿使悲歡極 當令飮食均 再三防夜醉 第一戒晨嗔.

손진인 양생명 운 노심편상기 사다태손신 신피심이역 기약병상인 물사비환극 당령음식균 재삼방야취 제일계신진

손진인 양생명에 이렇게 씌어 있다.
"성냄이 심하면 치우쳐 기운을 상하게 되고, 생각이 많으면 정신을 크게 손상시키며, 정신이 피곤하면 마음은 쉽게 고달파진다. 기의 약함과 병은 서로의 원인이다. 슬픔과 기쁨을 극단에 되게 하지 말며, 당연히 음식은 고루 취하도록 하라. 자주 밤에 취하는 것을 막고 제일의 경계는 새벽의 진노이다."

풀이

銘 책의 종류로 '새겨놓는 글' 이란 의미이다. 때로는 묘비 등에 그 사람의 업적 등을 새겨 놓은 글을 의미하기도 한다.

勿使悲歡極 슬픔과 기쁨으로 하여금 극단되게/도록 하지 말라
'使/令 A(명사) B(동사)' 의 사역구문이다. 'A에게(하여금) B되게 하다(시키다)' 의 뜻이다.

當令飮食均 당연히 음식은 고루 섭취하라
'음식은 고루 섭취해야 한다' 로의 풀이도 가능하다.

再三 재삼(두 번 세 번), 자주, 여러 차례

景行錄 曰 食淡精神爽 心淸夢寐安.

경행록 왈 식담정신상 심청몽매안

『경행록』에 이렇게 이르고 있다.
"음식이 담박하면 정신이 상쾌하며,
마음이 맑으면 꿈자리가 편안하다.

풀이

오언절구(五言絶句)의 문장이다.

食淡精神爽 두 문장이 절 결합의 형태{(주+술)(주+술)}로 이루어져 있으며, 다음 문장과 댓구를 이루고 있다.

定心應物 雖不讀書 可以爲有德君子.

정심응물 수불독서 가이위유덕군자

마음을 바르게 하고 사물에 응한다면,
비록 글을 읽지 않았더라도 덕있는 군자가 될 수 있다."

풀이

可以爲有德君子 덕있는 군자가 될 수 있다, 덕있는 군자일 수 있다

可는 '가능하다' 라는 형용사이다.

可 뒤의 以(之가 생략된 형태)는 일종의 보어 구실을 한다. 여기에서는 시간적인 의미를 담아내는데, 일종의 시제적인 기능을 한다고 볼 수 있다. 즉 可(가능하다)는 객관적 상황의 서술을, 可(해야한다)는 이미 이루어져 있음을, 可以(할 수 있다, 될 수 있다)는 앞으로 이루어질 수 있음을 함의하는 것이다.(문맥상 定心應物은 어떤 사람이 이미 이룬 상황이 아니라 하나의 가정이기 때문이다)

이 구문에서 以를 뺀다면 可(爲)有德君子(덕이 있는 군자라고 해야 한다)가 된다. 즉, 이미 군자인 현재완료의 상황인 것이다. 또한 以의 기본적인 함의는 동사 '사용하다, 이용하다, 쓰다' 에 있다. 직역에 의하여 분석하면 '가능하다, (그것을) 사용하다, 유덕군자가 됨에' 즉 '정심응물을 유덕군자가 되는 것에 사용하기가 가능하다' 의 문장을 만들어 내는 것이다.

이 문장에서 定心應物을 가정이 아닌 기정으로 바꾼다면, 雖不讀書 可(謂/爲)有德君子 爲定心應物(之人)也(비록 책을 읽지 않았지만 유덕군자라고 해야 하는 것은 정심응물〔하고 있는 사람이기〕 때문이다)가

된다.

爲는 명사 술어인 有德君子의 계사로 사용된 것이며, 또한 可以 뒤에는 동사만이 직접 위치할 수 있는 원칙에 의해서 사용된 것이다.

可以爲는 '~일 수 있다, ~될 수 있다' 라고 숙어화되었다.

이러한 대용어 以는 문장에 따라 기정을 가정으로, 능동을 수동으로, 단정을 추측으로, 피동체를 주체로 바꾸어 주기도 한다. 이에 대한 많은 예문들이 『명심보감』에 있다.

近思錄 云 懲忿 如救火 窒慾 如防水.

근사록 운 징분 여구화 질욕 여방수

『근사록』에 이렇게 이르고 있다.
"분을 징계하기는 마치 불 끄듯이 하고,
욕심 막기는 마치 물 막듯이 하라."

풀이

오언절구의 시로 두 문장이 댓구를 이루고 있다.

懲 징계하다
지난날의 허물이나 장래에 대한 삼감함을 가지도록 제재를 가함.

夷堅志 云 避色 如避讐 避風 如避箭 莫喫空心茶 少食中夜飯.

이견지 운 피색 여피수 피풍 여피전 막끽공심다 소식중야반

『이견지』에 이렇게 이른다.
"여색 피하기를 마치 원수 피하듯이 하고, 바람 피하기를 마치 화살을 피하듯이 하라. 빈속의 차를 마시지 말 것이며, 한밤중의 밥을 적게 먹어라."

풀이

空心 빈 속

心은 '속(胃)'의 뜻이다.

荀子 曰 無用之辯 不急之察 棄而勿治.

순자 왈 무용지변 불급지찰 기이물치

순자가 "쓸데없는 변설과 급하지 않은 사찰은 버려두고서 다스리지 말라"라고 말하였다.

풀이

無用 쓸데없는, 소용없는

순자는 전국시대(국가간의 전쟁이 치열했던 시대)의 사람이다.

子 曰 衆好之 必察焉. 衆惡之 必察焉.

자 왈 중호지 필찰언 중오지 필찰언

선생께서 "모두가 좋아할지라도 반드시 살펴야 할 것이다. 모두가 미워할지라도 반드시 살펴야 할 것이다"라고 말하였다.

풀이

衆好之 모두가 좋아할지라도, 모두가 좋아할 것이라도

여기서의 之는 상조사로 사용되었다. 之를 흔히 3인칭 목적어 대체사로 '그를' 로 풀이하기도 한다. 여기서의 '그' 란 문맥상 누구라고 분명히 지정받은 사람이 아니라 가정의 '어떤 사람' 이다. 한문에서 이러한 불특정 가정의 어떤 사람에 대한 표현은 생략하는 게 일반적 특징이다. 따라서 상조사로 사용된 것이다.

必察焉 반드시 살필 것이다

焉은 서술형 종결사의 하나로 '사실 확인' 의 의미를 내포하며, 다른 종결사와 마찬가지로 강조의 상을 띠고 있다. 焉은 일반적으로 개사 於와 대체사 之의 합으로(於之) 정의내리고 있으며, 여기서 之는 목적어로 '그것(그 사람)에' 이다. 하지만 이 책에서는 그러한 견해를 받아들이지 않는다.

之가 대체하는 문두의 주어는 생략되어 있다. 의미가 통하는 한은 주어마저도 생략해 버리는 한문의 언어 습관상 그보다 덜 중요한 목적어를 대체사도 끌어들여서까지 사용할 이유는 없는 것이며, 焉이 於之(그 사람에 대하여)의 합이라면 문장을 쓰는 사람에 따라, 혹은 지역이나 시대에 따라 焉이 아닌 於之의 형태로도 사용되어야 할 것이다. 하

지만 於之의 형태로 사용된 예는 없다.

이 책에서 於를 감탄사로 사용되는 어기로서의 '탄식할 오'와 于와 관련이 있으며, 之역시 상조사라고 정의내린다. 시제와 상에 관련된 종결어기사이며, 이러한 조사는 자원적인 의미가 아니라 고대 한인들의 발음을 차용한 글자이다.

酒中不語 眞君子. 財上分明 大丈夫.

주중불언 진군자 재상분명 대장부

"술 취한 중에 말하지 않음이 진정한 군자이고,
재물 위에서 분명함이 대장부이다."

풀이

分明 분명하고 밝음, 분명

萬事從寬 其福自厚

만사종관 기복자후

"모든 일은 너그러움에 따르게 한다면,
그 복이 저절로 두터워진다."

풀이

萬事從寬 모든 일은 너그러움에 따르게 하다

주어가 동사의 행위자가 아니라 피행위자일 경우 동사는 사역동사이다.

從은 '따르다' 외에도 '처리하다, 맡다' 의 의미를 가지고 있다. (예 : 從政－정치를 맡다) 즉 '모든 일은 너그럽게 처리시킨다면' 도 가능한 풀이이다.

其福 그 복

其는 소유격대명사 '그의' 가 아니다. 이 문장은 내용상 일반적인 가정문이다. 영어의 정관사 the와 유사한 기능으로 명사 福을 일반화시킨다.

太公 曰 欲量他人 先須自量. 傷人之語 還是自傷. 含血噴人 先汚其口.

태공 왈 욕량타인 선수자량 상인지어 환시자상 함혈분인 선오기구

태공이 "타인을 헤아리려 한다면, 먼저 모름지기 스스로 헤아려야만 한다. 남을 상하게 하는 말은 도리어 곧 스스로 상하게 하는 것이다. 피를 머금고 남에게 뿜는다면 먼저 그 입을 더럽히게 된다.

풀이

先須自量 먼저 모름지기 스스로 헤아려야 한다

須 : '모름지기 ~해야 한다, ~해야 한다' 등으로 풀이할 수 있다. 當과 유사한 어기이다.

自는 재귀부사로 항상 동사 앞에만 사용된다. 1, 2, 3인칭에 모두 사용될 수 있다.

量 : 헤아리다, 견주어 보다.

還是自傷 도리어 바로 스스로 상하게 된다

是는 '곧 ~인 것이다, 바로 ~이다, 마땅히, 당연히' 등의 뜻이다. 부사적 어기와 함께 계사적 기능도 있다.

先汚其口 먼저 그의 입을 더럽히게 된다

형용사(자동사) 汚가 목적어 其口를 취하여 사역형으로 사용된 형태이다.

凡戲無益 惟勤有功.

범희무익 유근유공

무릇 희롱은 이로움이 없고,
오직 근면함만이 공이 있다.”

풀이

凡 무릇, 대저

수 앞에서 수적인 총합을 나타내기도 하여 ‘모두’로 사용된다. 夫 역시 이와 동일하다.

惟 오직, 다만

太公 曰 瓜田不納履 李下不整冠.

태공 왈 과전불납리 이하불정관

태공이 "오이 밭에는 신을 들이지 않고,
오얏나무 아래에서는 관을 바로잡지 않는다"라고 말하였다.

풀이

오언절구의 시이다.

整冠 관을 바로 잡다

整 : '묶거나 치거나 하여 바르게 정돈하다' 의 뜻이다.

景行錄 曰 心可逸 形不可不勞.
道可樂 心不可不憂. 形不勞則怠惰易弊.
心不憂則荒淫不定. 故 逸生於勞而常休.
樂生於憂而無厭. 逸樂者 憂勞 其可忘乎.

경행록 왈 심가일 형불가불로 도가락 심불가불우 형불로즉태타이폐
심불우즉황음불정 고 일생어로이상휴 락생어우이무염 일락자 우로 기가망호

『경행록』에 이렇게 이르고 있다.
"마음은 편안할 수 있더라도 몸은 수고롭지 않을 수 없으며, 도는 즐길 수 있지만 마음은 근심하지 않을 수 없다. 몸이 수고롭지 않으면 게을러져 쉽게 해져버리며, 마음이 근심하지 않으면 심히 음탕하여져 안정되지 않는다. 그러므로 편안함은 수고로움에서 생겨야 항상 편안하며, 즐거움은 근심에서 생겨야 싫증이 없다. 일락의 때에 근심과 수고로움이 어찌 잊히도록 하겠는가?"

풀이

形不可不勞 몸은 수고롭지 않을 수 없다
形은 앞 구절 心에 대응하여 '몸'의 의미이다.
不可不 : ~하지 않을 수 없다

怠惰 게으르다

弊 해지다, 닳아 없어지다

荒淫 함부로 음탕한 짓을 함, 심히 음탕함, 주색에 빠짐
荒은 '크다, 심하다, 함부로'의 의미이다.

逸生於勞而常休 편안함은 수고로움에서 생겨야 항상 기쁘다

於는 개사로 위치/장소의 보어를 이끈다. 한국어의 '~에(서)' 와 같다.

休 : 기쁘다, 즐겁다, 편안하다

逸樂者 憂勞 其可忘乎 일락의 때에 근심과 수고는 어찌 잊혀지게 하겠는가

逸樂者는 일종의 화제로서의 부사구이다.

憂勞 其可忘乎에서 憂勞는 주어이다. 이 주어는 동사(忘)의 행위 주체가 아니라 피동체가 된다. 이런 경우 동사는 원의미에서 별도의 어기로 전성하는데, 그것은 피동이나 사역형으로의 전성이다. 이때의 주어는 사실상의 주어가 아니라 보어(주격보어)이며, 의미상의 목적어이다. 한문에서 의미상의 목적어를 주격으로 이동(술목의 전치와는 다른 개념이다)시키는 것은 시제와 상에 관계된 어감을 표현하기 위함이다. 그 어감은 문장마다 조금씩 차이가 나는 것이지만, 기본은 '강조' 와 '주목성의 확대' 이다.

其(豈)~乎 : 수사의문문의 한 형식이다. '어찌' 의 의미이며 豈와 동일하다. 여기에서 其(豈)가 직접 '어찌, 왜' 등의 의미를 가지는 것은 아니다. 이러한 풀이는 나중에 한국어에 가장 적합한 단어를 찾아낸 형식이다. 其의 기원은 발어사에 가까운 것이다. 직역을 하자면 '그……가?' 이다. 여기에서 '그' 란 지시사의 의미가 아니라, 한국어의 구어에도 종종 등장하는 문장(구어) 중간에 말의 속도를 늦추거나 어기를 완화시키는 역할을 하는 발어사에 가깝다. 직접적이고 분명한 어기를 가진 단어는 아니다.

이러한 발어사가 결국은 지시사로 진화하기도 하고, 또 일부는 어기사로, 또 일부는 의문부사로 진화하게 된 것이다. 其~乎를 '어찌 ~한가?' 라는 수사의문문의 고정된 형식으로 받아들인다면 모든 문장에 적

용되는 것이 아니기에 매 문장마다 한국어에 들어맞는 새로운 숙어로 다시 이해하고 숙지해야 한다. 그러한 식으로의 한문 접근은 결국 한계가 있다. 다른 허사류도 마찬가지이다.

耳不聞人之非 目不視人之短 口不言人之過 庶幾君子.

이불문인지비 목불시인지단 구불언인지과 서기군자

"귀로는 남의 잘못을 듣지 않고, 눈으로는 남의 단점을 보지 않고, 입으로는 남의 허물을 말하지 않으면 거의 군자이다."

풀이

耳, 目, 口 신체의 일부(명사)가 도구의 의미를 가질 경우 항상 부사로 사용된다.

庶幾 거의 ~이다

본래의 의미는 '많고 작음'이다. '가까움, 거의 되려함, 바람, 희망, 바라건대' 등의 의미로 전성되었다.

蔡伯喈 曰 喜怒在心. 言出於口 不可不愼.

채백계 왈 희노재심 언출어구 불가불신

채백계가 "기쁨과 노여움은 마음에 있고, 말은 입에서 나오니 삼가지 않을 수 없다"라고 말하였다.

풀이

喜怒在心 기쁨과 노여움은 마음에 있다

喜怒는 주격보어이다. 주격보어가 형용사를 동사로 취하는 경우는 '묘사문' 이다. 앞 장에 있었던 의미상의 목적어가 주격의 자리로 이동되면서 강조와 주목성의 상을 띠는 경우와는 다르다. 在(있다)는 有에 비하여 보다 강조적인 존재의 형용이다.

不可不 ~하지 않을 수 없다

이중부정문으로 강한 긍정을 이끈다.

宰予 晝寢 子曰 朽木 不可雕也.
糞土之墻 不可圬也.

재여 주침 자 왈 후목 불가조야 분토지장 불가오야

재여가 낮에 자거늘 선생께서 "썩은 나무는 조각할 수 없으며, 썩은 흙의 담은 흙손질할 수 없다"라고 말하였다.

풀이

晝寢 낮에 자다, 낮잠

문형 분석을 하면 ① 晝가 부사로 사용되어 동사 寢를 수식 ② 수식관계로 晝(之)寢－낮의 잠 → 낮잠.

한문에 있어서 두 단어의 상호관계는 합성어로의 일반명사가 아니며, 한 자 한 자가 각기 독립된 의미를 가진 단어로 구나 절의 형태가 기본이다. '낮잠' 으로 풀이하게 되면 전체 문맥과 어울리지 못한다.

紫虛元君 誠諭心文 曰 福生於淸儉.
德生於卑退. 道生於安靜. 命生於和暢.
患生於多慾. 禍生於多貪. 過生於輕慢.
罪生於不仁. 戒眼 莫看他非.
戒口 莫談他短. 戒心 莫自貪嗔.
戒身 莫隨惡伴. 無益之言 莫妄說.
不干己事 莫妄爲. 尊君王孝父母.
敬尊長奉有德. 別賢愚恕無識.
物順來而勿拒. 物旣去而勿追.
身未遇而勿望. 事已過而勿思.
聰明 多暗昧. 算計 失便宜. 損人終自失.
依勢禍相隨. 戒之在心. 守之在氣.
爲不節而亡家. 因不廉而失位.
勸君自警於平生. 可歎可驚而可畏.
上臨之以天鑑 下察之以地祇.
明有王法相繼 暗有鬼神相隨.
惟正可守 心不可欺. 戒之戒之.

자허원군 성유심문 왈 복생어청렴 덕생어비퇴 도생어안정 명생어화창 환생어다욕 화생어다탐 과생어경만 죄생어불인 계안 막간타비 계구 막담타단 계심 막자탐진 계신 막수악반 무익지언 막망설 불간기사 막망위 존군왕효부모 경존장봉유덕 별현우서무식 물순래이물거 물기거이물추 신미우이물망 사이과이물사 총명 다암매 산계 실편의 손인종자실 의세화상수 계지재심 수지재기 위불절이망가 인불렴이실위 권군자경어평생 가환가경이가외 상임지이천람 하찰지이지기 명유왕법상계 암유귀신상수 유정가수 심불가기 계지계지

자하원군의 성유심문에 이렇게 이르고 있다.
"복은 청렴과 검소함에서 생기고, 덕은 낮추고 물러남에서 생기고, 도는 편안함과 깨끗함에서 생기고, 명은 온화하고 맑음에서 생기고, 근심은 많은 욕심에서 생기고, 화는 많은 탐욕에서 생기고, 허물은 경솔과 거만에서 생기고, 죄는 어질지 않음에서 생긴다.
눈을 경계하여 남의 잘못을 보지 말 것이며, 입을 경계하여 남의 단점을 말하지 말 것이며, 마음을 경계하여 스스로 탐내고 진노하지 말 것이며, 몸을 경계하여 나쁜 반려를 따르지 말 것이며, 이로움이 없는 말을 망령되게 말하지 말 것이며, 자기에 관계되지 않은 일을 망령되이 행하지 말 것이다.
임금을 받들고 부모에 효도하며, 존장을 공경하고 덕 있는 사람을 받들고, 현명하고 어리석은 사람을 분별하고, 앎이 없는 사람을 용서하고, 물이 순리로 오면 막지 말며, 물이 이미 가버렸으면 좇지 말며, 몸이 아직 때를 만나지 못했다면 바라지 말며, 일이 이미 지나가 버렸으면 생각하지 말라.
총명한 사람도 어둡고 흐림이 많으며, 계산에 밝은 사람도 편의를 잃는다. 남을 덜어내면 결국 스스로 잃게 되며, 세력에 의지하는 것과 화는 서로 따른다. 경계할 것은 마음에 있고, 지켜야 할 것은 기에 있다. 사치에 의해서 집이 망하게 되며, 사욕은 지위를 잃게 하는 원인이 된다.
그대에게 권하노니 평생에 스스로 경계하라. 감탄해야 하고, 놀라워해야 하고, 그리고 두려워해야 한다. 위에는 천람으로써 임할지고, 아래에서는 땅 귀신으로써 살펴보신다. 밝음에는 왕법이 서로 따르고 있고, 어두움에는 귀신이 서로 따르고 있다. 오직 옳음만을 지켜야 하며, 마음은 속일 수 없다. 경계할 것이다. 경계할 것이다."

伴 반려(伴侶), 짝이 되는 동무, 부부

不干己事 자기에 관계되지 않은 일

不一干己(之)事.

尊長 존대해야 할 웃어른

有德 덕이 있다

혹은 有德之士의 준말.

物旣去而勿追, 身未遇而勿望

旣는 '이미 ~해버린, ~후에', 未는 '아직 ~않은, ~전에'의 뜻이다. 遇는 '만나다'의 의미로 '좋은 시절을 만나다'의 뜻이다.

物은 자신에 대응하는 外物의 의미이다. 즉 자신에 대한 외부로서의 세상만물이다. '세상 모든 것'을 의미하는 현대 한국어에서의 '事物'과는 조금 개념이 다르다.

事已過而勿思 일이 이미 가버렸다면 생각하지 말라

已는 旣와 같은 글자이다. 때로는 旣已의 형태로 사용되기도 한다.

聰明 聰明之人의 준말이다.

算計 계산에 능한 사람

算計之人의 준말이다.

損人終自失 남을 덜어내면 결국 스스로 잃는다

終은 '결국, 마침내' 의 뜻이다.

戒之在心 경계할 것은 마음에 있다

주어 戒와 술어 在 사이에 之가 삽입되어 있다. 之에 대한 분석은 다양하지만 그 본래의 의미는 지시사가 상조사의 형태로 사용된 것이다. 직역하면 '경계, 그것은, 마음에 있다' 이다.

戒在心 : 경계는 마음에 있다

戒之心 : 경계의 마음(직역하면 '경계, 그것의 마음')

戒之在心 : 경계할 것은 마음에 있다 (경계란 마음에 있다는 것이다)

〔예〕 心之在은 술어(在)와 목적어(心)가 도치되면서 도치의 표지로 之가 사용되었다.

한국어에서는 '술어와 목적어의 도치' 가 문법적으로 성립하지 않는다. 한국어에서 술어의 위치(문말)는 아주 고정적이기 때문이다. ① 在心(마음에 있다)은 한문 문장의 도치(心之在)로, 한국어에 더 적합한 개념은 ② 마음에 있다는 것이다, 혹은 ③ 마음이란 것에 있다 정도일 것이다. 한문에서 술어와 목적어를 도치하는 가장 큰 이유는 목적어의 강조다. ①에 비하여 ②와 ③은 목적어 '마음' 이 강조된 표현이다.

각기 다른 문법구조에서 之가 강조라는 상으로 공통되고 있다.

爲不節而亡家 사치에 의해서 집이 망하게 된다

爲는 원인절을 이끄는 조사이다. '때문에, 의해서, 따라서' 등으로 풀이할 수 있다. 다음 절의 因도 동일한 글자이다.

勸君 自警於平生 그대에게 권하노라, 평생에 스스로 경계하라

이 구문은 아래와 같이 풀이할 수 있다.

勸(동사)君(간접목적어)自警於平生(직접목적어)－그대에게 평생에

스스로 경계할 것을 권하노라(한문에서는 단문의 연속이 기본적 문장 쓰기 방식이다)

可歎 탄식해야 한다

可는 조동사로서 '~해야 한다' 의 뜻이다. 자동사(형용사)로 사용될 경우에는 '옳다, 가능하다' 의 뜻으로도 사용된다.

上臨之以天鑑 위에는 천람으로써 임할지다/임할 것이다/임하고 계신 것이다

上은 주어이고, 臨은 술어이다. 以天鑑은 보어로 사용되었다.

여기서의 之는 술어와 보어 사이에 사용되었다. 사실 이러한 之의 문장 성분상의 위치는 그리 중요한 문제가 아니다. 한국어로 풀이하는 과정에서 이해하는 방법으로 문법적 구조를 분석하는 형식일 뿐이다. 그런 분석을 통하여 때로는 접속사, 조동사, 동사 등으로 용법을 찾아내려 하는 것이다. 이 문장을 한 자 한 자 직역하면 '위, 임하다, 그것, 사용하다, 하늘의 내려다봄' 이다. 다시 정리하면 '위에는 임하다. 그것(그러함, 그렇다), 하늘의 내려다봄으로써' 이며, 다시 한국어 어순에 의하여 정리하면 '위에는 하늘의 내려다봄을 사용하여 임하고 있다 그것이다(그렇다)' → '위에는 천람으로써 임하고 있다는 것이다.' 물론 이러한 풀이과정도 하나의 예시에 지나지 않는다.

이 풀이에 의하여 사용된 한자의 개별 품사나 문장 성분을 분석하는 것은 한문에 대한 이해를 용이하게 하지만, 이러한 분석만을 고집하는 것은 결국 오류에 지나지 않는다. 국가마다 다른 분석이 가능하기 때문이다. 태초의 언어에 있던 어떤 발어사나 어기(語氣)는 현대로 내려오면서 다양한 문법구조로 진화하게 마련인데, 한문에서는 그러한 진화 이전의 형태와 용법을 가지고 있기 때문이다. 이 얼마 되지 않는 분

석에서도 之는 지시사, 접속사, 부사, 조동사의 용법으로 사용되고 있다. 딱히 어느 것이 더 옳고 더 그른 것은 아니다.

이 문장은 上臨(주어)之以(술어)天鑑(목적어)로 분석하여 '위의 임함이란 것은 천람을 사용한다' 로 풀이할 수도 있다. 이 분석에서도 之는 역시 강조라는 상의 어기를 나타내고 있다. 하지만 다음에 이어지는 문장 明有王法相繼에서 臨에 대응되는 有는 동사로 사용되었다. 따라서 上臨을 '위의 임함' 의 수식구조인 주어로 분석하기는 어렵다.

惟正可守 오직 바름만을 지켜야 한다

'惟A(명사)B(동사)' 구문으로 '오직 A만을 B해야 한다' 이다.

安分篇

안 분 편

明心寶鑑

子曰爲善者天報之以福爲不善者天報之以禍漢昭烈將終勅後主曰勿以善小而不爲勿以惡小而爲之太公曰見善如渴聞惡如聾又曰善事須貪惡事莫樂馬援曰終身行善善猶不足一日行惡惡自有餘司馬溫公曰積金以遺子孫未必子孫能盡守積書以遺子孫未必子孫能盡讀不如積陰德於冥冥之中以爲子孫之計也子曰爲善者天報之以福爲不善者天報之以禍漢昭烈將終勅後主曰勿以善小而不爲勿以惡小而爲之太公曰見善如渴聞惡如聾又曰善事須貪惡事莫樂馬援曰終身行善善猶不足一日行惡惡自有餘司馬溫公曰積金以遺子孫未必子孫能盡守積書以遺子孫未必子孫能盡讀不如積陰德於冥冥之中以爲子孫之計也子曰爲善者天報之以福爲不善者天報之以禍漢昭烈將終勅後主曰勿以善小而不爲勿以惡小而爲之太公曰見善如渴聞惡如聾又曰善事須貪惡事莫樂馬援曰終身行

景行錄 云 知足可樂 務貪則憂.

경행록 운 지족가락 무탐즉우

『경행록』에 이렇게 이른다.
"자족함을 알면 즐거울 수 있고,
탐욕에 힘쓴다면 곧 근심하게 된다.

풀이

足 '족하다, 충분하다'에서 '자족'의 의미로 사용되었다.

務貪則憂 탐욕에 힘쓴다면 곧 근심하게 된다

則은 한국어의 부사 '곧' 혹은 접속사 '그렇다면'에 해당되며, 결과절을 유도하는 기능을 한다. 이때 가정절의 문두에 가정절을 이끄는 부사 若, 如, 苟(만약)이 사용될 수도 있고, 사용되지 않을 수도 있다. 또한 則은 주어와 술어 사이에서 주어를 강조(노출)하는 역할을 하기도 한다. 이 때에는 '곧'과 같은 의미는 전혀 내포하지 않는다. '그렇다면'의 의미이며, 이 경우 명사화된 절 다음에 사용된다.

知足者 貧賤亦樂 不知足者 富貴亦憂.

지족자 빈천역락 불지족자 부귀역우

자족을 아는 경우라면 가난하고 천하여도 또한 즐거우나,
자족을 모르는 경우라면 부하고 귀하여도 또한 근심한다.

풀이

貧賤 가난하고 천하다
동사 연동이 아닌 하나의 합성어(명사)로 풀이할 수도 있다.
富貴 역시 마찬가지이다.

濫想 徒傷神 妄動 反致禍.

람상 도상신 망동 반치화

넘치는 생각은 다만 정신을 상하게 하고,
망령된 행동은 도리어 화를 이르게 한다.

풀이

濫想 濫에 '넘치다, 함부로 하다' 의 뜻이 있어 '넘치는 생각, 함부로 하는 생각' 이다.

徒傷神 다만 정신을 상하게 한다

徒 : 단지, 다만, 헛되이

傷은 자동사로 목적어 神를 취하여 사역형으로 사용된 형태이다. 이러한 자동사(혹은 형용사)—목적어 구문은 일반적인 술목구조가 가지는 직접적인 지배와 피지배의 구조가 아니라 간접적인 관계를 가진다. '~하게 만들다' 등의 의미를 나타낸다. 致禍 역시 마찬가지 형태이다.

형용사가 보어를 취한 형태로 분석해 '정신이 상한다'로 풀이 할 수도 있다. 이런 동사의 의미전성에는 성조상의 차이를 두었을 수도 있다.

知足常足 終身不辱 知止常止 終身無恥.

지족상족 종신불욕 지지상지 종신무치

자족함을 알아 항상 만족하면 종신 욕됨이 없고,
그침을 알아 항상 만족하면 종신 부끄러움이 없다.

풀이

終身 동목구로 보기보다는 합성어로 보아야 한다.

終 : 마치다, 다하다

시점상의 완료가 아니라 일정한 시기와 구간을 포함하는 '마치다, 끝나다'의 의미이다. 반면 至와 及은 시점상의 '도달함'을 의미한다.

知止常止 止에는 '그치다' 외에도 '만족하다'의 뜻도 있다.

書 曰 滿招損 謙受益.

서 왈 만초손 겸수익

『서경』에 이렇게 이른다.
"자만은 손해를 부르고, 겸손은 이익을 받는다."

풀이

書 『서경(書經)』을 말한다.

安分吟 曰 安分身無辱 知機心自閑.
雖居人世上 却是出人間.

안분음 왈 안분신무욕 지기심자한 수거인세상 각시출인간

「안분음」에 이렇게 이른다.
"분수에 편안하면 몸에는 욕됨이 없고, 기틀을 알면 마음은 저절로 한가롭다. 비록 인간의 세상에 살더라도 도리어 그러함이 인간사를 벗어나는 것이다."

풀이

却是出人間 도리어 그것은 인간사를 벗어나는 것이다

却은 '도리어, 오히려' 등의 뜻이다.

是는 지시사로 사용되었다. 문두의 부사어나 화제(話題)구를 강조적

으로 재시시하는 경우에는 是가 사용된다. 문두 성분에 따라 '바로/곧 ~라는 것이다' 등으로 풀이되어야 더 자연스러운 예도 있다.

이 구문에서 是가 지시하는 것은 앞 가정절 전체이다. 명사나 명사구를 재지시할 때에는 일반적으로 此가 사용된다.

是는 한(漢)대 이후에 계사(한국어의 '~이다')로 정착되기는 하지만 처음부터 계사로 사용되었던 것은 아니다.

子 曰 不在其位 不謀其政.

자 왈 불재기위 불모기정

선생께서 "그 지위에 있지 않는다면 그 정사를 도모하지 않는다"라고 말하였다.

풀이

不在其位 그 지위에 있지 않다

동사의 부정사 不이 동사 在를 부정하는 '부정사+자동사+보어'의 문형이다.

가정절에 따르는 결과절의 문장이지만 若(만약), 則(그렇다면) 등과 같은 부사나 접속사를 사용하지 않고 있다. 이러한 문장은 문맥에 의하여 파악해야 한다.

存心篇

존 심 편

明心寶鑑

子曰 爲善者 天報之以福 爲不善者 天報之以禍 漢昭烈 將終 勅後主曰 勿 以善小而不爲 勿 以惡小而爲之 太公 曰 見善如渴 聞惡如聾 又曰 善事須貪 惡事莫樂 馬援 曰 終身行善 善猶不足 一日行惡 惡自有餘 司馬溫公 曰 積金以遺子孫 未必子孫能盡守 積書以遺子孫 未必子孫能盡讀 不如積陰德於冥冥之中 以爲子孫之計也 子曰 爲善者 天報之以福 爲不善者 天報之以禍 漢昭烈 將終 勅後主 曰 勿 以善小而不爲 勿 以惡小而爲之 太公 曰 見善如渴 聞惡如聾 又曰 善事須貪 惡事莫樂 馬援 曰 終身行善 善猶不足 一日行惡 惡自有餘 司馬溫公 曰 積金以遺子孫 未必子孫能盡守 積書以遺子孫 未必子孫能盡讀 不如積陰德於冥冥之中 以爲子孫之計也 子曰 爲善者 天報之以福 爲不善者 天報之以禍 漢昭烈 將終 勅後主 曰 勿 以善小而不爲 勿 以惡小而爲之 太公 曰 見善如渴 聞惡如聾 又曰 善事須貪 惡事莫樂 馬援 曰 終身行

景行錄 云 坐密室 如通衢 馭寸心 如六馬 可免過.

경행록 운 좌밀실 여통구 어촌심 여육마 가면과

『경행록』에 이렇게 이르고 있다.
"밀실에 앉아 있어도 마치 통행하는 길인 듯하고, 작은 마음 다루기를 마치 여섯 말 몰듯이 하면 허물을 면할 수 있다."

풀이

密室 타인의 출입을 통제하는 방

通衢 통행하는 길, 왕래가 번잡한 도로

六馬 고대 중국에서 보통 전차나 마차는 4필의 말이 끌었으며, 천자가 타는 마차는 6필의 말이 끌었다.

擊壤詩 云 富貴 如將智力求 仲尼 年少合封侯. 世人 不解靑天意 空使身心半夜愁.

격양시 운 부귀 여장지력구 중니 년소합봉후 세인 불해청천의 공사신심반야수

『격양시』에 이렇게 이르고 있다.

"부귀가 만약 지혜와 힘에 의하여 구해진다면 중니는 나이 젊었을 때 마땅히 제후에 봉해졌을 것이다. 세상 사람이 푸른 하늘의 뜻을 이해하지 못하고 공연히 신심으로 하여금 한밤중에 근심하게 한다."

풀이

如將智力求 만약 지혜와 힘에 의하여 구한다면

如는 가정절을 이끄는 조사로 '만약'의 뜻이다.

將은 명사 앞에 사용되어 개목구조를 만들며, 以와 유사한 기능을 한다. '~로서, ~를 가지고(사용하여서), ~에 의하여' 등의 의미이다.

將은 보통 동사 앞에서 부사나 조동사의 용법으로 사용되어 '곧, 장차, ~하려하다, ~일 것이다' 등의 뜻으로 사용된다.

仲尼 공자(孔子). 공자는 괴력의 소유자로도 알려져 있다.

年少合封侯 나이 젊어서 합당히 제후에 봉해졌을 것이다

合은 부사로 當과 같으며, '당연히, 합당히' 등의 뜻이다.

半夜 한밤중. 中夜와 동일한 의미이다.

空 공연히, 헛되이

范忠宣公 戒子弟 曰 人雖至愚 責人則明.
雖有聰明 恕己則昏.
爾曹 但當以責人之心 責己.
恕己之心 恕人 則不患不到聖賢地位也.

범충선공 계자제 왈 인수지우 책인즉명 수유총명 서기즉혼
이조 단당이책인지심 책기 서기지심 서인 즉불환불도성현지위야

범충선공이 자제들에게 계고하여 이렇게 말하였다.
"사람이 비록 지극히 어리석으나 남을 책함에는 밝다. 비록 또 총명하나 자기를 용서함에는 흐리다. 너희들은 다만 당연히 남을 책하는 마음으로써 자기를 책하고, 자기를 용서하는 마음으로 남을 책한다면 성현의 지위에 이르지 못함을 걱정하지 않아도 될 것이다."

풀이

人雖至愚 사람이 비록 지극히 어리석더라도

人은 나에 대응되는 타인으로서의 남이 아니라 '사람 일반'의 의미로 사용되었다. 이례적인 예라기보다는 문맥상 '有人(어떤 사람)'의 의미를 내포하고 있다. 한문에서는 人이 독자적으로 한국어의 '사람', 즉 '제반 사람'과 같은 의미로 사용되지는 않는다.

戒 계고하다

子弟 젊은이(父老의 반대), 아들과 아우(父兄의 반대)

責人則明 남을 책함에는 밝다

則 : 주어와 술어 사이에서 주어를 강조(노출)하는 기능을 하고 있다.

雖有聰明 비록 또 총명하더라도

有 : '또(又)' 의 뜻이다.

爾曹 너희들

2인칭 복수대명사이다. 爾는 '너, 당신' 曹는 '무리' 의 뜻이다. 하지만 爾가 독자적으로 사용되어 2인칭 복수를 나타내기도 한다.

但當以責人之心 責己 다만 당연히 남을 책하는 마음으로써 자기를 책하다

但 : 다만, 단지

當 : 부사로 '당연히' 의 의미이다. 當은 동사 앞에서 조동사로 '～해야 한다' 의 의미를 가지기도 한다.

以責人之心 : 以는 개사로 '개목구조(以＋責人之心)' 를 이루어 부사어로 사용되었다.

則不患不到聖賢地位也 그렇다면 성현의 지위에 이르지 못함을 걱정하지 않아도 된다는 것이다

則은 접속부사로 '그렇다면' 의 뜻이다.

也는 '본연(本然), 당연(當然)' 의 의미를 내포하는 종결어기사이다.

子 曰 聰明思睿 守之以愚 功被天下
守之以讓 勇力振世 守之以怯
富有四海 守之以謙.

자 왈 총명사예 수지이우 공피천하 수지이양 용력진세 수지이겁 부유사해 수지이겸

선생께서 "총명하고 생각이 뛰어나도 우매함으로 지킬 것이며, 공이 천하를 덮더라도 사양함으로 지킬 것이며, 용력이 세상에 떨치더라도 겁냄으로 지킬 것이며, 부가 사해를 가지게 하더라도 겸손으로 지킬 것이다"라고 말하였다.

풀이

思睿 사려가 뛰어나게 밝음

守之以愚 우매함으로 지킬 것이다

之가 상조사로 사용되었다. 단순서술형 '지키다' 에 비하여 '지킬 것이다' 의 형식으로 어기를 강조하고 있다.

以愚 : 우매함으로(써)

개목구조로 보어로 사용되었다. 이 개목구조의 문법적인 용도는 번역되는 언어에 따라 보어일 수도 있고 부사어일 수도 있을 것이다. 하지만 한문의 기본적인 어구를 이루는 형태는 '연동식(동사의 연속)' 이다. 직역한다면 '지킬 것이다. 우매함을 사용한다' 이다.

富有四海 부가 사해를 가지게 하다

有는 '가지다. 소유하다' 는 의미의 타동사이다. 여기서 주어 富는 동사 有의 직접 행위자가 아니다. 주어가 동사의 행위자가 아니라 피행위자일 경우 동사는 사역형으로 전성된다. 有를 일반적인 형용사로서 '있다' 라고 풀이한다면, '부가 사해에 있다' 가 된다. 동사와 목적어(혹은 보어)의 관계는 문맥에 의하여 풀이해야 한다.

素書 云 薄施厚望者 不報.
貴而忘賤者 不久.

소서 운 박시후망자 불보 귀이망천자 불구

『소서』에 이렇게 이른다.
"박하게 베풀고 두텁게 바라는 경우는 보답이 없고,
귀하게 되고나서 천할 때를 잊는 경우는 오래가지 못한다.

풀이

貴而忘賤者 귀하게 되고나서 천할 때를 잊는 것(경우)에

而는 접속사로 사용되었다. 而는 동사나 형용사 사이에 사용된다.

者는 之也의 합으로서 종속절 끝에 사용된 也에는 항상 시간(때/경우)적인 함의가 있다.

施恩 勿求報. 與人 勿追悔.

시은 물구보 여인 물추회

은혜를 베풀었다면 보답을 구하지 말고,
남에게 주었으면 추후에 후회하지 말라.”

풀이

與人 남에게 주다

與 : 주다

追悔 추후에 후회하다

追 : 추후(追後-나중, 뒤, 다음)

孫思邈 曰 膽欲大而心欲小. 知欲圓而行欲方.

손사막 왈 담욕대이심욕소 지욕원이행욕방

손사막이 "담력은 커지도록 해야 하고, 마음은 작아지도록 해야 한다. 앎은 원만하게 해야 하고, 행동은 방정해지도록 해야 한다"라고 말하였다.

풀이

膽欲大 담력은 커지도록 해야 한다

膽은 형식상의 주어(주격보어)이다. 주어가 동사의 직접 행위자가 아닐 경우에는 사역형으로 사용된다.

欲 : ~해야 한다(조동사)

大 : 형용사가 술어로 사용된 예이다.

膽欲大은 欲大膽(담력을 크게 해야 한다)와 의미상으로 동일하다. 하지만 膽이 본문에서는 주격으로 사용되었으며, 예문에서는 목적어로 사용되었다. 이것은 도치가 아니라 하나의 문장 형식이다. 보어가 주격을 띠는 경우는 한문과 한국어 외의 다른 언어에서도 종종 발생한다. 膽은 의미적으로 술어 大(불완전자동사로 사용된 형용사)의 보어이다.

方 방정하다, 단정하다

念念要如臨戰日. 心心常似過橋時.

념념요여임전일 심심상사과교시

"생각마다 반드시 전쟁의 날에 임하듯이 하고,
마음마다 항상 다리를 지나는 때와 같이하라."

풀이

念念 생각마다

'모든 생각' 의 의미이다. 한문에서 동일한 명사의 연속 사용은 부사어로 기능한다. 동사나 형용사의 경우는 한국어의 동사연쇄와는 전혀 다르다. 蒼蒼은 '푸르고 푸르다' 의 의미가 아니라 '짙푸르게, 더없이 푸르게' 등의 가중(加重)을 의미한다. 명사의 연속 사용은 '매번' 혹은 '각각' 의 의미를 내포한다.(心心－마음마다, 人人－사람마다. 두 경우 모두 가중의 의미를 띤다)

要 반드시, 응당, 항상, 늘

懼法朝朝樂. 欺公日日憂.

구법조조락 기공일일우

"법을 두려워하면 아침마다 즐거우며,
공을 속이면 날마다 근심한다."

풀이

公 나라, 임금
때로 '상관, 공무(公務)' 의 의미도 갖는다.

朱文公 曰 守口如甁. 防意如城.

주문공 왈 수구여병 방의여성

주문공이 "입을 지키기는 병과 같이하고, 뜻을 막기는 성과 같이하라"라고 말하였다.

풀이

守口如甁 입을 지키기는 병과 같이하다
절과 절이 결합한 형태이다. {守(동)口(목)}+{如(동)甁(보)}

心不負人 面無慙色.

심불부인 면무참색

"마음으로 남을 저버리지 않았다면 얼굴에 부끄러운 빛이 없다."

풀이

心不負人 마음으로 남을 저버리지 않았다

心(부사어)不(부정사)負(동사)人(목적어)의 구조이다.

心은 '속'의 의미로도 사용되며, 주격보어로 분석하여 '마음이'로의 풀이도 가능하다.

人無百歲人 枉作千年計.

인무백세인 왕작천년계

"사람은 백세의 사람이 없으나 헛되이 천년의 계획을 만든다."

풀이

枉 헛되이, 부질없이

作 일으키다, 만들다
'인위적인, 작위적인' 의 의미를 내포한다.

百歲 고대에 '백살' 은 사람이 살아내지 못하는 나이로 여겼다.
〔예〕 백세지후(百歲之後)－백 년 후. 사람은 백세를 살 수 없었으므로 사람의 죽음을 휘(諱)하여 이르는 말이다. (諱－꺼리다, 조심하다. 부친의 성함을 말할 때 직접 이름을 부르는 것을 諱하여 '무슨 자 무슨 자 쓰십니다' 라고 하는 경우를 말한다)

寇萊公 六悔銘 云 官行私曲失時悔. 富不儉用貧時悔. 藝不少學過時悔. 見事不學用時悔. 醉後狂言醒時悔. 安不將息病時悔.

구래공 육회명 운 관행사곡실시회 부불검용빈시회 예불소학과시회 견사불학용시회 취후광언성시회 안불장식병시회

구래공의 「육회명」에 이렇게 이른다.

"관리가 바르지 못하게 행동하면 잃었을 때 후회한다. 부자가 검소하게 쓰지 않으면 가난하게 되었을 때 후회한다. 재주는 젊어서 배우지 않으면 지났을 때 후회한다. 일을 보고 배우지 않으면 필요할 때 후회한다. 취한 후의 광언은 깨었을 때 후회한다. 편안할 때 양생하지 않으면 병들었을 때 후회한다."

풀이

私曲 바르지 못함, 부정, 비행, 사곡(邪曲), 사회(邪回)

失 (지위/직책) 잃다

儉用 검소하게 쓰다

用은 '쓰다'의 의미이다.

用時 필요한 때

用은 '필요하다'의 의미이다.

將息 양생하다, 섭생하다.

益智書 云 寧無事而家貧 莫有事而家富.
寧無事而住茅屋 不有事而住金屋.
寧無病而食麤飯 不有病而服良藥.

익지서 운 녕무사이가빈 막유사이가부 녕무사이주모옥 불유사이주금옥 녕무사이식추반 불유병이복량약

『익지서』에 이렇게 이른다.
"차라리 탈 없으면서 집이 가난할지언정 탈 있으면서 집이 부자이지 말 것이며, 차라리 탈 없으면서 집이 초가집일 망정 탈 있으면서 금옥에 살지 말며, 차라리 병 없으면서 거친 밥을 먹더라도 병 있으면서 좋은 약을 복용하지 않는다.

풀이

寧 A 莫(不) B 차라리 A 할지언정 B 하지 않는다
이와 유사한 구문으로는
與其 A 孰若 B : A 하기보다는 차라리 B 하는 것이 좋다
與其 A 不如 B : A 하기보다는 B 하느니만 못하다
세 유형의 숙어는 모두 B 쪽으로 의미의 무게를 둔다. 후자에 상향적 편중을 두는 것은 한문의 한 특성이다. 莫은 본래 강조의 상부정사였으나 후대로 가면서 점점 상적 의미를 상실한다. 이 문장에서도 그런 상적 어기는 거의 없으며, 不의 또 다른 형태로 사용되고 있다.

無事 탈 없다
事는 故와 같다. 사고, 탈.

茅屋 띠풀로 엮은 집

초가집(≠金屋)

食麤飯 거친 밥을 먹다

食은 동사(먹다)일 경우에는 '식'으로, 명사(식사/밥)일 경우에는 '사'로 읽는다. 고대 한어에서도 발음상에 차이가 있었던 것으로 추정된다.

心安茅屋穩. 性定菜羹香.

심안모옥온 성정채갱향

마음이 편안하면 초가집도 안온하고,
성정(性情)이 안정되면 나물국도 향기롭다."

풀이

心安茅屋穩 마음이 안정되면 초가집도 편안하다

'주+술' 구조의 두 절이 하나로 결합하여 '가정절+결과절'의 문형을 이루었다. 이 구문은 5언절구의 한 부분이기도 하지만, 한문에서는 이렇게 아무런 표시없이 가정과 결과를 나타내기도 하는데, 이는 문맥에 의해 파악해야 한다. 이러한 사용으로 보아 한문에는 의미에 따른 글자별 성조 외에도 문형에 따른 리듬이 있었을 것으로 추측된다.

菜羹 나물국

景行錄 云 責人者 不全交.
自恕者 不改過.

경행록 운 책인자 불전교 자서자 불개과

『경행록』에 이렇게 이른다.
"남을 책하는 경우는 사귐을 온전하게 못하며,
스스로 용서하는 경우에는 허물을 고치지 못한다.

풀이

責人者 남을 책하는 때(경우)
'責人之也' 의 의미이다. '남을 책한다면' 정도의 의역도 가능하다.

不全交 사귐을 온전하게 못하다
형용사 全이 목적어 交를 취하여 사역형으로 사용되었다.
全交의 관계를 全을 부사로 '온전하게', 交를 동사로 '사귀다' 로 하여 '온전하게 사귀다' 로 풀이할 수도 있지만, 문맥과 또 이에 대응되는 改過(허물을 고치다)에 견주어 '술목관계' 로 풀이하여야 한다.

夙興夜寐 所思忠孝者 人不知 天必知之.
飽食煖衣 怡然自衛者 身雖安
其如子孫何.

숙흥야매 소사충효자 인불지 천필지지 포식난의 이연자위자 신수안 기여자손하

일찍 일어나 밤늦게 잠들도록 만약 충효를 생각해온 경우라면 사람은 알지 못하여도 하늘은 반드시 알 것이다. 배부르게 먹고 따뜻하게 옷 입고서 즐겁게 스스로만 지키는 경우라면 몸은 비록 편안할지라도 그 자손에게는 어떻게 하겠는가?

풀이

夙興夜寐 아침에 일찍 일어나고 밤늦게 잠듦
부지런한 모습에 대한 형용.

所 가정절을 이끄는 '만약'의 의미로 사용되었다. 이러한 용법의 所는 진(秦)나라 이후에는 거의 사용되지 않는다.

思忠孝者 충효를 생각하는 경우
者는 '之也'의 의미적 축약으로, 직역하면 '그러한 때(경우/상황)'이다.

이 구문에서 者를 생략한다면, 所思忠孝 (則)人不知(만약 충효를 생각한다면 사람은 알지 못하나)가 된다. 이때의 則(그렇다면)은 접속사적인 부사로 생략이 가능하다. 所라는 부사를 통하여 思忠孝가 명사로 사용된 동목구임이 충분히 드러나기 때문이다.

만약 所가 사용되지 않았다면 '則'이 사용되는 게 일반적이다. 그것은 다음에 바로 이어지는 명사 人에 의해서이다. 人이라는 명사가 없다면 부정사 不에 의하여 思忠孝가 다시 명사임이 명확히 드러나기 때문이다. 思忠孝 則人不知…, 思忠孝不知…

다시 者를 人으로 바꾼다면 所思忠孝人(.) 人不知이 되는데, 이대로는 문장이 성립되지 못한다. 주어(人) 앞에 올 수 있는 것은 부사어밖에 없기 때문이다. 부사어 이외의 성분이 온다면 그것은 마침표(.)를 찍을 수 있어야 한다. 人과 人 사이에 마침표를 찍는다면 문맥은 달라진다. '만약 충효 하는 사람을 생각한다. 남은 알지 못하나…' 로 풀이 된다.

이때 두 문장을 하나로 잇기 위해서는 역시 접속사적인 부사어가 필요하다. 문맥상 則보다는 雖(비록 ~하더라도)가 더 어울린다. 則은 두 문장(절)을 대등하게 잇는 기능이 없다. 則 앞의 절은 명사화(주어)된다. 所思忠孝人 雖人不知而天必知之. 이때 則과 雖의 차이는, 則은 앞의 명사나 명사구를 강조하는 반면 雖는 후행절을 강조한다.

다시 者를 之人으로 바꾼다면, 所思忠孝之人 人不知…가 되는데, 이 구문에서 명사구 思忠孝之人이 주어가 되기 위해서는 부정사와 동사로 이어지는 不知 앞에 위치할 수 있는 문장 성분은 부사어가 되어야 한다. 所思忠孝之人以人不知…(만약 충효를 생각하기의 사람은 사람으로 알지 못하나…). 하지만 이런 문장은 성립되지 않는다.

또한 思忠孝者(之人)는 이 문장에서 의미상의 목적어이다. 즉 人不知思忠孝者(사람은 충효를 생각하는 사람을 알지 못하나)이다. 이 목적어가 문두로 전치될 경우에는 주격보어의 위치를 확립하지 못하는 상황이라면 부사구로서의 표지가 나타나야 한다.

於思忠孝者 人不知이거나, 아니면 所思忠孝者 不知(於)人…(만약 충효를 생각하는 사람은 남에게 알려지지 않는다) 역시 문맥은 달라진다.

다시 본문으로 돌아가 所思忠孝者 人不知 天必知之는 결국 所思忠孝 雖人不知而天必知之와 비슷한 문장임을 알 수 있다.

그렇다면 者와 雖에는 어떤 차이가 있는 것일까? 者(之也－그러한 경우)는 가정적인 상황과 경우로서 독립된 절을 부사구로 만들어 다음 절에 결합시키는 용법이며, 雖는 절과 절을 잇는 접속사적인 부사어인 것이다. 則은 앞절을 주어와 연결시키며, 다음에는 부사나 동사가 온다.(주어는 오지 못한다)

본문으로 돌아가 所思忠孝者 人不知 天必知之에서 思忠孝者를 '충효를 생각하기의 사람' 으로 풀이한다면 결국은 보어가 되고 만다. 한문에서 주격 보어와 주어가 나란히 병치되는 문장은 성립되지 못한다.(주어 앞에는 관형어와 부사어만 올 수 있다)

人不知 天必知之 사람은 알지 못해도 하늘은 반드시 알 것이다

之는 강조를 위한 상조사의 의미이다. 之가 목적어 대체사로 사용되었다면, 앞에서 설명하였듯이 이 문장은 '어떤 사람' 에 대한 형용의 형식으로서 문두에 '有人' 이 생략된 형태가 아니다. 따라서 대체사로 사용되었다면 앞 절 전체를 재지시하는 용법으로 '그것을' 이라는 풀이가 가능하지만, 대체사 之가 절 전체를 받는 용법은 더 고찰해 보아야 한다.

영어에는 형식주어나 형식목적어와 같은 문장이 형태로서의 완벽함을 더 필요로 하는 관습이 있지만, 한국어와 한문에서는 의미가 통하는 한 일종의 최소화의 일환으로 생략해 버리는 관습이 있다. 한문은 한국어보다 그러한 생략과 축약이 훨씬 더 많은 언어이다. '사람은 알지 못하더라도 하늘은 반드시 (그것을/그를) 안다' 와 같은 식의 한문적 사용이 아니다. 특별히 '그것을' 에 강조를 두어야 할 경우가 아니면 거의 생략되기 때문이다.

怡然 즐거워하는 모양, 기뻐하는 모양으로 의태어이다.

其如子孫何 그 자손에게는 어떻게(무엇을) 하겠는가

其는 양상조사이다. 때로 '그'로 풀이되기도 하지만, 한국어의 '그'도 대명사로서의 '그'가 아닌 양상으로서의 '그'의 의미이다. 특히 여기서는 '그의'로는 풀이할 수 없는데, 소유격대명사로 쓰인 것이 아니다. 소유격으로 쓰였다면 '如其子孫何'의 문장이 되어야 한다.

양상조사 其는 한국어 구어(口語)에서의 양상조사 '그'가 갖는 모든 양상을 나타낸다. '도대체, 당연히, 마땅히, 반드시, 그토록…' 문맥에 따라 한국어로의 적절한 풀이가 필요하다.

여기에서는 앞장에서도 나왔던 수사의문문의 한 형식 '其~乎'에 비견되는 예이다. 이 其가 빠지면 단순의문문이 된다.

如子孫何 : 흔히 '如 A(명) 何'의 문형으로 'A를 어떻게 해야 하는가?', 'A에 대해 무엇을 할 수 있을까?'이다. '如 A(명) 何'는 진한시대에 오면서 A를 밖으로 들어내고 '如(若/奈)之何'의 형태로 사용된다. 즉 子孫如之何의 형태로 사용된다.

以愛妻子之心 事親則曲盡其孝.
以保富貴之心 奉君則無往不忠.
以責人之心 責己則寡過.
以恕己之心 恕人則全交.

이애처자지심 사친즉곡진기효 이보부귀지심 봉군즉무왕불충
이책인지심 책기즉과과 이서기지심 서인즉전교

처자를 아낌의 마음을 사용하여 어버이를 섬긴다면 그 효도에 마음과 힘을 다함이고, 부귀를 지킴의 마음을 사용해서 군왕을 받든다면 불충으로 감이 없으며, 남을 책함의 마음을 사용하여 자기를 책한다면 허물이 적게 되며, 자기를 용서함의 마음을 사용하여 남을 용서한다면 사귐을 온전하게 한다.

풀이

以愛妻子之心 처자를 아낌의 마음을 사용하다

以(술){[愛(술)妻子(목)]之心}(목)의 구조이며, 以가 동사(사용하다, 이용하다)로 사용되었다.

曲盡 마음과 힘을 다하다

曲에 '간절하다, 자세히 하다'의 뜻이 있다.

寡過 허물을 적게 한다(만든다)

형용사가 목적어를 취하여 사역형으로 사용되었다.

爾謀不臧 悔之何及. 爾見不長 教之何益. 利心專則背道. 私意確則滅公.

이모불장 회지하급 이견불장 교지하익 이심전즉배도 사의확즉멸공

그대의 꾀함이 성공하지 못했다면 후회라는 것이 어디에 미치겠는가? 그대의 견식이 짧다면 가르치는 것이 무슨 보탬이 있겠는가? 이기적인 마음만 오로지한다면 곧 도에 등지게 된다. 사사로운 뜻만이 가득하다면 공공을 멸하게 된다.

풀이

臧 성공하다

悔之何及 후회란 것이 어디에 미치겠는가

之는 상조사로 사용되었다. '후회한들 무슨 소용이겠는가, 후회할지라도 어디에 미치겠는가' 등으로 풀이가 가능하다.

何及 : 무엇에 미치겠는가?

의문문에서 목적어에 대체사가 의문사일 경우 목적어는 술어 앞으로 전치된다. 즉 何는 동사 及의 목적어이다. 之를 전치된 목적어(爾謀不臧)의 대체사로 보고 '그것을' 으로 풀이하는 것이 일반적인 용도이다. 또한 그러한 연동식 구문이 한문의 기본적인 문형이기도 하다. '그것을 후회하더라도 어디에 미치겠는가?' 논리적이긴 하지만 이런 식의 언어 구사는 구어(口語)를 충실히 반영한 한문에 사용되었다고 보기는 어렵다.

利心專則背道 이익을 추구하는 마음에 오로지한다면 곧 도에 등지게 된다

專 : 오로지하다, 전일(專一)하다

確 확고하다, 가득하다

生事事生. 省事事省.

생사사생 생사사생

일을 만들면 일이 생기고, 일을 덜면 일이 줄어든다."

풀이

生事事生 일을 만들면 일이 생긴다
두 절이 결합한 문형으로 '[生(술)事(목)] [事(주)生(술)]' 구조이다.

省 덜 생, 살필 성

戒性篇

계성편

明心寶鑑

子曰 爲善者 天報之以福 爲不善者 天報之以禍 漢昭烈 將終 勅後主曰 勿以善小而不爲 勿以惡小而爲之 太公曰 見善如渴 聞惡如聾 又曰 善事須貪 惡事莫樂 馬援曰 終身行善 善猶不足 一日行惡 惡自有餘 司馬溫公曰 積金以遺子孫 未必子孫能盡守 積書以遺子孫 未必子孫能盡讀 不如積陰德於冥冥之中 以爲子孫之計也 子曰 爲善者 天報之以福 爲不善者 天報之以禍 漢昭烈 將終 勅後主曰 勿以善小而不爲 勿以惡小而爲之 太公曰 見善如渴 聞惡如聾 又曰 善事須貪 惡事莫樂 馬援曰 終身行善 善猶不足 一日行惡 惡自有餘 司馬溫公曰 積金以遺子孫 未必子孫能盡守 積書以遺子孫 未必子孫能盡讀 不如積陰德於冥冥之中 以爲子孫之計也 子曰 爲善者 天報之以福 爲不善者 天報之以禍 漢昭烈 將終 勅後主曰 勿以善小而不爲 勿以惡小而爲之 太公曰 見善如渴 聞惡如聾 又曰 善事須貪 惡事莫樂 馬援曰 終身行

景行錄 云 人性如水. 水一傾則不可復. 性一縱則不可反. 制水者必以堤防. 制性者必以禮法.

경행록 운 인성여수 수일경즉불가복 성일종즉불가반 제수자필이제방 제성자필이예법

『경행록』에 이렇게 이른다.
“사람의 성품은 물과 같다. 물은 한번 기운다면 회복할 수 없으며, 성품은 한번 방종해지면 되돌릴 수 없다. 물을 다스리는 경우에는 반드시 제방을 사용해야 하며, 성품을 다스리는 경우에는 반드시 예법을 사용해야 한다.

풀이

一傾 한 번 기울면, 일단 기울면

수사 一이 부사로 사용되어 ‘일단~한다면’ (영어의 once)의 의미이다. 一이 부사로 사용될 경우에는 ‘일단, 한번, 오직, 완전히’ 등의 의미를 가진다.

縱 방종(放縱)하다

復 다시 부, 회복할 복

反 되돌리다

制水者必以堤防 물을 다스리는 경우에는 반드시 제방을 사용해야 한다

制水者 : 者字 결구가 ‘~의 사람(之人)’ 으로 풀이되기 위해서는 앞

부분이 하나의 직업군이나 개별적 특성이 부여되어야만 가능하다. 속격 之는 항상 앞뒷 말을 모두 명사화시키기 때문이다. 즉 형용사에 의해서 명사를 직접 형용하는 형태가 아닌 '명사에 의한 명사의 수식' 으로 객관화시킬 수 있어야 한다.

學人(배우는 사람)과 學者(배움의 사람)의 차이가 있다. 學人에서 學은 형용사로 學者에서 學은 명사로 사용된 것이다. 學人은 명사구인 반면, 學者는 합성어로 일반명사이다. 制水의 경우도 하나의 직업이거나 사람에게 개별적인 특성이 부여되지 못한다. 制水는 하나의 가정적인 경우와 상황이다. '물을 다스리는 사람' 으로 형용사의 수식을 받는 명사구를 이루기 위해서는 制水人이 되어야 한다.

以堤防 : 以가 동사로 사용되었다. '이용하다, 사용하다' 의 뜻이다.

忍一時之忿 免百日之憂.

인일시지분 면백일지우

한 때의 분노를 참으면 백일의 근심을 면한다.

풀이

一時之忿 한 때의 분노

一이 관형어로서 명사 時를 수식하고 있다. 즉 一時는 명사이다. 이 구문에서는 성분상으로도 명사를 이룬 것이며, 또한 합성어로 일반명사화(한 때, 잠시)된 것이기도 하다.

得忍且忍 得戒且戒. 不忍不戒 小事成大.

득인차인 득계차계 불인불계 소사성대

참고 또 참아야 한다. 경계하고 또 경계해야 한다.
참지 못하고 경계하지 않으면 작은 일이 크게 된다.

풀이

得忍且忍 참고 또 참아야 한다

得은 조동사로서 '~해야 한다'의 의미이다.

忍且忍 : 且는 동사와 형용사(특히 형용사) 사이의 접속사로 사용된다. 忍忍이라고 한다면 '더없이(끝없이) 참다' 정도의 어기를 나타내게 된다.

不忍不戒 참지 못하고 경계하지 못하다

일반적으로 '不A不B'은 'A하지 않으면 B하지 못하다'로 원인과 결과에 따른 어기이지만, 이 구문에서는 다르게 사용되었다.

小事成大 작은 일이 크게 된다

이 구문에서 小事는 주격보어다. 주격보어는 주어와 달리 행위의 주체가 아니라 피동체가 된다.

愚濁生嗔怒 皆因理不通. 休添心上火
只作耳邊風. 長短家家有 炎涼處處同.
是非無相實 究竟摠成空.

우탁생진노 개인리불통 휴첨심상화 지작이변풍
장단가가유 염량처처동 시비무상실 구경총성공

어리석고 흐린 사람의 진노는 다 이치의 통하지 않음에 기인한다. 마음 위에 불을 더하지 말고 다만 귓가의 바람으로 여겨라. 길고 짧음은 집집마다 있고, 따뜻함과 서늘함은 곳곳마다 같다. 옳고 그름은 서로 맞을 수 없어 결국 모두가 공허하게 된다."

풀이

愚濁生 어리석고 흐린 사람

生이 '(살아 있는) 사람'을 의미하기도 한다. 儒生은 '선비'를 의미하는 일반명사이다. '유학을 공부하는 사람'의 의미이다. 반면 儒士는 신분의 의미를 포함한다. 때로 상대방에 대한 자칭으로 愚生, 濁生을 사용할 경우는 겸칭의 의미이다.

皆因理不通 다 이치의 불통에 기인한다

皆 : '다, 전부'를 의미하는 대명사적인 성격을 띠는 부사어이다. 일반적으로 주어가 복수인 경우에 그 주어를 통칭하는 개념이다.

〔예〕 凡(모두, 무릇)은 전체를 의미하는 일반화의 통칭으로, 주로 관형어나 문장부사로 사용된다. 때로 '보통의' 의미로 사용되기도 한다. 凡人(보통사람)

〔예〕 擧는 皆와 동일하게 주어가 복수인 경우 그 주어를 총칭하는 개념이다. 擧는 관형어와 부사어로 모두 가능하지만, 皆는 동사 앞에

서 부사어로만 사용된다.

因 : '~에 기인하다, ~에 의하다' 로, 여기서는 불완전자동사로 사용되었다.

休 금지사로 '~하지 말라' 의 의미이다.

只作耳邊風 다만 귓가의 바람으로 여겨라

只은 '단지, 다만' 의 뜻이며, 作은 '만들다, 행하다, 일으키다' 를 의미하는 동사로 사용되었다. 이 문장은 只爲耳邊風로 바꾸어 쓸 수도 있는데, 爲에 비하여 作이 더 인위적이고 의지적인 요소가 강하다. (예-作爲)

長短 나음과 못함(우열), 장처와 단처(잘함과 못함)의 의미이다.

炎涼 ① 더움과 서늘함 ② 세력의 성함과 약함 ③ 인정의 후함과 박함. 여기서는 ③의 의미로 사용되었다.

是非無相實 시비는 서로 들어맞음이 없다

是는 본래 '이것' 을 의미하는 지시사로 사용되었다. 이 지시사가 是A也, 非B也(이것은 A이지 B가 아니다) 등에서처럼 非와 대칭되어 자주 사용되면서 '옳다' 의 의미를 가지게 되었다.

相 : '서로' 를 의미하는 부사로 항상 동사 앞에서만 사용된다.

實 : 들어맞다

究竟 필경(畢竟), 결국(結局)

子張 欲行 辭於夫子 願賜一言
爲修身之美. 子 曰 百行之本 忍之爲上.
子張 曰 何爲忍之. 子 曰 天子忍之
國無害. 諸侯忍之 成其大.
官吏忍之 進其位. 兄弟忍之 家富貴.
夫妻忍之 終其世. 朋友忍之 名不廢.
自身忍之 無禍害.

자장 욕행 사어부자 원사일언 위수신지미 자 왈 백행지본 인지위상 자장 왈 하위인지 자 왈 천자인지 국무해 제후인지 성기대 관리인지 추기위 형제인지 가부귀 부처인지 종기세 붕우인지 명불폐 자신인지 무화해

자장이 떠나려함에 수신의 아름다움이 되는 한 말씀 내려주기를 원하였다.
선생께서 "백행의 근본은 인이란 것이 으뜸이 된다"라고 말하였다.
자장이 "무엇 때문에 인이라는 것인지요?"라 말하자,
선생께서 "천자가 참는다는 것은 나라에 해로움이 없게 되며,
제후가 참는다는 것은 그 위대함을 이룩하게 되며,
관리가 참는다는 것은 그 지위를 나아가게 하며,
형제가 참는다는 것은 집이 부하고 귀하게 되며,
부부가 참는다는 것은 그들의 세상을 다하게 한다.
붕우가 참는다는 것은 호명이 폐하지 않게 되며,
자신이 참는다는 것은 화와 재해를 없게 한다"라고 말하였다.

풀이

欲行 떠나려 하다

여기서의 欲은 의지적인 의미라기보다는 시간적인 의미이다. 어떤 상

황이나 일의 발생이 얼마 남지 않았음을 의미한다. '(곧)~하려 하다'

辭於夫子 선생에게 하직인사하다

辭 : 하직인사하다

夫子 : '선생님' 의 의미이다.(先生은 秦나라 이후부터 점차적으로 夫子와 동일한 단어로 사용되기 시작한다)

願賜一言 한 말씀 내려주기를 원하다

願(술)[賜(술)一言(목)](목)의 형식이다. 또 願은 정태부사(원하건대)로 풀이할 수도 있는데, 그렇다면 이 구절은 상황의 제시 형태가 아니라 자장의 말을 옮겨 적은 형식이 된다.

百行之本 忍之爲上 백행의 근본은 인이란 것이 으뜸이 된다

앞의 之는 한국어의 속격조사 '의' 에 해당하며 수식관계를 나타낸다. 명사와 명사 사이를(더 정확하게 말하면 앞뒤 단어를 명사화시킨다) 하나의 더 큰 명사구로 만들어 주는 역할을 한다. 뒤의 之는 보어 忍을 재지시의 방법으로 강조하고 있다. 두 之는 문법(현대 언어의 문법)적인 용도는 다르지만, 직역하면 지시사로서 같은 의미이다. 百行之本(백행, 그것〔의〕, 근본) 忍之爲上(인, 그것〔은〕, 으뜸이 된다). 之의 근본적인 용법은 '강조' 라는 상(相)이다.

爲上 : '최상이 되다.' '爲+형용사=최상급' 이다. 때때로 上 자체만으로 최상급을 표현하기도 한다.

何爲忍之 무엇 때문에 인이라는 것인가

何爲는 의문문에서 목적어 대체사가 의문사일 경우에는 술어 앞으로 도치된다. 爲는 원인을 나타내는 '때문이다, 의하다, 기인하다' 등

의 의미이다.

之의 용법을 목적어 대체사로 보아 '그것을 인이라고 한다'로 풀이할 수도 있지만, 여기서는 재지시를 통한 강조의 용법으로 사용된 것이다. 앞 절 忍之爲上와 비교하여 보라.(何爲〔而〕忍－무엇 때문에 인인가, 何爲忍之－무엇 때문에 인이라는 것인가)

終其世 그들의 세상을 마치다

부부가 종신토록 헤어지지 않고 해로함을 의미한다.

名不廢 호명함이 닫히지 않는다

교우관계의 지속을 의미한다.

自身 자신

합성어로 일반명사화되었다. 自가 명사 앞에서 관형어로 사용된 드문 예이다. 自는 재귀부사로 동사 앞에 위치하는 게 일반적인 형태이다.

子張 曰 不忍則如何. 子 曰 天子不忍國空虛. 諸侯不忍 喪其軀. 官吏不忍刑法誅. 兄弟不忍 各分居. 夫妻不忍令子孤. 朋友不忍 情意疎. 自身不忍患不除. 子張 曰 善哉善哉. 難忍難忍非人不忍 不忍非人.

자장 왈 불인즉여하 자 왈 천자불인 국공허 제후불인 상기구 관리불인 형법주 형제불인 각분거 부처불인 령자고 붕우불인 정의소 자신불인 환불제 자장 왈 선재선재 난인난인 비인불인 불인비인

자장이 "참지 않으면 어떻게 됩니까?"라고 묻자,
선생께서 "천자가 참지 않으면 나라가 공허하게 되고, 제후가 참지 않으면 그 몸을 잃게 되고, 관리가 참지 않으면 형법으로 목 베이게 되고, 형제가 참지 않으면 각기 나뉘어져 살게 되고, 부부가 참지 않으면 자식으로 하여금 고아 되게 만들고, 붕우가 참지 않으면 정의가 소원하게 되고, 자신이 참지 않으면 우환이 없어지지 않게 된다"라고 말하였다.
자장이 "훌륭합니다! 훌륭합니다! 어려운 인이여, 어려운 인이여! 사람이 아니면 참지 못하며, 참지 못한다면 사람이 아닙니다"라고 말하였다.

풀이

如何 어떻게 해야 하는가, 무엇을 하겠는가, 어떻게 되는가
如之何의 축약이다. 의문이나 방법을 묻는데 사용된다.

〔예〕 何如 : 무엇과 같은가?

춘추 이전의 시대에는 何如가 如何로 사용되기도 했는데, 이후 점차 何如로 어순이 고정화된다.(이것은 의문문에서 목적어 대체사가 의문

사일 경우 술어 앞으로 도치된 형식이기도 하다)

喪 잃다

令子孤 자식으로 하여금 고아되게 만들다

'令(使) A(명사) B(동사)' 구문으로 'A로 하여금 B되게 하다(만들다).'

善哉 훌륭하도다!

哉는 감탄종결어기사이다.

難忍 어려운 인내

수식관계이다. 이를 술목관계로 보아(불완전자동사) '인내는 어렵다' 나 (목적어를 취한 자동사) '인내를 어렵게 여기다' 의 형태로 볼 수도 있다.

非人不忍 사람이 아니면 인내하지 못한다

'非A不B－A가 아니라면 B 못하다' 구문이다. 이중부정문이 아님에 주의. 非는 명사를 부정하고, 不은 동사를 부정하고 있다. 한문에서의 부정사는 종종 가정의 어기를 나타내기도 한다.(가정에 따른 결과나 조건 구문에는 독법에 있어서의 별다른 리듬이 있었을 것으로 추측한다) 이와 유사한 구문으로는 '不A不B', '不A無B' 등이 있다.

景行錄 云 屈己者 能處重. 好勝者 必遇敵

경행록 운 굴기자 능처중 호승자 필우적

『경행록』에 이렇게 이르고 있다.
"자기를 굽히는 경우 요직에 처해질 수 있으며,
이기기를 좋아하는 경우 반드시 적을 만나게 된다.

풀이

能處重 요직에 처해질 수 있다

能은 '~할 수 있다, ~될 수 있다'는 의미의 조동사로 사용되었다. 處는 동사로서 '처해지다'의 의미이다.

惡人 罵善人 善人 摠不對. 不對 心淸閑 罵者 口熱沸. 正如人唾天 還從己身墜.

악인 매선인 선인 총불대 불대 심청한 매자 구열비 정여인타천 환종기신타

악한 사람이 선한 사람을 매도하거든 선인은 아무런 대답을 않는다. 대답을 않으면 마음이 맑고 한가하나 꾸짖는 경우 입이 뜨겁게 끓게 된다. 꼭 사람이 하늘에 침을 뱉는 것과 같아서 도리어 자기의 몸에 떨어지게 된다.

풀이

摠(總) 일절, 도무지, 모두

罵者 매도하는 경우

罵者와 대응되는 항목은 不對이다. 상대방의 매도에 대하여 대답하지 않는 경우와 마주 매도하는 두 경우에 대한 서술이다.

正 바로, 꼭

還從己身墜 도리어 자기의 몸으로 떨어진다

從은 '~로부터, ~으로'의 의미를 가진 개사이다.

我若被人罵 佯聾不分說. 譬如火燒空 不救自然滅. 我心 等虛空 摠爾飜脣舌.

아약피인매 양롱불분설 비여화소공 불구자연멸 아심 등허공 총이번순설

내가 만약 남의 매도를 받게 되면 귀머거리인 양 따져서 말하지 않는다. 비유하자면 마치 불이 허공에서 불타는 것과 같아서 막지 않아도 자연히 소멸한다. 나의 마음은 허공과 같으며 언제나 그들의 입술과 혀만이 뒤척인다.

풀이

我若被人罵 내가 만약 남에게 매도를 받는다면

我는 吾에 비하여 더 강조적인 '나, 우리'의 의미로 사용된다.

被 : '받다, 당하다.' 피동동사이다.

分說 분별하여 말하다, 따져서 말하다

等　~와 같다

如와 같은 의미이기는 하지만 개사의 기능으로는 사용되지 않고 동사로 주로 사용된다. (我心爲虛空－나의 마음은 허공이다)

摠爾飜脣舌　언제나 너의 입술과 혀만이 뒤척인다

摠은 '언제나, 줄곧' 등을 의미하는 부사어이다.

爾 : 그대, 너, 당신(2인칭대명사)

이 문장에서는 '그들'의 의미로 사용되었다.

飜 : 뒤척이다

凡事留人情 後來好相見.

범사유인정 후래호상견

범사에 인정을 남기면 나중에 왔을 때 좋게 서로 만난다."

풀이

凡事留人情　범사에 인정을 남기다

凡事(부사구)留(동사)人情(목적어)의 어순이다.

凡이 '모든'의 의미로 사용되었다. 人情은 합성어이다.

好相見　좋게 서로 만나다

형용사 好가 보어 相見을 취하고 있다. 한문과 한국어에서 형용사는 항상 자동사로 쓰일 수 있다.

勤學篇
근학편

子夏 曰 博學而篤志 切問而近思 仁在其中矣.

자하 왈 박학이독지 절문이근사 인재기중의

자하께서 "널리 배우고 뜻을 돈독히 하고, 간절하게 묻고 가까이 생각하면 인은 그 속에 있는 것이다"라고 말하였다.

풀이

切問 간절하게 물음, 가르침을 절실하게 구함, 절박한 질문

近思 가까운 생각

몸을 반성함. 가까이 자기에 견주어 생각함. 손쉽고 가까운 신변의 일부터 생각함. 여기서 '가까운'이란 공허하고 뜬구름잡는 '먼' 생각에 대비되는 의미이다.

仁在其中矣 인은 그 속에 있다는 것이다

동사(在)술어문의 종결어기사 矣는 강조의 상조사로 원인/조건절에 따르는 결과절의 종결에 사용된다.(예 : 仁在其中－인은 그 속에 있다)

莊子 曰 人之不學 如登天而無術. 學而智遠 如披祥雲而覩青天 登高山而望四海.

장자 왈 인지불학 여등천이무술 학이지원 여피상운이도청천 등고산이망사해

장자가 "사람의 배우지 않음은 마치 하늘을 오르는데 재주가 없는 것과 같다. 배워서 지혜가 멀리 이르면 마치 상서로운 구름을 헤치고 푸른 하늘을 보는 것과 높은 산에 올라 사해를 보는 것과 같다"라고 말하였다.

풀이

如登天而無術 마치 하늘을 오르는데 방법이 없는 것과 같다

이 문장을 흔히 '재주없이 하늘에 오르는 것과 같다'로 풀이하고 있는데, 그런 풀이가 나오기 위해서는 '無術於登天'이거나 '無術登天'이 되어야 한다. 접속사 而에 의한 연결은 대등관계의 표시이다. 때로 而에 의해 연결된 동사가 시간의 순차에 의한 것일 경우에는 '그리고 나서, ~후에'와 같은 식으로 풀이되기는 하지만, 그 역시 의미적으로 수식이나 형용의 관계는 아닌 것이다.

다음에 이어지는 문장에서도 學이 하늘에 오르는 재주를 가르쳐주는 것도 아니다. 고작 登高山일 뿐이다.

登天而無術은 사람 (배운 사람이든 배우지 않은 사람이든) 본연의 무능력 상태에 대한 형용이며, 또한 배움의 귀결점을 말하는 것도 아니다. '배우지 않음'을 본연의 상태로 두고 배운 다음에 발생하는 '마치' 하늘에 오른 듯한 심원함에 대한 묘사이다. 이 문장은 담담하게 정제되어 있다. 장자는 이런 식의 문장을 많이 구사한다.

禮記 曰 玉不琢 不成器. 人不學 不知道.

예기 왈 옥불탁 불성기 인불학 불지도

『예기』에 이렇게 이른다.
"옥은 다듬지 않으면 그릇을 이루지 못하고,
사람은 배우지 않으면 도를 알지 못한다."

太公 曰 人生不學 冥冥如夜行.

태공 왈 인생불학 명명여야행

태공이 "인생이 배우지 않으면 아득한 어둠에 마치 밤에 다니는 것과 같다"라고 말하였다.

풀이

人生 ① 사람 ② 사람의 목숨 ③ 사람이 세상에 사는 동안

冥冥 아득한 어둠

의성의태어로 사용된 글자에 국한하여 풀이하지 않는다. 고대 한인들의 음성언어를 유사한 글자로 가차한 형식이기 때문이다. 冥冥에 대한 사전적 정의로는 ① 어두운 모양 ② 고원하여 이해하기 어려움 ③ 자연히 마음 가운데 느껴지는 모양 ④ 드러나지 아니하고 은미한 모양 ⑤ 먼 하늘 ⑥ 조용하고 정성스러운 모양 등이다.

韓文公 曰 人不通古今 馬牛而襟裾.

한문공 왈 인불통고금 마우이금거

한문공이 "사람이 고금에 통달하지 못하면 마소로서 옷을 입음이다"라고 말하였다.

풀이

馬牛而襟裾 마소로서 옷을 입음이다

기존 한문 문법서에서는 '접속사 而가 때때로 부사어와 술어 중심사 사이를 잇는 역할을 한다' 고 정의내리고 있다. 馬牛는 부사어로 사용되었다. 而가 이러한 기능을 담당하는 것은 옷을 입는 주체가 마소가 아니기 때문일 것이다. 馬牛襟裾라고 한다면 '마소가 옷을 입게 되었다' 로 풀이된다. 주어가 동사의 행위자가 아닌 경우에 흔히 발생하는 피동이나 사역형으로의 동사 활용이 되기에는 이 구문에서는 불가능하다. 馬牛는 스스로 옷을 입을 수 없는 동물(옷을 입는다는 동사의 행위자가 못되는)이면서도 의미상으로 전체 문장의 주어인 고금에 불통한 '사람' 이기 때문이다.

而가 이렇게 한국어의 부사화 조사의 기능을 가지게 되는 것은 접속사로서 동사나 절 사이를 잇는 기능과 시간의 순차적 발생을 함의하는 '그리고 나서' 와 같은 접속사로의 사용에 있다. 즉 馬牛를 동사화시킨 것이다. 직역한다면 '마소이다, 그리고(그리고 나서), 옷입다' 가 된다. 따라서 而는 부사어와 술어 중심사를 잇는 부사화 조사가 아니라 여전히 독립된 접속사인 것이다. 한문의 기본은 단문의 연속이다.

朱文公 曰 家若貧 不可因貧而廢學.
家若富 不可恃富而怠學. 貧若勤學
可以立身. 富若勤學 名乃光榮.
惟見學者顯達 不見學者無成.
學者乃身之寶. 學者乃世之珍.
是故 學則乃爲君子 不學則爲小人.
後之學者 宜各勉之.

주문공 왈 가약빈 불가인빈이폐학 가약부 불가시부이태학 빈약근학 가이입신 부약근학 명내광영 유견학자현달 불견학자무성 학자내신지보 학자내세지보 시고 학즉내위군자 불학즉위소인 후지학자 의각면지

주문공이 이렇게 말하였다.
"집이 만약 가난하더라도 가난 때문에 학문의 배움을 폐할 수 없으며, 집이 만약 부유하더라도 부를 믿고서 배움을 게을리 할 수 없다. 가난하지만 만약 배움에 근면한다면 입신할 수 있을 것이다. 부유하지만 만약 배움에 근면한다면 이름이 이에 빛나고 영화로울 것이다. 비록 배움의 사람만이 현달하는 것은 보았어도, 배움의 사람이 이루지 못하는 것은 보지 못했다. 학문이란 것이 바로 몸의 보배이고, 학문이란 것이 바로 세상의 보배이다. 그러므로 배운다면 곧 군자됨이며, 배우지 않는다면 곧 소인됨이다. 후세의 학문의 사람은 마땅히 각기 힘써야 할 것이다."

풀이

家若貧 집이 만약 가난하더라도

若은 일반적으로 '만약' 이라는 가정조사로 사용되지만 때로는 양보접속사로 '비록~일지라도' 의 의미도 갖는다. 家若貧은 다음 문장 家

若富에 견주어 단순한 가정이라기보다는 두 경우에 대한 비교설정의 의미로 사용되었다. '혹, 또는'의 어기를 담고 있다.

因 때문이다, 원인한다, 기인한다

可以立身 몸을 세울 수 있을 것이다, 입신할 수 있을 것이다

可는 '가능하다'라는 형용사가 본래의 의미이다. 하지만 可가 조동사 '~할 수 있다'의 의미로 사용될 경우 타동사만이 직접 可 뒤에 위치할 수 있으며, 以는 별도의 복합적인 문법 기능을 나타내기도 한다. 완료와 미래와 같은 시제로서의 기능을 나타내기도 하고, 추측/단정과 같은 상적인 의미를 내포하기도 한다. 때로는 능동과 타동의 기능을 나타내기도 한다.

① 千里馬可馭千理－천리마는 천리를 몰 수 있다

② (有)馬可以馭千里－(어떤) 말은 천리를 몰 수 있을 것이다

예문 ①은 당연함을 나타내고 ②는 추측을 나타낸다. 이러한 당연함과 추측이 때로는 완료의 시제를 나타내게 되고, 미래 시제를 나타내게 되는 것이다.

한문에서 以의 문법적 활용범위가 넓고 막연한 것에 대하여 난해함을 느낄 필요는 없다. 실제로 한국어의 의존명사 '것'에는 한문의 '以'가 가지는 문법적 범위를 훨씬 초월하여 사용되지만, 한국 사람이라면 누구도 표현하거나 이해하는 것에 어려움을 느끼지는 않는다. 以 역시 대용어로서 之를 함축하고 있는 형태이며, 의존명사의 기능을 가지고 있다.

勤學可以(之)立身를 직역한다면 '근학은 (그것을) 사용하여 몸을 세울 수가 있다'이다.

以가 생략된다면 '勤學 ＝ 立身'의 개념이 성립되지만, 以가 사용됨

으로 '勤學<立身' 의 개념이 성립된다. 즉, 근학하기만 하면 무조건 입신된다는 말이 아니라는, 기본 조건이라는 의미를 지니게 되는 것이다.

〔예〕 可入身이라고 한다면 '몸을 세울 수 있다' 나, 형용사가 보어를 취한 형식인 '몸을 세우는 것이 가능하다' 로 단순 서술에 가까운 어기를 띠게 된다.

名乃光榮 이름이 이에 빛나고 영화로울 것이다

乃는 '곧, 바로, 이에' 등을 의미한다. 명사 술어문에서 술어(光榮)를 강조하는 문법적 기능이 있다.

惟 A, 不 B 비록 A이더라도 B는 아니다

惟는 양보접속사로 사용되었다.

學者乃身之寶 학문이란 바로 몸의 보배이다

者는 의존명사적 용법으로 사용되었다. 의존명사의 기본적인 기능은 강조이다.(노출의 표시, 휴지어기사)

乃는 '곧, 바로' 등의 뜻이며, 문장 내에서 명사술어를 강조하는 기능이 있다.(身之寶가 명사구로서 술어로 사용되고 있다)

學則乃爲君子 배운다면 바로 군자가 된다

則은 주어를 강조하는(노출시키는) 기능을 한다. 者와 유사한 기능이지만, 則은 앞절을 명사화(동명사)시키는 용법이다. 즉 여기서의 學은 명사가 아니라 동사가 된다. '학문한다면'

是故 이런 이유로, 이 때문에, 그러므로

後之學者 후세의 학문의 사람

者는 N_2之N_1에서의 之N_1의 대체사이다. 즉 이 구는 '人之後之爲學之人' 으로 풀어 쓸 수 있는데, 한문에서 일반 사람 혹은 사람 전체에 대한 표현은 쓰이지 않는다. 또한 之N_1의 대체사로서의 者와 之也의 의미적 합으로서의 者에는 성조(음운)상의 차이가 있을 것으로 추측된다. 현재로서는 문맥에 의하여 파악해야 한다.

이러한 축약의 원형을 그대로 보여주는 듯한 「한유」의 예가 있다.

老者 曰 孔子吾師之弟子也. 佛者 曰 孔子吾師之弟子也. 爲孔子者 習聞其說 樂其誕而自小也(노자의 사람들이 "공자는 우리 스승의 제자다"라고 말하고, 부처의 사람들이 "공자는 우리 스승의 제자다"라고 말하였다. '공자의 학문을 하는 사람들은' 그 설에 익숙해서 그 황당함을 즐거워하며 스스로 가소롭게 여겼다)

이 문장에서 老者, 佛者, 爲孔子者가 나란히 등장한다. 이때에도 이미 老者, 佛者, 孔子者는 축약의 과정을 거쳐 일반명사화된 것이다. 다만 爲孔子者의 老者, 佛者에 비하여 더 강조하기 위해 축약 이전의 원형을 보여준 것이다.(한유는 유가 부흥을 자신의 소임으로 삼아 일생을 힘쓴 사람이다)

古者, 昔者는 '옛날의 사람' 으로 사용되지 않는다. 이들은 모두 '옛날의 때에' 라는 부사구로만 사용된다. 즉 古之也, 昔之也의 축약인 것이다. 古와 昔은 문장의 위치에 따라 다양한 품사로의 사용이 가능하지만, 古者와 昔者는 부사구로 용법이 제한되어 있다.

따라서 '~의 사람' 으로서의 者에는 독특한 성조가 있었을 것이다. 고대 한어의 발음이 완전히 사라지고 만 현재의 시점에서 이들을 구분해 내는 것은 어렵지만, 명사나 명사로 전성된 동명사로서의 'A者' 의 형태가 아닌 '동목구(형용사구)+者' 의 형태가 '~하는 사람' 으로 사용되는 예는 거의 없다.

徽宗皇帝 勸學文 學也好 不學也好.
學者 如禾如稻 不學者 如蒿如草.
如禾如稻兮 國之精糧 世之大寶.
如蒿如草兮 耕者憎嫌 鋤者煩惱.
他日面墻 悔之已老.

휘종황제 권학문 학야호 불학야호 학자 여화여도 불학자 여호여초
여화여도혜 국지정량 세지대보 여호여초혜 경자증혐 서자번뇌 타일면장 회지이노

휘종황제 권학문에 이렇게 이른다.
"배우더라도 좋고, 배우지 않더라도 좋다! 배운 경우에는 벼와 같고 쌀과 같으며, 배우지 않은 경우에는 쑥과 같고 잡초와 같다. 벼와 같고 쌀과 같음이여 나라의 좋은 곡식이요, 세상의 큰 보물이다. 쑥과 같고 잡초와 같음이여 밭갈 때에 미움받고 혐의받으며, 호미질 경우에 번거롭고 귀찮아 한다. 다른 날 담을 대함에 후회할지라도 이미 늙었도다!"

풀이

學也好 배워도 좋다

也는 휴지어기사이다. 휴지어기사 也는 흔히 고유명사 뒤에서 그 명사에 대한 호명감(呼名感)이나 지명감(指名感)을 나타내거나, 시간사나 부사어 뒤에서 사용되어 어기의 늦춤과 지연을 통한 강조나 정중함 등의 상을 나타내기도 한다. 휴지어기사로서의 者와 也는 기능이 유사하나, 者는 제안/제시의 기능이 더 강하며, 也는 감정과 정서적인 어기가 더 강하다. 그리고 也에는 시간적인 의미를 가지고 있다.

好는 '나쁘다' 에 대비되는 의미만은 아니다. 긍정과 방치의 어기를 함께 포함하고 있는데, 이는 한문과 한국어에 공통으로 적용되는 개념이다. 한국어의 "좋아 될 대로 되라지!" 에서 '좋아' 는 '나쁘다' 에 대비되는 개념만은 아니다. 하지만 이러한 '방치' 의 상은 好로부터 직접 나온 것이 아니라 也에서 나온 것이다.

學者 배우는 경우, 배운다면, 배움이란 것은

學者는 합성어화된 일반명사로 한문 문장에 자주 등장한다. 그러나 이 구문에서는 者가 사람의 뜻으로 사용된 것이 아니다. 이 구문의 대구로 오는 절에 不學者가 나온다. 學者가 '학문하는 사람' 의 뜻이라면 不이 아닌 非가 사용되어야 한다. 非는 명사를 부정하는 부정사이기 때문이다. 이러한 개념은 현대 한국어에도 그대로 이어지고 있는데, 學者의 반대말로는 非學者가 사용되고 있다. 한국어 사전에도 등재되어 있는 단어이다.

古者, 昔者는 '옛날의 사람' 으로 사용되지 않는다. 이들은 모두 '옛날의 때(경우)에' 라는 부사구로만 사용된다. 즉 古之也, 昔之也의 축약인 것이다. 古와 昔은 문장의 위치에 따라 다양한 품사로 기능하지만, 古者와 昔者는 부사구로 용법이 제한되어 있다. 반면 王者는 '왕다운 왕' 으로 명사구를 이룬다. 聖者 역시 마찬가지다. 따라서 '~의 사람' 으로서의 者에는 독특한 성조가 있었을 것이다.

如禾如稻兮 벼와 같고 쌀과 같음이여

兮가 감탄어기사로 사용되었다. 그러나 兮는 哉나 乎와 같이 종결사로서 분명한 감탄의 어기를 나타내기보다는 일종의 영탄조에 가까운 어기이다. 또한 兮은 일반적인 것보다는 특별한 어기를 나타내는데 사용된다. 일상에서는 잘 사용되지 않는 문자를 써서 주목성을 높이고 강조하는 효과를 낸다. 흔히 兮는 방언에서 유래한 것으로 알려져 있으며, 종결사라기보다는 휴지어기사로의 기능이 더 강하다.

耕者 직역하여 '밭 갈기의 때(경우)에'

〔예〕 耕人('농부' 의 뜻)

하지만 者가 명사화접미사로서 '~의 사람' 의 용도로 사용되었다면, 耕 역시 명사로 '밭갈기' 의 의미일 수도 있다. 명사화접미사로서의 者와, 之也의 합으로서의 者는 발음상의 차이가 있었을 것이다. 현재로서는 문맥에 의한 문법구조 분석으로 풀이한 것이다.

面墻 담을 대하다

面이 '대하다' 의 의미이다. 담을 면한다는 뜻으로 식견이 좁음을 이른다.

論語 曰 學如不及 惟恐失之.

논어 왈 학여불급 유공실지

『논어』에 이렇게 이른다.

"배움에는 마치 미치지 못하는 듯이 하고, 오직 잃게 됨을 두려워할 것이다."

訓子篇

훈자편

明心寶鑑

子曰 爲善者 天報之以福 爲不善者 天報之以禍 漢昭烈 將終 勅後主曰 勿 以善小而不爲 勿 以惡小而爲之 太公 曰 見善如渴 聞惡如聾 又曰 善事須貪 惡事莫樂 馬援 曰 終身行善 善猶不足 一日行惡 惡自有餘 司馬溫公 曰 積金以遺子孫 未必子孫能盡守 積書以遺子孫 未必子孫能盡讀 不如積陰德於冥冥之中 以爲子孫之計也 子 曰 爲善者 天報之以福 爲不善者 天報之以禍 漢昭烈 將終 勅後主 曰 勿 以善小而不爲 勿 以惡小而爲之 太公 曰 見善如渴 聞惡如聾 又曰 善事須貪 惡事莫樂 馬援 曰 終身行善 善猶不足 一日行惡 惡自有餘 司馬溫公 曰 積金以遺子孫 未必子孫能盡守 積書以遺子孫 未必子孫能盡讀 不如積陰德於冥冥之中 以爲子孫之計也 子 曰 爲善者 天報之以福 爲不善者 天報之以禍 漢昭烈 將終 勅後主 曰 勿 以善小而不爲 勿 以惡小而爲之 太公 曰 見善如渴 聞惡如聾 又曰 善事須貪 惡事莫樂 馬援 曰 終身行

景行錄 云 賓客不來 門户俗.
詩書無教 子孫愚.

경행록 운 빈객불래 문호속 시서무교 자손우

『경행록』에 이렇게 이르고 있다.
"손님이 오지 않으면 문호가 속되어지며,
시경과 서경이 가르쳐지지 않으면 자손이 어리석어진다."

풀이

賓客 손님

賓에는 '손님' 외에 '대접하다'는 의미가 있다. 곧 '대접하는(해야 하는) 손님'의 의미로 손님에 대한 존칭의 어기를 담고 있다.

詩書無教 시경과 서경이 가르쳐지지 않으면

詩書 : 『시경(詩經)』과 『서경(書經)』을 말한다. 詩書(주어)는 동사 教의 행위자가 아니라 수단이다. 주어가 동사의 행위자가 아닐 경우에 동사는 피동이나 수동으로 의미가 전성된다.

〔예〕 無教詩書(시서를 가르치지 않으면)라고 한다면, 詩書는 목적어가 되고, 동사 教는 '가르치다'로 능동이지만, 본문의 詩書는 주격보어로 동사는 수동으로 사용된 것이다.

莊子 曰 事雖小 不作不成.
子雖賢 不教不明.

장자 왈 사수소 불작불성 자수현 불교불명

장자가 "일이 비록 작으나 일으키지 않으면 이루어지지 못하며, 자손이 비록 현명하나 가르치지 않으면 총명해지지 않는다"라고 말하였다.

풀이

不作不成 일으키지 않으면 이루어지지 않는다

'不 A 不 B' 구문으로 'A 아니면 B 못하다'의 의미이다. 여기서 A와 B는 가정과 결과의 관계이다.

漢書 云 黃金滿籯 不如教子一經.
賜子千金 不如教子一藝.

한서 운 황금만영 불여교자일경 사자천금 불여교자일예

『한서』에 이렇게 이른다.
"황금이 상자에 가득하여도 자손에게 한 권의 책을 가르치는 것만 못하고, 자손에게 천금을 물려준다해도 자손에게 한 가지 재주를 가르치는 것만 못하다.

풀이

不如教子一經 자손에게 한 권의 책을 가르치는 것만 못하다

'不如 A' 구문으로 'A 하느니만 못하다'(不如－직역하면 '같지 않다' → '못하다')는 뜻을 갖는다. 한문의 一은 '단지, 겨우, 오직' 등의 어기를 담는다. 한국어도 이와 같다.

至樂 莫如讀書. 至要 莫如敎子.

지락 막여독서 지요 막여교자

지극한 즐거움에는 책 읽는 것만 같음이 없고,
지극한 중요함에는 자식 가르치는 것만 같음이 없다."

풀이

莫如讀書 독서만한 것이 없다

莫은 이 구문에서는 최상의 상을 띠는 부정사로 사용되었다. 항상 주어를 지시하면서 대상을 비교 부정한다. 다수 중에 어떤 하나를 선택하는 어기를 가지고 있다. '(무엇보다, 결코) ~만한 것이 없다, ~만 못하다'로 풀이된다. 不如는 단순한 부정(不은 동사 如를 단순부정)인 반면, 莫은 주어(이때 주어는 다수의 종류를 포함하는 내용이다)에 비교하여 대상을 반어적으로 부정하는 것이다.

呂滎公 曰 內無賢父兄 外無嚴師友 而能有成者 鮮矣.

여영공 왈 내무현부모 외무엄사우 이능유성자 선의

여영공이 "안으로 현명한 부모가 없고, 밖으로 엄한 스승과 벗이 없으면서도 이룸이 있는 경우는 드문 것이다"라고 말하였다.

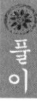

풀이

能 ~할 수 있다

조동사로 사용되었다.

鮮矣 드물다

矣는 종결어기사로서 어떤 조건에 따르는 결과나 사실의 확인 등을 표시한다. 鮮의 끝에 오는 종결사는 항상 矣인데, 이는 鮮(드물다)의 의미에 조건으로서의 전제 항목을 내포하고 있기 때문이다.

太公 曰 男子失教 長必頑愚. 女子失教 長必麤疎.

태공 왈 남자실교 장필완우 여자실교 장필추소

태공이 "남자가 가르침을 잃으면 자라서 반드시 완고하고 미련해지며, 여자가 가르침을 잃으면 자라서 반드시 거칠어진다"라고 말하였다.

풀이

失教 가르침을 잃다

失은 '잃다, 놓다'의 뜻으로, '시기를 놓치다'의 의미이다. 또 失에는 '잘못'의 의미도 있어 '잘못 가르치다'로의 풀이도 가능하다.

頑愚 완고하고 미련함

麤疎 거침, 소홀함

男年長大 莫習樂酒. 女年長大 莫令遊走.

남년장대 막습악주 여년장대 막령유주

"남자의 나이가 장대해지면 음악과 술만은 배우지 못하게 하고,"
여자의 나이가 장대해지면 놀러 다니는 것은 못하게 하라.

풀이

樂 즐거울 락, 음악 악, 좋아할 요.

令 '~하게 하다' 의 의미로 사역조동사이다.

遊走 놀러 다니다

嚴父 出孝子. 嚴母 出孝女.

엄부 출효자 엄모 출효녀

"엄한 아버지는 효자를 낳고, 엄한 어머니는 효녀를 낳는다."

풀이

出孝子 효자를 낳다

出은 타동사로서 '낳다, 산출하다' 의 뜻으로 사용되었다. 여기에서 발전되어 '후손, 자손' 등의 뜻으로도 사용된다. 타동사 出이 위치나 장소의 보어를 취할 경우 '~로/에 나서다' 의 뜻으로 사용된다.

憐兒 多與棒. 憎兒 多與食.

련아 다여봉 증아 다여식

"아이를 사랑하면 매를 많이 주고, 아이를 미워하면 밥을 많이 주라."

풀이

多與棒 매를 많이 주다

'多(부사)與(동사)棒(목적어)' 의 구문이다. 多는 부사로 사용되어 '항상, 여러 차례' 등의 어기를 나타낸다. 與는 동사로 '주다' 의 의미이다.

人皆愛珠玉 我愛子孫賢.

인개애주옥 아애자손현

"남들은 모두 주옥을 사랑하지만 나는 자손의 현명함을 사랑한다."

풀이

我愛子孫賢 나는 자손의 현명함을 사랑한다

타인(人)에 대비되는 강조의 '나' 의 경우는 본문처럼 吾보다 我가 사용된다. 상고 이전의 한문 문장에는 인칭대명사의 사용에 분명한 규칙이 있었던 것으로 추론되고 있지만, 후대로 올수록 규칙없이 사용되어진다. 我는 吾에 비해 복수성[나－우리]이 강하다. 我(주어)愛(술어)子孫賢(목적어)로, 한문의 기본적인 문형의 하나이다.

省心篇·上

성심편 상

明心寶鑑

子曰 爲善者 天報之以福 爲不善者 天報之以禍 漢昭烈 將終 勅後主曰 勿以善小而不爲 勿以惡小而爲之 太公曰 見善如渴 聞惡如聾 又曰 善事須貪 惡事莫樂 馬援曰 終身行善 善猶不足 一日行惡 惡自有餘 司馬溫公曰 積金以遺子孫 未必子孫能盡守 積書以遺子孫 未必子孫能盡讀 不如積陰德於冥冥之中 以爲子孫之計也 子曰 爲善者 天報之以福 爲不善者 天報之以禍 漢昭烈 將終 勅後主曰 勿以善小而不爲 勿以惡小而爲之 太公曰 見善如渴 聞惡如聾 又曰 善事須貪 惡事莫樂 馬援曰 終身行善 善猶不足 一日行惡 惡自有餘 司馬溫公曰 積金以遺子孫 未必子孫能盡守 積書以遺子孫 未必子孫能盡讀 不如積陰德於冥冥之中 以爲子孫之計也 子曰 爲善者 天報之以福 爲不善者 天報之以禍 漢昭烈 將終 勅後主曰 勿以善小而不爲 勿以惡小而爲之 太公曰 見善如渴 聞惡如聾 又曰 善事須貪 惡事莫樂 馬援曰 終身行

景行錄 云 寶貨 用之有盡. 忠孝 享之無窮.

경행록 운 보화 용지유진 충효 향지무궁

『경행록』에 이렇게 이르고 있다.
"보화는 써버리면 다함이 있지만, 충효는 바칠지라도 궁극이 없다.

풀이

寶貨 用之有盡 보화는 써버린다면 다함이 있다

寶貨와 用은 의미적으로 목적어와 술어의 관계이다. 하지만 이 문장은 도치문이 아니다. 그것은 본래는 목적어였던 것이 문두에 사용되면서 형식적인 주어(내용상으로는 보어)의 위치를 확보했기 때문이다. 그리고 之는 문두로 전치된 목적어를 대체하고 있다. 이것은 일반적인 한문 문법상의 패러다임이다.

이 패러다임은 영어적인 시각에서는 오류가 없을 것이다. 그러나 한 가지 의문이 남는다. 한문은 의미가 통하는 한 문장의 어떤 성분이든 생략하는 특성이 있다. 이것은 형식 주어와 목적어를 필요로 하는 영어와는 달리 한국어에도 동일한 특성이기도 하다. 목적어가 술어 앞으로 도치된 경우라면 그 사이에 특별한 어기를 지니는 도치의 표지로서 之가 존재해야 하지만, 의미상의 목적어가 문두로 전치되면서 주격보어로 되어 형식적으로 온전한 문장을 갖추었음에도 본래 목적어의 위치에 之를 남기는 이유는 좀 더 다른 곳에 있다.

경우 목적어 대체사 之를 한국어로 풀이(그것을)하면 오히려 더 어색해진다. 또한 그러한 방식은 고대 한인들의 구어에서 사용된 것도 아닐 것이다. 한문은 고대 한인들의 구어를 반영한 문장이다. 之는 목적어 대체사가 아니라 별다른 어기가 있는 상조사로 사용된 것이다.

문두로 전치된 목적어가 주어로 사용됨으로 동사(用)의 실행위자가 아니므로 이 동사는 한국어에서의 활용과 같은 문법적인 변화가 발생하는데, 그것은 피동과 사동의 형태로의 변화이다. 이 문장이 단문이라면 用寶貨(보화를 쓰다)에서 寶貨用(보화는 쓰여진다)로 도치가 아닌 동사의 문법적인 변화를 발생시킬 수 있다. 혹은 이중목적어를 취한 형태로 用寶貨(於)人(보화를 남에게 쓰다)에서 寶貨用(於)人(보화는 남에게 쓰여 진다/쓰게 한다)로 문법적인 변화를 발생시킬 수가 있다.

그러나 본문은 단문이 아닌 두 절이 결합한 형태로서, 두 절 동사의 주어는 서로 다르다.(用의 주어는 문장에서 드러나지 않는 어떤 사람이고, 有의 주어는 寶貨이다) 寶貨用有盡로 문장을 쓰면 有盡이 술어 用의 보어나 목적어가 되어, '보화는 다함이 있게/다하도록 쓴다' 는 식으로 풀이된다. 따라서 이러한 중의성을 제거하기 위한 특별한 문법적 용도를 가진 어기의 필요로 之가 사용된 것이다. 일반적인 패러다임으로 정의하는 목적어 대체사 之(그것을)도 지시사로서의 기능이긴 하지만, 여기에는 그외의 문법적인 기능이 있는데, 그것은 상조사이다.

이렇게 하여 본문 '寶貨 用之有盡' 를 풀이하자면 '보화는 써버릴 것이면 다함이 있다' 가 된다. 之는 상조사인 것이다.

이를 한국어 문법을 생각하지 말고 한문의 문장 쓰기 자체만으로 풀이한다면 寶貨用之有盡(보화가 쓰여지다, 그것, 다함이 있다 → 보화가 쓰여진다는 것은/것이란/것에는/것으로/그것의 다함이 있다)이다. 이러한 직독이 차라리 더 쉬울 수도 있다. 한문 문장의 기본은 단문의 연속이며, 그것이 한문의 태초성이다.

享 ① 누리다, 향유하다 ② 바치다, 올리다

여기서는 ②의 의미로 사용되었다.

家和貧也好 不義富如何.
但存一子孝 何用子孫多.

가화빈야호 불의부여하 단존일자효 하용자손다

집안이 화목하면 가난하더라도 좋고, 의롭지 않으면 부는 무엇하겠는가? 단지 한 자식의 효도만 있다면 자손이 많아서 무슨 소용이겠는가?

풀이

貧也好 가난하더라도 좋다

也는 휴지어기사이다. 부사어와 술어 중심사 사이에 사용되었다.

好는 '좋다'는 의미이지만 '나쁘다'의 반대말로서의 좋음이 아니라 반문과 가정의 어기를 담고 있다. 이러한 어기는 好에서 직접 나오는 것이 아니라 也로부터 나온다. 貧好라고 한다면 '가난은 좋다'가 되나 단순서술문으로 반문적인 어기를 담고 있지는 못하다.

義 옳음, 도리

여기서는 '사람 사이의 옳음'의 뜻으로 和(화목, 좋은 관계)와 같다.

如何 어떻게 해야 하는가, 무엇을 하겠는가, 어떻게 되는가

如之何의 축약이다. 의문이나 방법을 묻는데 사용된다.

但 부사로 '단지, 다만'의 뜻이다.

何用 무엇하겠는가, 어디에 쓰겠는가

父不憂心因子孝. 夫無煩惱是妻賢.
言多語失皆因酒. 義斷親疎只爲錢.

부불우심인자효 부무번뇌시처현 언다어실개인주 의단친소지위전

아버지가 근심하지 않는 것은 자식이 효도하기 때문이고,
남편이 번뇌하지 않는 것은 아내가 현명하기 때문이다.
말이 많아지고 말이 실수하게 되는 것은 모두 술 때문이고,
의가 단절되고 친분이 소원해지는 것은 단지 돈 때문이다.

풀이

因, 是, 爲 모두 '때문이다' 를 의미하며, 원인을 나타낸다.

只 단지, 다만

親疎 가까움이 소원해짐
'친밀함과 가까움' 의 뜻도 있다.

旣取非常樂 須防不測憂.

기취비상락 수방불측우

이미 범상치 않은 즐거움을 취했다면
모름지기 예측 못할 근심을 방비해야 한다.

풀이

旣 부사로서 '이미'의 의미이다.
또한 시제로서 현재완료를 나타낸다. '~해버린, ~이후'의 어기를 담고 있다.

須 모름지기 ~해야 한다

得寵思辱 居安慮危.

득총사욕 거안려위

총애를 얻었다면 욕됨을 생각하고,
편안함에 처하였거든 위태함을 생각하라.

풀이

居安 편안함에 처해지다
居에는 '살다, 거주하다'의 뜻도 있다.
〔예〕 安居(편안히 지냄), 燕居(한가히 있음)

榮輕辱淺 利重害深.

영경욕천 리중해심

영화가 가벼우면 욕됨도 얕고, 이익이 무거우면 해로움도 깊다.

풀이

輕, 淺, 重, 深 모두 형용사가 자동사로 사용된 경우이다.

榮, 辱, 利, 害 모두 주격보어이며, 이 문장은 묘사문에 속한다.

甚愛必甚費. 甚譽必甚毁.
甚喜必甚憂. 甚贓必甚亡.

심애필심비 심예필심훼 심희필심우 심장필심망

심한 아낌은 반드시 심히 낭비되고, 심한 예찬은 반드시 심한 비방을 받는다. 심한 기쁨은 반드시 심한 근심이 되고, 심한 부정은 반드시 심한 망함이 된다.”

풀이

甚愛必甚費 심한 아낌은 심한 낭비를 가져온다

愛는 옛 문헌에서 흔히 ‘애석해 하다, 아끼다, 인색하다’ 등의 의미로 사용되었다.

甚愛必甚費 厚藏必多亡(노자)-지나치게 아끼면 반드시 크게 쓰게 되고 많이 간직하면 반드시 크게 잃게 된다

이 구문에서 愛의 의미를 “왕이 어떤 후궁을 지나치게 사랑하면 그에 따른 심각한 낭비가 발생한다”라는 식으로 풀이할 수 있다. 풍자의 글일 수도, 천자에 대한 계고의 글일 수도 있다.

贓 부정

뇌물을 받거나 부정한 방법으로 사욕을 채우는 행위를 말한다.

子 曰 不觀高崖 何以知顚墜之患.
不臨深泉 何以知沒溺之患.
不觀巨海 何以知風波之患.

자 왈 불관고애 하이지전추지환 불임심천 하이지몰익지환 불관거해 하이지풍파지환

선생께서 "높은 낭떠러지를 보지 못했다면 어떻게 굴러 떨어지는 환란을 알 것인가? 깊은 수렁에 임해보지 않았다면 어떻게 물에 빠지는 환란을 알 것인가? 큰 바다를 보지 못했다면 어떻게 풍파의 환란을 알 것인가?"라고 말하였다.

풀이

何以知顚墜之患 어떻게 굴러 떨어지는 환란을 알 것인가

何以는 '어떻게, 무엇 때문에' 등의 의미이다. 여기서 以는 동사(이용하다, 사용하다)에서 전성한 개사로 수단과 원인의 어기를 나타낸다.(사용하다 → 때문)

다시 말하면 何는 以의 목적어로서 以何의 어순이 의문문에서 도치를 일으킨 것이다. 흔히 '何以+동사'의 관용격식을 이룬 부사어로, 일종의 '개목구조'인 것이다. 知何 혹은 何知라고 하면 '무엇을 아는가'로 何는 목적어이지만, 何以는 부사어로 사용된 것이다.

어떤 문법에서는 이렇게 사용된 以를 한국어의 부사화 접미사로 보기도 하는데, 그렇게 단순하지만은 않다. 여기의 以는 대용어로서 뒤의 之가 생략된 형태이다. 何以는 항상 수사의문문을 이루어 내는데 한국어로는 '어떻게 ~이겠는가/일 것인가'로 풀이된다. 何는 독립된 부사로 '왜, 어째서'의 어기를 나타내기도 하는데, 단순한 되물음이나 의문을 나타낸다.

이 문장에서의 수사적인 어기는 何로부터 나온 것이 아니라 以(之)

로부터 나온 것이다. 한국어 풀이과정에서 '겠는가/것인가' 처럼 의존 명사 '것' 이 다시 나타나는 것은 그러한 이유이다.

欲知未來 先察已然.

욕지미래 선찰이연

"미래를 알고자 한다면 먼저 이미 지나간 일을 살펴라."

풀이

欲知 알려고 하다
欲은 조동사로서 '~하려하다' 의 의미이다.

已然 이미 지나간 일
직역하면 '이미 그러함' 이다.

子曰 明鏡 所以察形. 往者 所以知今.

자 왈 명경 소이찰형 왕자 소이지금

선생께서 "맑은 거울은 몸을 살피는데 사용하는 것이고, 지나감의 때는 현재를 아는데 사용하는 것이다"라고 말하였다.

풀이

所以察形 몸을 살피는데 사용하는 것이다

所以는 일반적으로 '개+목' 구문으로 '~하는 수단(도구), ~까닭(원인)' 등으로 풀이한다. 여기서의 所는 한국어의 위치 장소를 나타내는 의존명사 '곳' 이나 지시성 의존명사 '것' 에 해당하며, 以는 대용어로서의 기능이 있는(뒤에 지시사 之가 생략된) 동사 '사용하다' 의 의미이다. 이렇게 분석하면 所以는 하나의 개목구조가 아니라 별개의 독립된 절과 절의 합으로 이루어진 관용격식이다.

明鏡察形이라고 하면 '명경은 몸을 살피어진다/살피게 한다.'

여기에 所以가 삽입됨으로 明鏡 所以(之)察形(명경, 것, 〔그것을〕 사용함, 몸을 살핀다) → 명경은 몸을 살피는데 사용하는 것이다.

두 예시문을 비교해 보라. 주어 明鏡이 동사 察의 행위자가 아니기에 동사는 피동이나 사역형으로 변화되지만 所以가 삽입되므로 동사는 다시 원형으로 바뀐다.

물론 所以가 그 자체로 사역형의 동사를 원형으로 변환시키는 것은 아니다. 所가 나타내는 의존명사성의 성분이 피동의 어기를 띠어, 즉 피동의 피동(사역형의 사역형)이 되어 원형으로 전환되는 것이다. 다시 설명하면 所以(之)에서 之가 형식주어 明鏡을 재지시하고, 所以가 도구나 원인의 의미를 분명히 해줌으로써 나타나는 결과이다.

所以는 수 천 년이 지난 현대 중국어에서는 완전히 하나의 관용격식으로 굳어져, '따라서' 의 의미로 사용되고 있다. 한문과는 전혀 다른 의미로의 전성인 것이다.

往者 지나감의 때(에)

직역하면 '갊의 것(에)' 이다. 往者는 往之也와 동일한 데, 이때의 也에는 시간적인 의미가 내포되어 있다. 往之也를 다시 직역하면 '가다, 그것의 때에' 이다.

한국어에서 '지나간 일' 이 구체적인 참조 사항이 없는 표현으로 사용된다면 그것은 '어떤 때(시기)' 를 의미하는 것과 같다. 한국어에서 '갊의 것은 현재를 아는데 사용된다' 라고 한다면 문법적인 오류는 없다. 다만 습관적으로 이러한 식으로 단어와 문장을 조합시키지 않을 뿐이며, 한문에서의 者(之也)는 한국어 '것' 보다 많은 표현을 이끌어 낼 뿐이다.

이 차이는 고대 한어와 현대 한국어의 차이일 뿐이다. 유사한 시기의 고대 한국어(자료가 있다면)와 고대 한어를 비교한다면 또 다른 면모를 보일 것이다. 때로 '죽은 사람' 혹은 '지나간 사람' 의 의미로도 사용되는데, 이 경우에도 발음상의 차이가 있었을 것이다.

또 다르게 생각해 보아야 할 것은 한국어에서도 두 명사 사이에 '의' 가 사용되는 형태의 명사구는 객관적인 어기를 띤다는 것이다. 때로 형용사가 직접 명사를 수식하는 형태가 객관성을 띠기도 하지만, 한문에서는 그러한 원칙이 비교적 철저하게 지켜진다고 볼 수 있다. 즉 '간 때(往時)' 는 직접적인 어떤 때에 대한 형용인 반면 '갊의 때' 는 '간 때' 의 객관적 통칭의 개념인 것이다. '훔치고 있는 사람' 과 '훔치기의 사람' 의 차이이다.

다음은 한유(韓愈)의 「원도(原道)」에 나오는 문장이다.

老子之所謂道德云者 去仁與義言之也 一人之私言也－노자에게서 불리어진 도덕이라 이르는 것은 인과 의를 버리고서 말하는 그러한 것(경우)으로 한 사람의 사사로운 말이다.

첫 번째 절의 云者(이르는 것)는 두 번째 절의 言之也(말하는 그러한 것)와 같은 의미이다. 者와 之也 모두 한국어로 풀이하면 '～의 것' 이 되기는 하지만, '경우(때)' 의 의미를 함의하고 있다.

다음은 소순(蘇洵)의 「관중론(管仲論)」에 나오는 문장이다.

彼固亂人國者 顧其用之者 桓公也－저들은 진실로 나라를 어지럽힌 사람의 것으로 다만 그렇게 등용해버린 것은 환공이다.

첫 번째 절의 끝에 오는 者와 두 번째 절에 있는 者는 모두 '～의 것' 으로 풀이되지만, 之也의 합으로서 첫 번째 者는 '나라를 어지럽힌 경우' 를 지시하는 것이며, 두 번째 者는 '등용해 버린 경우(상황)' 를 지시하는 것이다.(예 : 대다수의 풀이서에서 用之者를 '그들을 등용한 사람' 으로 하여 之를 목적어 대체사로, 者를 사람으로 풀이하고 있다. 그렇게 풀이했을 때 첫 번째 者는 무어라고 설명할 것인가? 이 책에서는 그러한 견해를 받아들이지 않는다)

過去事 明如鏡 未來事 暗似漆.

과거사 명여경 미래사 암사칠

"지나간 일은 밝기가 마치 거울과 같으며
오지 않은 일은 어둡기가 마치 칠흑같다."

풀이

未來 아직 오지 않다

來는 동사임에도 동사의 부정사 不이 사용되지 않고 未가 사용된 것은 未는 현재 미완이라는 시제로서의 상의 어기를 담고 있는 부정사이기 때문이다. 未來는 일반명사화되었다.

似 마치 ~와 같다

如와 같은 단어이다.

景行錄 云 明朝之事 薄暮不可必. 薄暮之事 晡時不可必.

경행록 운 명조지사 박모불가필 박모지사 포시불가필

『경행록』에 이렇게 이른다.
“내일 아침의 일을 해질녘에 반드시라고 할 수 없으며,
해질녘의 일을 포시에 반드시라고 할 수 없다.

풀이

明朝 내일 아침

‘밝아오는 아침’ 의 뜻이다.(예 : 詰朝, 이른 아침, 早朝)

薄暮 어스름 녘, 해질녘, 땅거미

薄暮不可必 박모에 반드시라고 할 수 없다

부사 必이 동사(반드시라고 하다)로 사용되었다. 한문 문법을 분석하는데 늘 염두에 두어야 할 것은 우리에게 익숙한 문법은 그것이 어느 나라의 것이든 현대 언어의 문법이라는 점이다. 이 문장을 분석하면 관점에 따라 본동사가 생략되었다고, 즉 薄暮不可謂必라고도 할 수 있으며, 可가 불완전 자동사로서 보어 必을 취한 형태라고도 할 수 있을 것이다. 분석은 이해를 높일 뿐이다. 정의가 아니다.

또 한 가지 유의해야 할 것은 한문의 생략성 때문에 풀이에서 문맥에 맞는 임의적인 단어를 불러오는 경우가 있는데, 이는 각별히 주의해야 한다. 자칫 어기상의 변화를 가져오기 때문이다. 한문에서는 생략해서는 안되는 단어를 생략하는 경우는 없다. 문맥상 충분히 이해할

수 있는 경우에 한해 생략한다.

晡時 오후 3~5시 사이(申時)

天有不測風雨. 人有朝夕禍福.

천유불측풍우 인유조석화복

하늘은 예측 못하는 바람과 비가 있으며,
사람은 아침과 저녁의 화와 복이 있다.

풀이

有 존재의 유무를 나타내는 형용사로 사용되었다. 한국어에서의 '있다'는 형용사적인 성격과 동사적인 성격을 모두 취하고 있어, 별도로 '존재사'로 분류하기도 하는데, 한문에서의 '有'도 이와 동일하게 적용된다. 有의 주어가 사람일 경우는 타동사로서 '소유하다, 가지다'의 의미로 사용된다.

未歸三尺土 難保百年身.
已歸三尺土 難保百年墳.

미귀삼척토 난보백년신 이귀삼척토 난보백년분

석자 흙 속으로 돌아가기 전에는 백년의 몸을 보전하기 어렵고,
석자 흙으로 돌아간 후에는 백년의 봉분을 보전하기 어렵다."

풀이

未 (아직) ~전에는
현재미완의 시제를 나타낸다.

已 (이미) ~후에는
현재완료의 시제를 나타낸다.(旣, 旣已도 이와 같다)

難保百年墳 백년의 봉분을 보전하기 어렵다
도굴 또는 방치에 대한 표현이다.

景行錄 云 木有所養 則根本固而枝葉茂
棟樑之材成. 水有所養
則泉源壯而流派長 灌漑之利博.
人有所養 則志氣大而識見明
忠義之士出. 可不養哉.

경행록 운 목유소양 즉근본고이지엽무 동량지재성 수유소양 즉천원장이류파장 관개지리박 인유소양 즉지기대이식견명 충의지사출 가불양재

『경행록』에 이렇게 이르고 있다.
"나무가 만약 육성되어진다면 뿌리가 굳고 가지와 잎이 무성하여 동량의 재목으로 성장한다. 물이 다스려짐을 받는다면 샘의 근원이 풍부하고 흐름이 길어서 관개(灌漑)의 이익이 넓다. 사람이 양성을 받는다면 뜻과 기개가 커지고 식견이 밝아져 충의의 지사로 자라니 어찌 양육하지 않겠는가!"

풀이

木有所養 나무가 만약 양성되어진다면

有는 '어떤, 만약'을 의미하는 부사어이다. 有木(어떤 나무), 木有(나무〔중〕의 어떤 것). 이 문장에서 동사는 養이다.

所는 동사의 접두어로 사용되었다. 養－양성하다, 所養－양성되어지다. 피동이나 사역형의 접두어가 아니라 때로 피동이나 사역으로 사용된 동사를 다시 일반 동사로 전환시키기도 한다.

可不養哉 어찌 양육하지 않겠는가!

可는 何와 같다. '어찌, 어떻게' 등의 의미이다. 강한 반문의 어기를 나타낸다. 하지만 이러한 반문의 어기는 可(何) 혼자서 나타내는 것이 아니라 문말의 감탄종결사 哉와 호응하여 발생하는 것이다.

自信者 人亦信之 吳越 皆兄弟.
自疑者 人亦疑之 身外 皆敵國.

자신자 인역신지 오월 개형제 자의자 인역의지 신외 개적국

스스로 믿는 경우라면 남도 믿는 것이라서 오월 모두 형제가 된다. 스스로 의심하는 경우에는 남도 의심하는 것이라서 자신 외에는 모두 적국이 된다.

풀이

吳越 오나라와 월나라

춘추전국 시대의 국가들로 서로 원수의 나라였다. 吳越同舟라는 고사성어가 있다.

自疑者 스스로 의심하는 것(경우)

自는 항상 동사 앞에서 부사로 사용된다. 문장 끝의 敵國에 견주어 보면 '스스로 의심하는 사람' 으로 풀이할 수 없다.

人亦疑之 남도 의심하는(의심하게 되는) 것이라서

之는 강조의 상조사이다. 하지만 동사 다음에 사용되는 之에는 다음 문장이나 절에 연결시키는 접속사적 기능도 있다. 之가 목적어 대체사라면 대체하는 목적어가 무엇인지 분명하지 않다. 문장 내용상 생략된 주어인 특정인이나 인칭대명사를 대체한다고 보기는 어렵다.

이 문장은 한문의 구성 특성상 주어가 없으며, 2자가 있는 1자의 말(대화체)을 기본 모델로 하고 있는 고대 한어이기 때문이다. 주어가 없거나 주어마저 생략하는 언어 시스템에서 목적어를 대체사로 사용한다는 이론은 납득하기 어려운 면이 있다.

疑人莫用 用人勿疑.

의인막용 용인물의

사람을 의심한다면 쓰지 말 것이며, 쓴다면 의심하지 말라."

풀이

莫 '강조'의 상을 띠는 부정사이다. '결코'의 어기를 함축하고 있다. 그에 비하여 勿은 단순한 금지사이다.

諷諫 云 水底魚天邊雁 高可射兮低可釣. 惟有人心咫尺間 咫尺人心不可料.

풍간 운 수저어천변안 고가사혜저가조 유유인심지척간 지척인심불가료

『풍간』에 이렇게 이른다.

"물 바닥의 물고기와 하늘가의 기러기는 높으면 쏠 수 있고 낮으면 낚시할 수 있다. 다만 사람의 마음은 지척간일지라도 지척의 사람의 마음은 헤아릴 수 없다"

풀이

天邊 하늘 끝, 하늘 가장자리

兮 어음조사로 자구수를 맞추기 위하여 발어사의 용도로 사용되었

다. 흔히 시가 등에서 이렇게 사용된다. 이 장은 7언절구의 시이다.

惟有人心咫尺間　다만 사람의 마음은 지척간일지라도

有는 흔히 '~할지언정'으로 풀이된다. 어원적으로는 '어떤, 또는'에서 유래되었다.

故君子有不戰 戰必勝矣(『맹자』「공손추」하)－그러므로 군자는 싸우지 않을지언정 싸우면 반드시 이긴다/그러므로 군자는 때로는(어떤 때) 싸우지 않지만 싸우면 반드시 이긴다.

畵虎畵皮難畵骨. 知人知面不知心.

화호화피난화골 지인지면불지심

호랑이를 그리고 가죽을 그리지만 뼈를 그리기는 어렵다.
사람을 알고 얼굴은 알지만 마음을 알지는 못한다."

풀이

畵虎畵皮難畵骨　뼈를 그리기는 어렵다

難畵骨는 두 가지 풀이가 가능하다. ① 難(형용사)畵骨(술목구조-보어) ② 難畵(형보구조-주어)骨(술어).

여기서는 후행절의 문맥에 맞추어 ①로 풀이하였다.

對面共話 心隔千山.

대면공화 심격천산

얼굴을 대하고 담화를 함께 하지만, 마음은 천산을 떨어져 있다.

풀이

隔 (사이가) 떨어지다, 떨어져 있다.
〔예〕 이격(離隔)

千山 천개의 산
〔예〕 천산만수(千山萬水)－길이 험하고 멂의 비유.

海枯終見底 人死不知心.

해고종견저 인사불지심

바다는 마르면 결국 바닥을 보게 되지만,
사람은 죽더라도 마음을 알지 못한다.

풀이

終 결국, 마침내

太公 曰 凡人 不可逆相. 海水 不可斗量.

태공 왈 범인 불가역상 해수 불가두량

태공께서 "무릇 사람은 거슬러 점칠 수 없고, 바닷물은 말로서 헤아릴 수 없다"라고 말하였다.

풀이

凡人 凡이 문장 부사어(문장 전체를 제한/한정)로 사용되었다. '보통 사람' 으로 풀이도 가능하다.

逆相 거슬러서 점치다, 앞날을 점치다

相은 '바탕' 의 뜻으로 '(타고난) 바탕을 점치다' 의 의미이다. '상을 거스르다' 로 풀이할 수도 있다. 대응항인 斗量(말로 헤아리다)의 斗는 부사어로 사용되었다.

景行錄 云 結怨於人 謂之種禍. 捨善不爲 謂之自賊.

경행록 운 결원어인 위지종화 사선불위 위지자적

『경행록』에 이렇게 이르고 있다.

“남에게 원한을 맺는다면 화를 심음이라고 불려질 것이다. 선을 버리고 행하지 않으면 스스로 해침이라고 이르는 것이다.

풀이

結怨於人 남에게 원한을 맺다

이중목적어 구조이다. 怨이 직접목적어, 人이 간접목적어로 사용되었다. 이때 직접목적어는 以가, 간접목적어는 於가 이끈다. 자구를 맞추기 위해 以가 생략된 것이기도 하지만, 結怨은 술목구조의 명사구로 의미상으로 더 긴밀한 결합을 일으킨다. 이러한 긴밀한 결합은 합성어가 된다.

謂之種禍 화를 심음이라고 이르는 것이다

之가 상조사로 사용되었다.

이 구문에 대한 일반적인 문법정의를 요약하면, 이중목적어 구조로 之가 직접목적어이고 種禍가 간접목적어(한국어로는 보어)를 이루는데, 여기서 之는 謂의 목적어이면서 다음의 술목구조 種禍의 주어이기도 하다. 이러한 구조를 겸어(兼語)구조(pivot)라고 한다. 이 분석은 영어 문법과 거의 흡사한 것이기도 하며, 따라서 之는 영어의 it과 동일하게 3인칭 대명사로 목적어 대체사로 불린다. 직역하면 ‘그것을 화를 심는 것이라고 이른다.’

만약 之를 술목구조에서 목적어 도치의 표지로 보고, 또 種禍를 명사구가 아닌 일반명사로 보아 種禍謂(불려지기를 종화라고 한다)에서 謂之種禍로 된 것이라 한다면 이론적 오류는 없을 것이다. 이러한 술목구조의 도치는 한국어에서는 성립되지 않는다. 한국어에서 술어의 위치는 아주 고정적이기 때문이다. 따라서 이런(강조) 어기를 갖고 한국어로 풀이하면 '종화라는 것으로 불려진다'가 될 것이다.

謂를 보어를 취한 불완전자동사로 보고 之를 생략하여 謂種禍(종화라고 불려진다)로 쓸 수도 있다. 여기에서 동사로 謂가 사용된 것은 이 문장이 하나의 가정이기 때문이다. 가정은 일종의 인용이기도 한데, 謂(~라고 부르다)는 그러한 가정적 상황의 인용문 술어로 적합한 동사이기 때문이다.(云, 曰은 직접적인 '말'이나 '글'에 적합하다) 結怨於人 此是種禍(남에게 원한을 맺는다면 이것이 바로 화를 심음이다)나 結怨於人 爲種禍(남에게 원한을 맺는다면 화를 심음이다)로 쓸 수도 있다. 만약 가정이라는 종속절이 사용된 결과절에 가정적 상이나 추측적인 상을 나타내려고 한다면 어떻게 해야 할까?

① 남에게 원한을 맺는 것은 화를 심음이라고 이른다.

② 남에게 원한을 맺는다면 화를 심음이라고 이른다.

③ 남에게 원한을 맺는다면 화를 심는다고 일러지는 것이다.

②에 비하여 ③이 가정적인 어기를 분명히 드러내고, 또한 강조적인 어기도 담고 있다. 이러한 어기를 한문에서 표현하려 한다면 어떻게 해야 할까? 바로 본문 그대로 結怨於人 謂之種禍나 結怨於人 可以(之)謂種禍가 될 것이다. 따라서 之는 상조사로 사용된 것이다.

曰과 云의 관계에 있어 曰 뒤에는 목적어 대명사 之가 출현하지 않고 대신 云이 사용된다는 견해가 있다. 그래서 曰은 직접 인용문을, 云은 보어를 취하는 형식의 간접 인용문을 이끄는 것이다. 이것은 於之 대신에 焉이, 如之 대신에 然이 사용되는 것과 같은 경우이다.

그렇다면 여기서 之가 나타내는 것은 무엇일까? 기본적으로 고대 한인들의 발음과 연관이 있는 것이며, 특히 여기에서 之가 분명한 목적어 대명사로의 기능이 상실된(혹은 문법적 용도가 분화되기 이전의) 그러한 형태일 것이다. 그리고 그것은 분명 어떤 '상'을 나타내는 것이다.

여기까지의 설명을 요약하자면,

1. 기존 문법

焉 : 於(개사. ~에서, ~에 대하여)之(목적어 대체사. 그것을)의 합

然 : 如(개사. ~와 같다)之(목적어 대체사. 그것을)의 합

2. 이 책

焉 : 於(어기사로서의 '오')之(상조사로서의 지시사)의 합

然 : 如(어기사. 부사어로 사용되기도 한다)之(상조사로서의 지시사)

문법구조적인 면에서 보면 한문에서 목적어와 보어는 별 차이가 없다. 그러한 목적어와 보어 중간 정도의, 혹은 그 둘을 합친 어떤 어기를 나타내는 것이기 때문일 것이다. 현대 한국어에서의 목적어 대명사 '그것을'과 보어를 이끄는 '~라는/라고/이라는' 등의 어기가 합쳐진 것일 수도 있다.

고대의 어떤 문법적 용도의 '음'이 현대로 오면서 세분화되어 각각 고유의 의미를 지니게 되는 진화과정 이전의 '상'인 것이다. 언어에 있어서 서법에 대한 상의 정의는 완벽하지 못한데, 이는 '상'에 대한 표현과 기능은 논리 이전의 태초적인 면이 있기 때문이다.

이해를 높이기 위하여 다른 관점으로 설명하자면, 한국어에서의 시제와 상에 관련된 조사나 어미활용의 기원은 얼마나 되는 것일까? 천 년 전에도 현재와 동일한 형태로 사용되고 있었던 것일까? 한 예로 주격조사 중에 '가'가 사용된 것은 불과 500년이 넘지 않는다고 한다. 본래는 주격조사로 '이'만 사용되다가 어느 순간부터 '가'가 사용되기 시작했고, 점점 발음상의 분화를 일으켜 '이'는 자음 뒤에, '가'는

모음 뒤에 사용되는 것으로 고정되었다고 한다.

그러면 다른 시제와 상에 관련되는 모든 조사와 어미 활용들의 기원은 알 수 없는 것이겠지만, 수 천 년 전의 모습은 지금과는 전혀 다른 것이며, 또한 그 수가 훨씬 적은 것이 분명하다 할 것이다. 수가 적다는 것은 새로운 형태가 생겨났다는 말이 아니라 기존의 어떤 '음'에서 분화되어 왔다는 말이다. 한문 문장에 자주 등장하는 허사들의 기원은 대부분 3천년을 넘는다는 것이며, 그 유구한 시간을 형태적으로나 소리로나 별다른 변화없이 이어지고 있는 것이다.

한문에 대한 현대문법적 적용은 완전할 수 없는 것이며, 최대한 근접한 문법적 분석을 하고 나서 나머지 것은 감성적으로 받아들일 수밖에 없다. 이는 비단 한문이라는 고대 언어에만 해당되는 사항은 아니다. 그리고 그 감성은 반복에 의한 데이터베이스에서 오는 것이다.

만약 영어의 학습체계, 교육 시스템이라는 조건이 없다면, 또는 한문의 교육 시스템이 충분히 개발되었다면 한국 사람은 영어보다 한문을 더 쉽게 익힐 수 있을 것이다.

若聽一面說 便見相離別.

약청일면설 변견상리별

만약 한쪽의 말만을 듣는다면 문득 서로 멀어짐을 당한다.

풀이

便見相離別 문득 서로 헤어짐을 당하다

便 : 문득, 별안간

見은 피동사로서 '당하다, 받다' 등의 뜻이다.

飽煖 思淫慾. 飢寒 發道心.

포난 사음욕 기한 발도심

배부르고 따뜻하면 음욕을 생각하고,
주리고 추우면 도심을 발하게 된다."

풀이

댓구를 이루는 두 문장이다.

飽暖(가정절-종속절)思淫慾(결과절-주절)

疏廣 曰 賢而多財則損其志 愚而多財則益其過.

소광 왈 현이다재즉손기지 우이다재즉익기과

소광이 "어진 사람이면서 재물이 많아지게 되면 그 뜻이 덜어지고, 어리석은 사람이면서 재물이 많아지게 되면 그 허물을 더한다"라고 말하였다.

풀이

多財 재물이 많아지게 되다

형용사(한문에서 형용사란 일종의 자동사이다)가 목적어를 취하여 사역형으로 전성된 형태이다.

人貧智短 福至心靈.

인빈지단 복지심령

사람이 가난해지면 지혜가 짧아지고,
복이 이르면 마음이 영롱해진다."

풀이

人(주어)貧(술어)+智(주어)短(술어)의 어순이다.

〔가정절+결과절〕 형태의 두 문장이 댓구를 이루고 있다.

不經一事 不長一智.

불경일사 불장일지

"한 가지 일을 경험하지 않으면 한 가지 지혜가 자라지 않는다."

풀이

不 A 不 B A하지 않으면, B할 수 없다

관용격식으로 A는 원인이나 가정을, B는 그에 따른 결과를 나타낸다. 不은 한문 문장에서 종종 단순한 부정이 아니라 가정의 어기를 담고 있는데, 왜 이러한 구문이 'A도 아니고, B도 아니다'가 아닌 가정에 따른 결과의 구문을 이루어내는지는 구체적으로 밝힐 수 없다. 관용격식인 면도 있지만 不이 가정과 조건의 어기를 담을 때 성조상의 변화를 가졌을 수도 있다.

현대 한국어에서도 不의 기본음은 '불'이며, 다음 글자의 초성이 ㄷ, ㅈ 일 경우에는 '부'로 발음되고 있다. 不之의 합으로 弗이 사용되는데 이러한 상관관계에 대해서는 더 많은 고찰이 필요하다.

유사한 구문으로는 '非 A(명사) 不 B, 不 A 無 B, 無 A 不 B' 등이 있다. 모두 같은 뜻이다.

是非終日有 不聽自然無.

시비종일유 불청자연무

"시비가 종일 있더라도 듣지 않으면 자연히 없어진다."

풀이

終 '결국, 마치다' 외에 '내내, 계속, 처음부터 끝까지' 등의 어기를 담고 있다. 모두가 어원적으로 같은 말이다. 즉, 일정 구간 전체를 함의하고 있는 '마치다'의 의미이다.

來說是非者 便是是非人.

래설시비자 변시시비인

"와서 시비를 말하는 경우라면 곧 이것이 시비의 사람이다."

풀이

來說是非者 와서 시비를 말하는 것

者가 '~것'의 지시성 의존명사로 사용되었다. 者는 한국어의 사람과 사물을 모두 표현할 수 있는 의존명사 '것'을 의미하지만, 이 구문에서는 사람을 나타내는 것이 아니다. 여기서의 者는 어떤 경우나 상황을 나타내는 한국어의 '때'에 해당하며, 이 구문은 부사어로 사용되었다. 다음에 사용된 '곧' 의 의미를 담고 있는 便은 주어(명사나 명사구) 다음에는 거의 사용되지 않는다. 주어로 사용된 명사나 명사구 뒤에는 일반적으로 則이 온다.

한국어에서도 어떤 경우나 상황을 나타내는 '때' 에는 부사격 조사인 '~에' 보다는 '~한 때' 가 명사구처럼 사용되기도 하는데, 이것은 생략이기도 하겠지만 일종의 융합현상이다. '때에' 가 '때' 로 융합되어 버리는 것이다. 이것은 한문에서 목적어(혹은 보어)가 문두로 전치되면서 형식적으로는 주어의 위치를 확보하면서 의미적으로는 부사어로 사용될 때 문두의 於가 생략되는 것과 유사한 현상이다.(한문과 한국어는 때때로 유사한 진화현상을 보인다)

또한 '시간(경우나 상황)의 의미로 사용된 也에는 개사가 사용되지 않는다' 라는 기존 한문 문법 정의와도 일맥상통하는 것이기도 하다. 즉 여기서의 者는 之也의 합인 것이다. 이 문장은 다음과 같이 바꿀 수 있다.

① 是非人則來說(於)是非(也)

이 문장은 다시 ② 來說是非之也便是是非人로 바뀌고, 가정적인 상황을 이끌어 내는 之也(그러한 때)가 사용됨으로 於는 제거되고, 문두의 명사나 명사구를 강조하는 則은 便으로 바뀐다.

之也가 者로 축약되어, 본문처럼 ③ 來說是非者 便是是非人로 변형되는 것이다.

便是에서 是는 부사성 대명사로 此와는 다르다. 풀이과정에서 모두 '이것' 으로 되지만, 此는 명사 성분을 재지시하는 용도로 사용되며, 是는 그렇지 않다. 是는 '곧, 바로' 등과 같은 부사적 어기를 나타내는 반면 此는 대명사로만 사용된다. 來說是非者가 '와서 시비를 말하는 사람' 의 명사구로 사용되었다면 便是는 則此로 바뀌어야 한다. 즉 재지시의 용법으로 사용될 경우 是는 경우나 상황에 대한 지시사(부사성 대명사)이며, 此는 명사 성분의 지시사인 것이다.

擊壤詩 云 平生 不作皺眉事 世上 應無切齒人. 大名 豈有鐫頑石. 路上行人口勝碑.

격양시 운 평생 불작추미사 세상 응무절치인 대명 기유전완석 로상행인구승비

「격양시」에 이렇게 이른다.
"평생에 눈썹을 찡그릴 일을 일으키지 않으면 세상에는 당연히 이를 갈 사람이 없을 것이다. 대명이 어찌 또 완석에 새겨지겠는가? 노상 행인의 입이 비석보다 낫다.

풀이

應無切齒人 당연히 이를 갈 사람이 없을 것이다

應은 흔히 부사로서 '당연히'로 풀이된다. 하지만 한문에 대한 현대 문법적인 분석에는 항상 한계가 있음을 염두에 두어야 한다. 이 구문은 '應(부사 : 당연히)無(타동사 : ~를 가지지 않다)切齒人(목적어)', '應(부사)無(자동사 : ~이/가 없다)切齒人(보어)', '應(자동사 : ~이/가 당연하다)無切齒人(보어)'로도 풀이할 수 있다.

이중에서 한국어 풀이과정의 가장 적절한 분석에 따른다면, 그것은 어디까지나 한문에 대한 한국어로의 적용일 뿐이다. 다른 언어에서는 다른 더 적절한 분석이 생기게 마련이다. 그러나 한 가지 분명한 것은 應에는 '상'(당연 외에도 추측의 상이 있다)을 담고 있다는 것이며, 그에 맞춘 풀이가 요구된다.

大名 큰 이름(명성), 널리 소문난 이름, 高名

頑石 완고한 돌, 둔한 돌

모양이 반듯하지 못한 돌은 의미한다.

豈有鐫頑石 어찌 또 완석에 새겨지겠는가

豈는 '어찌'의 의미로 강한 반문 어기를 나타내며, 뒤의 有와 호응하여 항상 부정적인 대답을 요구하는 수사의문문에 사용된다.

有는 '또'의 의미로 강조의 어기를 나타낸다. 豈其도 '어찌~하겠는가?'로 유사한 어기를 나타내는데, 여기서 其는 상조사로서 '그렇게, 당연히, 그토록' 등의 어기를 내포한다고 볼 수 있다. 이 구문에서의 有는 분명한 의미로서의 '또'가 아니라 강조의 어기를 나타내는 것이다. 有가 나타내는 의미들로는 '또, 또는, 어떤, 때로는, 혹' 등이며, 其가 나타내는 의미들로는 '그것, 그의, 그렇게, 마땅히, 반드시, 당연히' 등이다.

이러한 有, 其, 是, 之 같은 지시적 부사어들은 모두 상을 나타내는데 사용된다.

한국어 표현 중에 '저기 놀랬다'라고 있는데, 여기서 '저기'는 '적다'에서 파생된 것이다. 그런데 왜 '적다'에서 파생된 단어가 그 반대 의미인 '많다'로, 그것도 '상당히 많다'로 사용되는지 의문이라는 것이 현대 한국어 문법상의 일반적인 견해이다.

어쩌면 고대 한국어 표현에 '많다'와 '적다'가 분화되지 않고 동질의 음가로 혼용되다가 점차 진화되어 현재의 '많다'와 '적다'로 굳어진 것이라고 가정할 수도 있다. 곧 '저기'라는 표현은 현대인들의 맹장처럼 진화되지 않고 남아 있는 것일 수도 있다.

또 다르게, '저기'가 말 그대로 지시적인 부사, 즉 부사성 대명사일 수도 있다. 한문에서 有, 其, 是, 之와 같은 지시적 언어들이 모두 강조의 상을 나타내는 것과 같이 '저기'란 '어떤 곳, 무엇이라고 형용할 수 없지만 어떤, (양에 대한 감각을 받아들이는 두뇌나 마음의 어떤)

저기 그곳' 이란 지시적 형용이 강조의 상을 띠게 되어 '저기'가 '많다'로 받아들여지는 것일 수도 있다. 즉 고대 이 땅의 사람들의 음성기호가 채 진화되지 않고 그대로 남게 된 것일 수도 있다.

有, 其, 是, 之와 같은(현대 한문의 문법으로는 허사) 글자들을 이에 대응되는 한국어의 어떤 단어로 전환시키고, 각 문장마다 적용되는 의미를 찾아내어 풀이한다는 것은 논리적인 방법이고, 또 한문이 생활어로서 사라진 현재 상황으로서는 또 어쩔 수 없는 방법이긴 하지만, 한문이 가지는 태초성으로 인하여 결국 난관에 부딪히고 만다.

물론 한문을 처음 접하는 사람이 이러한 태초성을 받아들이기란 어려운 것이지만, 학습과정에서 허사들에 대한 기원을 항상 염두에 두어야 할 것이다. 그러한 식의 반복 학습은 일종의 삼투압 작용을 일으켜 어느새 직관적인 눈이 생겨나는 것이다.

口勝碑 입이 비석보다 낫다

勝은 '~에 이기다, ~보다 낫다'의 의미이다. 비교급 혹은 위치 · 장소의 보어를 이끄는 개사 於가 생략된(於碑) 형태이다. 於는 모든 경우에 생략이 가능하지만, 시간이나 상황을 나타내는 구문(부사구나 부사절) 앞에는 사용되지 않는다. 즉, 생략된 於는 문두로 전치될 경우에 나타나거나, 혹은 종결사 焉(於之의 축약)으로 나타나지만 시간적인 상황(때)을 내포하는 어기의 부사구나 부사절의 경우에는 전치되더라도 나타나지 않는다.

有麝自然香 何必當風立.

유사자연향 하필당풍립

사향을 지녔다면 자연히 향기가 나는데,
어찌 바람을 맞아하여 설 필요가 있겠는가?

풀이

何必當風立 어찌 바람을 맞아하여 설 필요가 있겠는가

何必은 '어찌 반드시 ~한가, ~할 필요가 있는가' 의 의미이다.

當 : 맞이하다, 맞아들이다

有福莫享盡. 福盡身貧窮. 有勢莫使盡. 勢盡寃相逢. 福兮常自惜 勢兮常自恭. 人生驕與侈 有始多無終.

유복막향진 복진신빈궁 유세막사진 세진원상봉 복혜항자석 세혜항자공 인생교여치 유시다무종

복이 있다고 해서 다 누리지는 말 것이다. 복이 다하면 몸이 빈궁해진다. 세력이 있다고 해서 다 부리지는 말 것이다. 세력이 다하면 원수와 서로 만난다. 복이라면 항상 스스로 아끼고, 세력이라면 항상 스스로 공손하라. 인생의 교만과 사치는 처음은 있지만 대부분 끝은 없다."

풀이

寃 원수(怨讐)

'원통함' 의 의미도 있다. 〔예〕 寃罪－억울하게 쓴 죄

福兮常自惜 복이라면 항상 스스로 아껴라

兮는 일반적으로 어음조사라고 정의한다. 시가 등의 문장에 자주 등장한다. 어기를 고조시키는 역할을 한다. 고대 방언으로부터 나온 것이며, 또한 접속사적인 성격이 강하다. 주로 명사나 명사구를 받는 휴지어기사 者나 也와는 조금 다르다. 여기에서는 福을 하나의 절로 풀이하였다.

多 대부분, 흔히, 자주, 대체로

王參政 四留銘 曰 留有餘不盡之巧以還造物. 留有餘不盡之祿以還朝廷. 留有餘不盡之財以還百姓. 留有餘不盡之福以還子孫.

왕참정 사유명 왈 유유여불진지교이환조물 유유여불진지록이환조정 유유여불진지재이환백성 유유여불진지복이환자손

왕참정의 「사유명」에 이렇게 이른다.

"넉넉히 다하지 않은 재주를 남김으로써 조물주에게 돌려주고,
넉넉히 다하지 않은 녹을 남김으로써 조정에 돌려주고,
넉넉히 다하지 않은 재물을 남김으로써 백성에게 돌려주고,
넉넉히 다하지 않은 복을 남김으로써 자손에게 돌려준다.

풀이

留有餘不盡之巧以還造物 넉넉히 다하지 않은 재주를 남김으로써 조물주에게 돌려주다

有餘 : 남음이 있음, 여유가 있음

以는 대용어이다. 대용어란 대체사와 비슷하나 반드시 앞에 나온 말을 재지시하는 면에서 대체사와는 다르다. 以 뒤에는 之가 융합(생략)된 형태로 이 之는 앞절 전체를 지시한다. 以는 한국어의 '써'에 해당한다. 한국어의 '으로써'는 자격격 조사 '으로서'와는 다른 것으로 수단을 나타내는 '으로'에 '써'가 결합된 형태로 '~을 써서, ~을 가지고'의 축약형태이다. 즉, '재주를 남김으로써 조물주에게'는 '재주를 남김(그것)을 써서 조물주에게'와 동일하다.

이는 한문에도 그대로 적용이 되는데, '留~以(之)還造物'는 '~을 남기고 (그것을) 써서 조물주에게 돌려주다'가 된다. 이러한 한국어와

한문의 거의 동일한 진화는 종종 발견된다. 대부분의 자전에서 以는 '써 이' 로 훈과 음을 달고 있다.

黃金千兩 未爲貴. 得人一語 勝千金.

황금천량 미위귀 득인일어 승천금

황금 천냥이 가장 귀한 것만은 아니며,
사람의 한 마디 말을 얻는 것이 천금보다 낫다.

풀이

未爲貴 가장 귀한 것만은 아니다

未는 상부정사이다. 여기서의 상은 '긍정' 과 '한정' 이다. '귀하기는 하지만' 정도의 어기를 내포하고 있는 것이다.

爲는 최상급을 이끄는 개사로 사용되었다.(爲+형용사=최상급) 만약 이 구문을 不爲貴로 한다면 '가장 귀하지 않다' 로 풀이된다.

一語 한 마디 말

진심에서 우러나오는 예찬을 의미한다.

巧者 拙之奴. 苦者 樂之母.

교자 졸지노 고자 락지모

교묘함이란 것은 고졸함의 종이요,
고통이란 것은 즐거움의 어미이다.

풀이

拙 고졸(古拙)

기교가 없고 서툴러 보이나 고아(古雅)한 멋이 있음.

小船 難堪重載. 深逕 不宜獨行.

소선 난감중재 심경 불의독행

작은 배는 무거운 짐을 감당하기 어렵고,
깊은 길은 홀로 다니기에 마땅치 않다.

풀이

堪 견디다, 감당하다

不宜 옳지 않다, 마땅치 않다

黃金未是貴. 安樂值錢多.

황금미시귀 안락치전다

황금이 곧 귀한 것만은 아니며, 안락의 가치가 많다.

풀이

是 바로, 곧, 꼭 등의 어기를 나타낸다. 부사성 대명사이다.

值錢 값어치가 나감, 값어치

安樂值錢多 안락의 가치가 많다

여기서 安樂과 值錢의 관계는 수식관계이다. 安樂多值錢이라고 한다면 值錢은 형용사 多의 보어로 '안락이 가치가 많다'로 풀이된다.

在家 不會邀賓客. 出外 方知少主人.

재가 불회요빈객 출외 방지소주인

집에 있을 때 마땅하게 손님을 맞이하지 않으면
밖에 나와서야 비로소 주인이 적게 되었음을 알 것이다.

풀이

不會邀賓客 마땅하게 손님을 맞이하지 않는다

會는 동사 앞에서 조동사로 사용되어 '~일 것이다, 당연하게 ~하다' 의 의미로 사용되며, 부사로서는 '꼭, 때마침, 반드시' 등의 의미이다. 여기서는 조동사로 사용되었다.

方 부사로 '비로소' 의 의미로 사용되었다.

少主人 주인이 적게 되다

형용사가 목적어를 취하여 사역형으로 사용된 형태이다.

主人은 숙박이 요구되는 출타에서 남의 집에 기거하게 되었을 때의 그 집주인을 말한다. 즉, 출타 시에 숙박을 의뢰할 집의 주인을 적게 만들었다는 뜻이다.

貧居鬧市無相識. 富住深山有遠親.

빈거뇨시무상식 부주심산유원친

가난하면 번잡한 시장에서 살아도 서로 아는 사람이 없고,
부자면 깊은 산속에 살아도 멀리서 찾아오는 친지가 있다.

풀이

貧居鬧市 가난하면 번잡한 시장에서 살아도

이 구문은 두 절이 결합한 형태로 풀이했다.(貧+居鬧市) 하지만 또 다르게 貧(부사어)居(술어)鬧市(보어)로 하여 '번잡한 시장에서 가난하게 살다' 로 풀이할 수도 있다.

人義 盡從貧處斷. 世情 便向有錢家.

인의 진종빈처단 세정 변향유전가

사람의 의리는 모두 가난한 것을 따라서 끊어지고,
세상의 실정은 문득 돈 있는 집으로 향한다.

풀이

人義 사람의 의리

人이 義의 관형어로 사용되었다. '人之義' 와 동일한데, 이러한 속격 조사 '之' 의 생략에 대해서는 아직 명확한 논증이 없다.

'記之人' 이라고 한다면, '기록하는 사람 일반' 의 의미로서 하나의 특징적인 활동분야(직업)의 의미를 담게 되고, 記者로 축약되어 집합명사로도 사용된다. 반면 '記人' 이라고 한다면, '기록하고 있는 사람' 의 의미로 어떤 사람의 한 행동에 대한 묘사의 의미를 가진다.

이럴 경우 '之' 의 사용과 생략에는 분명한 한계가 있다. 곧 본문에서처럼 '명사+명사' 사이 '之' 의 경우에는 사용됨으로써 명사구인 점을 분명히 해 주는 것을 제외하고는 생략의 한계가 불분명하다. 한국어에서의 속격조사 '의' 도 거의 동일하다.

寧塞無底缸 難塞鼻下橫.

녕색무저항 난색비하횡

차라리 밑 없는 항아리를 막더라도 코 아래의 가로는 막기 어렵다.

풀이

寧 차라리~하더라도/할지라도
양보접속사이다.

鼻下橫 코 아래의 가로
입〔口〕을 말한다.

人情 皆爲窘中疎.

인정 개위군중소

인정은 모두 가난에 의하여 성기어지게 된다."

풀이

皆爲窘中疎 모두 군색함을 따라서 성기어지게 된다
爲는 개사로서 원인을 나타낸다. '~에 의해서, ~때문에, ~따라'의 뜻이다.

人情 皆疎於窘中 본문에 비하여 훨씬 정형적인 형태이다. 다시 문장을 바꾸어, 人情 爲窘中疎. 이때의 爲는 계사(이다)로 분석될 수도 있다. 즉 窘中疎를 하나의 명사구로 볼 수도 있다. '군색으로 성기어짐이다.'

다시, 人情 爲窘中疎也(인정은 군색함 때문에 소원해지는 것이다)는 爲~也(때문인 것이다) 형태이다.

이 문장에서 주목해야 하는 것은 皆라는 부사어이다. '가난함을 따라(때문에) 성기어진다' 는 것은 증명된 논증이 아니다. 그렇다고 단순 추측이나 가정으로 표현하기엔 어색한 내용이다.(만인이 공감하는 심정적인 진실) 이 皆와 爲가 어우러져 별도의 어기를 만들어 내는 것이다. 물론 본문을 '가난에 의하여 소원해진다' 로 풀이할 수도 있다. 하지만 보다 정형적인 문형을 두고, 또 人情이라는 구체적인 항목을 나열할 수 없는 감성적인 단어에 皆라는 수적인 총합을 의미하는 부사를 사용한 것은(皆 없이도 문의에 변화는 생기지 않는다) 어떤 독특한 어기를 의도적으로 나타내기 위함인 것이다. 한국어에서 '다 그렇고 그렇지 뭐' 라고 표현했을 때, '다' 가 지시하는 것은 앞에 나왔던 다수의 항목만은 아닌 것이다. 어떤 하나의 기대나 희망이 어그러졌을 때 상대방에 대한 위로나 자조적인 혼잣말로 사용하는 것이다.

본문에서 皆가 표면적으로 지칭하는 것은 人情이라는 하나의 항목이다. (세부적인 조목을 가질 수도 있지만 구체적인 조목은 아닌) '다' 인 것이다. 그리고 여기에 爲라는 동작상과 시제와 관련된 단어를 사용하여 둘을 호응시킨 형태의 문장이다. 그리고 이 둘, 추측의 상(다, 皆)과 진행의 시제(爲)가 어우러져 '모두 ~하게 되다/되는 것이다/될 것이다' 라는 추측의 미래진행형 문장을 만들어 내는 것이다.

한국어에서 미래시제가 때로는 보다 생생한 현실을 만들어 내기도 한다. 이 역시 한문과 한국어가 가지는 동일한 특성의 하나이다.

史記 曰 郊天禮廟 非酒不享. 君臣朋友 非酒不義. 鬪爭相和 非酒不勸. 故 酒有成敗而不可泛飮之.

사기 왈 교천예묘 비주불향 군신붕우 비주불의 투쟁상화 비주불권 고 주유성패이불가범음지

『사기』에 이렇게 이른다.

"하늘에 제사 지내고 사당에 차례 올림에 술이 아니면 흠향하지 않으며, 군신붕우도 술이 아니면 의로워지지 않으며, 싸움을 하고 서로 화합을 하는 데에 술이 아니면 권하지 않는다. 그러므로 술에는 성공과 실패가 있는 것이니 함부로 마실 수 없다는 것이다."

풀이

郊天 하늘에 제사 지내다

郊는 郊祭로 하늘과 땅에 지내는 제사이다.

〔예〕 郊祭—천지(天地)에의 제사. 동지(冬至)에는 남교(南郊)에서 하늘에 제사지내고, 하지(夏至)에는 북교(北郊)에서 땅에 제사지냄.

非酒不享 술이 아니면 흠향하지 않는다

'非A不B—A가 아니면 B 않는다' 의 구문이다.

享은 '흠향(歆饗)하다.' 귀신이 제사 음식의 기를 마시는 것을 말함.

不可泛飮之 함부로 마실 수 없다는 것이다

之는 강조의 상조사로 사용되었다.

子曰 士志於道而恥惡衣惡食者 未足與議也.

자 왈 사지어도이치악의악식자 미족여의야

선생께서 "선비가 도에 뜻을 두고서 나쁜 옷과 나쁜 음식을 부끄럽게 여기는 것은 더불어 의논할 가치가 없다"라고 말하였다.

풀이

惡衣 나쁜 옷

惡 : [악]－나쁘다/[오]－미워하다

者 한국어의 의존명사 '것' 에 해당하며, 어떤 경우나 상황을 나타내는데 사용되었다. 之也의 합으로 직역하면 '그러한 때(경우/상황)' 이다.

未足 ～하기에 부족하다, ～할 가치가 없다

荀子 曰 士有妬友則賢交不親 君有妬臣則賢人不至.

순자 왈 사유투우즉현교불친 군유투신즉현인불지

순자가 "선비가 벗을 투기하는 경우라면 어진 벗이 가까이 하지 않으며, 임금이 신하를 투기하는 경우라면 어진 사람이 오지 않는다"라고 말하였다.

풀이

士有妬友 선비가 벗을 투기하는 경우가 있다

有가 부사어로 사용되었다. '어떤' 이나 '때로는' 을 의미하며 포괄과 한정의 개념으로 상황을 이끌어 내는데 사용된다. 'A有B者' 구문은 'A 중에 (어떤) B 하는 경우' 로 풀이된다. 즉 이 有는 '~하는 경우가 있다, 때로는 ~한다' 등의 의미로 사용된다. 흔히 '지언정' 으로 풀이하는 有도 이와 같은 것이다.

故君子有不戰 戰必勝矣(『맹자』「공손추」하)-그러므로 군자는 싸우지 않을지언정 싸우면 반드시 이긴다 → 그러므로 군자는 때로는 싸우지 않는 경우가 있지만 싸우면 반드시 이긴다.

이 때의 有는 或과 유사하지만, 或은 접속사이고 有에는 접속사적인 용도는 없다. 예문에서 후행절을 생략해도 독립된 문장이 성립되지만, 有 대신 或을 사용하면 달라진다. 한국어의 '~할지언정' 은 양보접속사이다. 士有를 '어떤 선비' 로 풀이할 수도 있다.

〔예〕 有가 동사로 사용되어 주어가 사람일 경우, 한문에서는 '가지고 있다' 의 의미로 사용된다. 동사로 풀이하면 '선비가 투기하는 벗을 가지고 있다' 의 의미가 되어 전혀 다른 문장이 된다.

天不生無祿之人. 地不長無名之草.

천불생무록지인 지불장무명지초

"하늘은 녹이 없는 사람을 내지 않고,
땅은 이름 없는 풀을 기르지 않는다."

풀이

不은 동사 生의 부정사, 非는 명사의 부정사로 사용된다.

無祿之人 녹이 없는 사람

여기서의 無는 형용사이며, 祿은 보어이다. 無祿이 人을 수식하고 있으며, 그 사이에 속격조사 之가 삽입되어 있다.

大富 由天. 小富 由勤.

대부 유천 소부 유근

"큰 부자는 하늘에 의하고, 작은 부자는 근면함에 의한다."

풀이

由 ~에 의하다, ~로 말미암다, 까닭, 이유, 때문

成家之兒 惜糞如金. 敗家之兒 用金如糞.

성가지아 석분여금 패가지아 용금여분

"집을 이룰 아이는 거름 아끼기를 마치 금과 같이 하고,
집을 망칠 아이는 금 쓰기를 마치 거름같이 한다."

풀이

成家 ① 따로 한 집을 이룸 ② 학문이나 기술이 뛰어나 한 파나 체계를 이룸 ③ 결혼함 ④ 부자가 됨.

여기서는 ④의 뜻이다.

成家之兒 집을 이룰 자식

成家가 兒의 수식어로 사용되고, 그 사이에 之가 표기되어 있다.

康節邵先生 曰 閑居 愼勿說無妨. 纔說無妨便有妨. 爽口勿多能作疾. 快心事過必有殃. 與其病後能服藥 不若病前能自防.

강절소선생 왈 한거 신물설무방 재설무방변유방 상구물다능작질 쾌심사과필유앙 여기병후능복약 불약병전능자방

강절 소선생이 "한가하게 지냄에 삼가 걱정꺼리가 없다고 말하지 말라. 막 걱정이 없다고 말하면 곧 걱정이 있게 된다. 입에 상쾌하다고 많이 먹지 말라. 오히려 병을 일으키게 된다. 마음에 통쾌한 일이라 과도히 하면 반드시 재앙이 있을 것이다. 병난 후에 약을 복용하려는 것보다는 병나기 전에 스스로 방비하려는 것만 못하다"라고 말하였다.

풀이

閑居 愼勿說無妨 한가하게 지냄에 삼가 걱정꺼리가 없다고 말하지 말라

閑居는 부사절이다. 그리고 다음 절에 바로 부사 愼(삼가, 조심스레, 신중히)이 이어진다. 愼은 문장부사로 동사 說을 수식하거나 제한하는 게 아니라 다음에 이어지는 전체 문장을 한정하는 용도이다.

이 문장은 한국어로 풀이하는 과정에서 閑居가 부사절로 되지만, 한문 자체의 시각으로 본다면 완전히 독립된 두 문장인 것이다. '한가하게 지내다. 삼가 걱정꺼리가 없다고 말하지 말라' 가 된다.

고대 한어의 기본은 단문의 연속이다. 모든 고대 언어가 이와 동일할 것이다. 한문은 조사나 어미의 활용이 없는 고립어이므로 이러한 절과 절의 연속이나 접속사로 사용된 동일한 문자의 연접, 역접 등의

다양한 표현은 문장 전체의 고저장단으로 나타냈었을 수도 있다.

纔 겨우, 방금, 막 ~하자마자

便 문득, 곧, 바로

爽口勿多能作疾 입에 상쾌하다고 많이 먹지 말라. 오히려 병을 일으키게 될 것이다

能은 '~하게 될 것이다'의 의미로 사용되어 일이나 상황의 발생에 당위성을 부여한다. 영어의 can과 비슷하나 이 문장에서는 의지적이고 인위적인 어기를 띠는 것은 아니다.

與其 A, 不若 B 'A하는 것이 B하는 것만 못하다, A하기보다는 차라리 B하는 것이 낫다'의 뜻이다. 선택접속사이다. 이 문장에서 與는 '~보다'의 의미로 비교급을 나타낸다. 其는 양상조사로 '차라리'와 같은 양보적 선택의 어기를 나타낸다. 與其를 각각 분리하여 한국어에 대응시킬 수 있는 개념은 없다. 둘 다 어기의 상조사로서 문장마다 한국어로의 적합한 대응 의미가 달라지기 때문이다.

與其 A, 不如 B

A 孰如 B－'A가 어찌 B만 하겠는가?' 孰이 의문부사로 如와 호응하여 반문의 수사의문문을 만들어 내고 있다.

梓童帝君 垂訓 曰 妙藥 難醫冤債病. 橫財 不富命窮人. 生事事生 君莫怨. 害人人害 汝休嗔. 天地自然皆有報. 遠在兒孫近在身.

재동제군 수훈 왈 묘약 난의원책병 횡재 불부명궁인 생사사생 군막원 해인인해 여휴진 천지자연개유보 원재아손근재신

재동제군 수훈에 이렇게 이른다.

"신묘한 약도 원한과 빚의 병은 고치기 어렵다. 뜻밖에 얻은 재물도 운수가 다한 사람을 부자되게 하지 못한다. 일을 만들어서 일이 생겨남에 그대는 원망하지 말 것이다. 남을 해쳐서 남이 해침에 그대는 진노함을 그만둬라. 천지자연은 모두 갚음이 있다. 멀면 자식과 자손에게 있고, 가까우면 자신에게 있다.

풀이

橫財 뜻밖의 재물

橫은 본래 '가로'의 뜻이나 '뜻밖의', 혹은 '자기마음대로'의 의미를 지니게 되었다. 사람의 시각에서 볼 때 세로가 기본인데 반하여 생겨난 개념이다.(예 : 橫行－기존의 질서를 무시하고 마음대로 행함)

窮人 궁한 사람, 가난한 사람, 의지할 데 없는 사람, 운수가 다한 사람

生事事生 일을 만들어서 일이 생기다

[生(술)事(목)][事(주)生(술)]의 구조이다.

汝休嗔 그대는 진노함을 그만두어라

汝는 가장 일반적인 2인칭 대명사라고 할 수 있다. 남자가 자신의 여자를 女라고 부르는데서 2인칭의 개념이 생겨나온 문자이다.

休 : 금지사로서 '~하지 말라, ~그만두어라' 등의 뜻이다. 본래의 의미는 '멈추다, 그치다' 이다.

花落花開 開又落. 錦衣布衣更換着.
豪家未必常富貴. 貧家未必長寂寞.
扶人未必上青霄. 推人未必塡溝壑.
勸君 凡事莫怨天. 天意於人 無厚薄.

화락화개 개우락 금의포의갱환착 호가미필상부귀 빈가미필장적막 부인미필상청소 추인미필진구학 권군 범사막원천 천의어인 무후박

꽃은 지고 꽃은 피고, 피고 또 진다. 비단옷과 베옷은 고쳐서 바뀌어 입어진다. 호가가 반드시 항상 부귀로운 것은 아니며, 빈가가 반드시 오래도록 적막한 것은 아니다. 사람을 도운다고 해서 반드시 푸른 하늘에 오르는 것은 아니며, 사람을 밀어뜨린다고 해서 반드시 도랑에 굴러 떨어지는 것은 아니다. 그대에게 권하노니 모든 일에 하늘을 원망하지 말 것이다. 사람에 대한 하늘의 뜻은 후함과 박함이 없다.

풀이

豪家 큰 부자

豪에 '크다, 호화롭다' 의 의미가 있다.

未必 반드시 ~것은 아니다

부분부정으로 未는 '제한' 의 어기를 띠는 상부정사이다. 그러나 未의 상은 일정한 것은 아니다. 때로 '아직' 과 같은 현재미완의 시제를 띠기도 하는 반면, 정반대의 의미인 '결코' 와 같은 단정적인 상으로 현재완료의 어기를 함의하기도 한다. 그것은 독자적으로 그러한 상과 시제를 나타내는 것이 아니라 다른 단어와의 호응에 의하여 생겨나는 것이다.

한국어로 ① '반드시 ~가 아니다' ② '반드시 ~는 아니다' 에서 ①은 절대부정에 가까운 어기를 띠는 반면 ②는 부분부정의 어기를 띤다. 그것은 특수조사 '은/는' 에서 나오는 것이다. 따라서 '은/는' 은 '약화' 라는 상조사로 사용된 것이기도 하다. ③ '반드시 ~한 것은 아니다' 는 ②에 비하여 더욱 분명하게 제한함으로써 한정적인 부정의 어기를 나타낸다. 본문에서의 未와 必이 서로 호응하여 그런 '강조' 와 '제한' 적인 상의 어기를 나타내는 것이다.

〔예〕 不必(반드시 ~아니다), 不必不(반드시 ~가 아닌 것은 아니다)

上靑霄 푸른 하늘에 오르다

上은 동사로 '오르다' 의 뜻이다.

溝壑 도랑과 골짜기

莫怨天 하늘을 원망하지 말 것이다

莫은 강조의 상부정사(금지사)이다.

〔예〕 勿怨天－하늘을 원망하지 말라

堪歎人心毒似蛇. 誰知天眼轉如車.
去年妄取東隣物 今日還歸北舍家.
無義錢財 湯潑雪. 儻來田地 水推沙.
若將狡譎爲生計 恰似朝開暮落花.

감탄인심독사사 수지천안전여거 거년망취동련물 금일환귀북사가
무의전재 탕발설 당래전지수추사 약장교휼위생계 흡사조개모락화

감탄하도다! 사람 마음의 독하기가 뱀과 같다. 누가 아는가? 천안의 구름이 수레와 같다. 지난해에 동쪽 이웃의 물건을 망령되이 취하고, 오늘날에 북쪽 집으로 도로 돌아갔다. 의로움이 없는 돈과 재물은 끓는 물에 뿌린 눈이다. 뜻밖에 굴러온 전지는 물에 밀려온 모레이다. 만약 교활하게 남을 속임으로 삶의 계책으로 삼으려 한다면 마치 아침에 피었다가 저녁에 지는 꽃과 같다.

풀이

堪歎 감탄하도다!

堪은 조동사로 '~할 수 있다'의 의미이다. 能과 유사하지만, 能보다 강한 당연함의 어기를 나타낸다. '탄식해마지않는다' 정도의 어기를 나타낸다.

誰知 누가 알겠는가

이 문장에서 誰가 수사의문문을 만들어낸다. 하지만 항상 誰가 수사의문문을 만들어 내는 것은 아니다. 문맥에 의해서 파악해야 한다. 이것은 한국어에서도 동일하다. '누가 아는가'는 문맥에 따라 단순의문문으로도, 수사의문문으로도 기능하다.

轉如車 구름(회전함)이 수레와 같다.

'빠짐없이 세세하게 살펴봄' 의 의미이다.

去年 지나간 해

작년 혹은 과거의 의미이다.(≠今年)

儻來 뜻밖에 자기 수중으로 굴러옴

狡譎 교활하여 남을 잘 속임

若將狡譎爲生計 만약 교활히 남을 속임으로 삶의 계책으로 삼으려 한다

將은 조동사적 어기로 '장차 ~하려 하다' 이다.

'A 以(之)爲 B—A로서 B여기다/삼다' 와 또 다른 형태의 숙어를 이룬다. '將 A 爲 B—A로서 B로 여기려 하다/삼으려 하다.'

恰似 거의 ~와 같다

無藥可醫卿相壽. 有錢難買子孫賢.

무약가의경상수 유전난매자손현

약이 없어도 경상의 목숨을 고칠 수 있고,
돈이 있어도 자손의 현명함을 사기는 어렵다.

풀이

卿相 정승과 재상

도가의 글로 판단된다. 無藥可醫卿相壽에서 뒷절에 맞도록 無를 有로, 可를 難으로 바꾸면 有藥難醫卿相壽(약이 있어도 경상의 목숨을 고치기는 어렵다)이다. 또 有錢難買子孫賢에서 앞절에 맞도록 有를 無로, 難을 可로 바꾸면 無錢可買子孫賢(돈이 없어도 자손의 현명함을 살 수 있다)이다. 앞절을 뒷절에 맞도록 無 자리에 有, 可 자리에 難이 와야 정상적인 문장이다. 쓴 사람이 고의적으로 같은 문맥이면서도 달리 느껴지도록 한 것으로 판단된다. 卿相은 의도적이고 고의적인 허수에 불과하다. 卿相 자리에 子孫이나 혹은 다른 단어가 와도 동일한 뜻이 된다. 도가 쪽에는 이러한 형식의 문장이 종종 등장한다.

이 구문을 '경상의 목숨을 고칠 수 있는 약은 없고, 돈이 있어도 자손의 현명함은 사기 어렵다' 라고 하면 전체적 문맥은 틀리지 않아도 어감은 전혀 다르게 된다. 또한 문장의 구성과는 무관한 작위적인 풀이가 된다. 이러한 글씨기는 도가에서 하나의 방편이다. 도가는 병서(兵書)를 연구하던 법가(法家)의 한 파생이다. 전략 · 전술의 기본은 허수와 매복(암시)이다. 그런 방법을 그대로 글씨기에 적용한 것이다. 고의적으로 독해하기 어렵게 써서 주목성을 높이려 한 것이다.

一日清閑 一日仙.

일일청한 일일선

하루 맑고 한가로우면 하루 신선이다."

풀이

一 一은 '오직, 겨우, 단지, 전부' 등의 어기를 담고 있다. 따라서 이 문장은 '하루만이라도 맑고 한가로우면, 그 하루는 (온통) 신선이다' 의 어기를 갖고 있다.

省心篇·下

성심편 하

明心寶鑑

子曰 爲善者 天報之以福 爲不善者 天報之以禍 漢昭烈 將終 勅後主曰 勿以善小而不爲 勿以惡小而爲之 太公曰 見善如渴 聞惡如聾 又曰 善事須貪 惡事莫樂 馬援曰 終身行善 善猶不足 一日行惡 惡自有餘 司馬溫公曰 積金以遺子孫 未必子孫能盡守 積書以遺子孫 未必子孫能盡讀 不如積陰德於冥冥之中 以爲子孫之計也 子曰 爲善者 天報之以福 爲不善者 天報之以禍 漢昭烈 將終 勅後主曰 勿以善小而不爲 勿以惡小而爲之 太公曰 見善如渴 聞惡如聾 又曰 善事須貪 惡事莫樂 馬援曰 終身行善 善猶不足 一日行惡 惡自有餘 司馬溫公曰 積金以遺子孫 未必子孫能盡守 積書以遺子孫 未必子孫能盡讀 不如積陰德於冥冥之中 以爲子孫之計也 子曰 爲善者 天報之以福 爲不善者 天報之以禍 漢昭烈 將終 勅後主曰 勿以善小而不爲 勿以惡小而爲之 太公曰 見善如渴 聞惡如聾 又曰 善事須貪 惡事莫樂 馬援曰 終身行

眞宗皇帝御製 曰 知危識險
終無羅網之門. 擧善薦賢 自有安身之路.
施仁布德 乃世代之榮昌. 懷妬報寃
與子孫之爲患. 損人利己 終無顯達雲仍.
害衆成家 豈有長久富貴. 改名異體
皆因巧語而生. 禍起傷身 皆是不仁之召.

진종황제어제 왈 지위식험 종무라망지문 거선천현 자유안신지로 시인포덕 내세대지영창 회투보원 여자손지위환 손인리기 종무현달운잉 해중성가 기유장구부귀 개명이체 개인교어이생 화기상신 개시불인지초

진종황제 어제에 이렇게 이른다.
"위태로움을 알고 험함을 알면 마침내 그물의 문이 없으며, 훌륭한 사람을 천거하고 현명한 사람을 천거하면 스스로 몸을 편안히 하는 길에 있게 된다. 인을 베풀고 덕을 펼치면 바로 세대의 번창이요, 투기를 품고 원한을 갚는다면 모두 자손의 우환됨이다. 남을 덜어서 자기를 이롭게 하면 결국 현달하는 후손이 없게 된다. 여러 사람을 해쳐 집을 이룩하면 어찌 장구한 부귀가 있겠는가? 이름을 바꾸고 몸을 고치는 것은 다 교묘한 말로 인하여서 생겨난다. 화가 일어나 몸이 상하게 되는 것은 다 곧 어질지 못함의 부름이다."

풀이

御製 임금이 지은 글
御는 임금을 지칭한다.

終 마침내, 결국
어느 시점으로부터 끝까지의 기간을 포괄하는 어기를 담고 있다.

羅網之門 그물의 문

羅網는 본래 새와 물고기를 잡는 그물이나 여기서는 법망을 말한다. 지키기 까다롭고 집권자의 이기와 사욕에 의하여 제정한 법을 말한다. 이러한 법을 백성들을 잡는 '그물'에 비유하여 표현한 것이다.

與子孫之爲患 모두 자손의 우환됨이다

與는 '모두, 전부'의 의미로 擧와 같다.

爲患 : 우환됨. 爲를 성품이나 성질을 나타내는 명사화 조사로 볼 수도 있다.(예 : 爲人－사람됨) 하지만 기본적인 어원은 행위나 동작을 나타내는 것에 있다. '되다, 행하다' 등.

之는 수식관계를 표시하는 속격조사이다. 이 속격조사는 앞뒤 양편을 모두 명사화시킨다. 또 之는 與가 개사로서 '～과/와'나 동사로서 '주다'의 의미로 풀이될 수 있는 중의성을 제거하기도 한다. 子孫과 爲患을 之가 하나로 묶어줌으로 與가 별도의 부사로 독립된 사용임을 분명하게 해 주는 것이다.

雲仍 후손, 자손

'까마득한 자손'의 의미이다.

改名異體 이름을 바꾸고 몸을 고치다

국가나 집안의 멸망을 의미하는 관용표현이다. 改名은 성을 바꾸는 것이며, 異體란 신분이 낮게 바뀜을 뜻한다.

禍起傷身 皆是不仁之召 화가 일어나 몸을 상하게 함은 다 곧 불인의 부름인 것이다

是에 대한 한문 문법상의 정의는 '부사성 대명사로 일반적으로 전

치된 목적어를 재지시하는 기능이 있다' 이다. 그러나 이 재지시는 단순한 강조 이외의 문법적 기능이 있다.

이 문장을 본래의 정형적인 형태로 바꾸면, ① 不仁召禍起傷身(불인은 화기상신을 부른다)이다. 목적어 禍起傷身은 완전한 문장의 형식(절)으로 문말에 사용되었을 때는 독립된 문장으로의 중의성은 없다.

그러나 문두로 전치시키면 ② 禍起傷身 不仁召인데, 이 상태로는 완전한 하나의 문장이라고 할 수 없다. 그것은 많은 중의성을 가지고 있기 때문이다.

한국어에서도 말(음성언어)과 글(문자언어)이 완전히 일치하지 않는다. 말이 글에 비하여 훨씬 많게 생략성이 있는데, 그중 대표적인 것이 주어의 생략이다. 실생활에서 누군가에게 직접 말을 하면서 주어를 사용하는 경우는 거의 없다. 하지만 글을 쓸 때는 그런 생략성이 많이 사라지게 되는데, 그것은 직접 누군가를 상대하면서 하는 말에는 소리로서의 전달 외에 몸짓이나 말의 강세, 어감에 의해 많은 부분이 보충되기 때문이다.

말을 그대로 글로 쓴다면 희곡에서처럼 지문을 달지 않으면 상당한 중의성이 발생한다. 우리는 이러한 중의성 때문에 학교라는 기관과 책을 통해 글쓰기를 배워왔다. 표준어와는 다른 표준 글쓰기가 있다. 사투리가 심한 사람이라도 글쓰기는 표준 쓰기를 따른다.

그러나 한문은 고대 한인들의 말을 그대로 문자로 표현(생략성을 그대로 표방)한 것에다가 압축을 더한 상태이다. 한문의 주어는 사용되기보다는 생략되는 경우가 훨씬 더 많다. 따라서 문두의 절이나 구는—즉 완전히 일반명사화되지 못한—구어에서처럼 부사적인 내용으로 파악하기 쉽다. 그리하여 ②의 풀이를 '화가 일어나 몸이 상함으로 불인이 불리어졌다' 와 같은 식으로 되거나, 아니면 두개의 문장으로 읽혀지게 된다.

이 경우 禍起傷身이라는 하나의 완벽한 문장(절)을 명사(주격보어)로 기능하도록 만드는 방편으로 皆(주어가 지시하는 다수의 내용을 묶어서 표현하는 용도)를 삽입한다. 皆가 직접 앞의 구문을 명사화시키는 문법적인 기능이 있는 것이 아니라, 皆는 凡(모든, 모두, 대체로)처럼 독립된 문장의 문두(주어 앞)에서 그 문장 전체를 제한/한정하는 '문장부사'로는 쓰이지 않기 때문이다. 皆는 주어가 없는(혹은 생략된) 문장의 문두에서 주어처럼 쓰이거나(이 경우는 보통 앞 문장 전체를 지시하는 기능을 한다), 둘 이상의 존재가 가능한 주어 다음에 사용되어 그 주어들을 하나로 묶어주는 기능을 한다.

③ 禍起傷身 皆 不仁召. 여기서의 문제는 皆가 주어를 제한/한정하는 기능이므로 皆 다음에는 구가 와야지 절은 올 수 없다는 점이다. 즉 皆가 부사로서 두 문장을 하나로 이어주지 못함으로써 禍起傷身와 不仁召는 여전히 각각 독립된 문장으로 남게 된다. 이 상태로 풀이하면 '화가 일어나 몸이 상하게 되다. 전부 불인이 불렀다'이다.

한국어의 한 형태를 예를 들어, "내가 당신을 사랑한다. 내가 살아 있다"를 살펴보자. 앞의 문장을 주어화하여 묶어 두 문장을 하나로 만든다면, "내가 당신을 사랑함은 바로 내가 살아 있다"이다.

그러나 이대로는 정상적인 문형으로 받아들여지지 않는다. 뒷 문장이 여전히 하나의 독립된 문장으로 남아 있는 것이다. 여기에 다시 명사화된 앞 문장을 강조하면서 뒷 문장 역시 하나의 명사로 묶어, "'내가 당신을 사랑함은 바로 내가 살아 있다'는 것이다"로 바꾸면 더 자연스럽다. 앞 문장을 하나의 명사(주어)화시킴으로써 그에 맞추어 뒷 문장도 명사화시킨 것이다.

④ 禍起傷身 皆 不仁之召에서의 皆에는 계사적인 기능이 전혀 없다.

명사구 不仁之召를 명사 술어로 만들기 위하여, ⑤ 禍起傷身 皆 不仁(之)召也로 한다면 也가 명사 술어문의 종결사로 사용되기도 하지만, 때로 동사 술어문에서 강조의 상을 띠기도 하므로 문두로 전치된 목적어를 강조하기 위한 문형에는 어울리지 않는다.

⑥ 禍起傷身 皆是不仁之召가 된다. 여기서 是는 부사성의 대명사로, '곧, 바로' 등의 어기로 문두에 전치되어 주격이 된 목적어를 강조하는 기능이 있다. 이 책에서는 이 是를 '바로, 곧(대명사성 부사) ~인 것이다(계사)'로 풀이한다.

'곧, 바로'를 뜻하고 강조의 상을 담고 있는 다른 조사(부사)로는 則과 乃가 있다. 則은 주어를 강조하며 주어(명사, 명사구) 다음에 사용된다. 則이 명사화된 절을 강조할 경우는 '그렇다면'으로 가정적인 어기를 나타낸다. 禍起傷身은 명사(주격보어)로 사용된 절이다. 이 문장의 의미상의 주어는 등장하지 않는다. 乃는 술어를 강조하는 용법으로 사용된다. 흔히 '乃 ~ 也'의 형식으로 사용되며, 명사 술어를 직접 강조하기도 하지만, 이 문장은 목적어를 강조하기 위하여 문두로 전치시켜 놓은 것이다. 則이나 乃는 어울리지 않는다.

의미적인 목적어가 문두로 전치되긴 했지만, 이 문장은 도치문이 아니다. 그것은 전치된 목적어가 주격의 위치를 확보했기 때문이다.(보통 문두로 전치된 목적어는 부사어로 사용된다) 목적어가 문두로 도치되는 개념은 한문에 없다. 문형이 변화한다.

만약 禍起傷身('화가 일어나다. 몸이 상하다'의 두 문장의 합)을 禍傷身('화는 몸을 상하게 한다'는 단문)으로 바꾼다면, 저런 복잡한 과정에 의한 절 결합방식이 아닌, 禍'之'傷身으로 간단하게 한 문장을 하나의 문장 성분(주어와)으로 이루게 할 수 있다.

神宗皇帝御製 曰 遠非道之財
戒過度之酒. 居必擇隣 交必擇友.
嫉妬 勿起於心. 讒言 勿宣於口.
骨肉貧者 莫疎. 他人富者 莫厚.
克己以勤儉爲先. 愛衆以謙和爲首.
常思已往之非 每念未來之咎.
若依朕之斯言 治國家而可久.

신종황제어제 왈 원비도지재 계과도지주 거필택린 교필택우 질투 물기어심 참언 물선어구 골육빈자 막소 타인부자 막후 극기이권검위선 애중이겸화위수 상사이왕지비 매념미래지구 약의짐지사언 치국가이가구

신종황제의 어제에 이렇게 이른다.
"도가 아닌 재물은 멀리하고 도를 넘는 술은 경계하라. 거처는 반드시 이웃을 선택하며 사귐에는 반드시 벗을 택하라. 질투가 마음에서 일어나지 못하게 하며, 남을 헐뜯는 말은 입에서 펴져나지 못하게 하라. 골육이 가난한 경우라고 소홀히 말 것이며, 타인이 부자인 경우라고 후하게 하지 말 것이다. 자기를 이김에는 근검이 최선이 된다. 대중을 사랑함으로써 겸손하고 화합함이 으뜸이 된다. 항상 과거의 잘못을 생각하고, 매양 미래의 허물을 생각하라. 만약 짐의 이 말을 따른다면 나라와 국가를 다스려서 오래 갈 수 있다."

풀이

讒言 거짓으로 꾸며서 남을 비난하는 말, 讒訴

骨肉 骨肉之親의 준말. 형제, 자매와 같이 아주 가까운 혈육을 말한다.

骨肉貧者 골육이 가난한 경우에/라고

이 구문의 者는 기존의 문법서에서 'N$_1$之N$_2$之N$_1$' 에서 '之N$_1$' 의 의미적 축약으로 설명되고 있다. 즉 '骨肉(N$_1$)(之)貧(N$_2$)者(之N$_1$)' 로 한국어로 직역하면 '골육 중의 가난함의 골육', 다시 의역하여 '골육중의 가난한 자(사람)' 이 된다. 그렇다면 骨肉貧者는 명사구로서 문법적 용도가 고정된 것이다. 명사구가 문장에서 사용될 수 있는 경우는 주어, 주격보어, 목적어, 그리고 계사나 종결어기사 也의 보조에 의한 명사 술어이다. 즉 개사나 접속사와 같은 부가성분의 도움없이는 부사구로서 사용될 수 없다. 이 말은 貧人은 문장 내에서의 위치에 따라 다양한 구성성분으로 활용 가능하지만, 貧之人(가난함의 사람)은 명사구이며 독자적으로 부사어로는 활용이 안된다는 일반적인 내용이다.

骨肉貧者 莫疎(골육 중에 가난한 사람은 소원하게 말 것이다)에서 骨肉貧者는 주격보어이다. 의미상의 목적어가 문두로 전치되면서 주격보어가 된 형식이다.

者를 기존의 '~한 사람' 으로 가정하고 정형화된 문장으로 바꾼다면, ① 莫疎(於)骨肉貧者(골육 중에 가난한 사람을 소원하게 말 것이다)

이 문장에서 임의적인 주어 汝(너)를 삽입하면, ② 汝莫疎(於)骨肉貧者. 여기서 다시 목적어를 문두로 전치시키면, ③ 於骨肉貧者 汝莫疎(골육 중에 가난한 사람에 대하여, 너는 소원하게 말 것이다)로 개사 於를 문두에 나타내 줌으로서 부사어임을 분명하게 해주거나, 於 대신에 焉으로 종결되는 형식인 ④ 骨肉貧者 汝莫疎焉이 된다. 그러나 이 문장은 성립되지 못한다. 骨肉貧者는 절이 아니라 명사구이다. 한문에서 주어 앞에 명사(구)가 올 수 있는 경우는 관형어뿐이다. 관형어로 주어 앞에 오는 것은 의미적으로 그 주어를 수식하는 것이다. 즉 사이에 속격조사 之를 삽입하여 보면 알 수 있다.

한국어의 이중주어문은 한국어의 특징인 격조사의 발달로 인하여 속격 '의'가 일반적 형용사 어미인 '은/는'의 변형에 불과하다.(영화의 재미가 없었다 → 영화는 재미가 없었다) 따라서 본문 骨肉貧者 莫疎는 '골육 중에 가난한 사람은 소원하게 말 것이다'로의 풀이가 불가능하다. 者에는 '~의 사람'이 아닌 처음부터 별도의 문법적 기능이 있었기 때문이다.

骨肉貧者에서 者를 之也의 합으로 본다면, 骨肉貧는 '골육이 가난하다'로 문장(절)이 된다. 또한 문장 내에서의 위치에 따라 '골육의 가난함'으로 명사구로도 기능할 수 있다.

본문 骨肉貧者 莫疎에서 者를 생략하고 정형적인 한문 문형으로 바꾸면, ① 莫疎(於)骨肉(之)貧(골육의 가난함에 대하여 소원하게 말 것이다)인데, 여기에 임의의 주어 汝를 삽입하고 대격을 문두로 전치시키면, 특히 개사 於는 절을 목적어로 취하지 못한다. 따라서 뒷절을 之로서 명사화해야 한다. 한문에서 절을 목적어로 취하는 경우는 아주 특이한 몇 개 동사뿐이다.(사역동사 및 能과 같은 복합적 기능의 동사)

② 於骨肉之貧 汝莫疎(골육의 가난함에 대하여 너는 소원히 말 것이다)에서 개사 따라 문두로 왔을 때에는 속격조사 之를 반드시 표기해 주어야 한다.

여기에 대격의 於 대신 焉으로 종결하면 ③ 骨肉之貧 汝莫疎焉인데, 이 상태로는 역시 문장이 성립 안된다. 이유는 마찬가지이다. 주어 앞에 출현한 명사 때문이다.

처음으로 돌아가 본문에서 者를 생략해 버리고 본래 두개의 문장이었다고 가정해 본다면, ④ 骨肉貧 莫疎(골육이 가난하다. 소원히 말 것이다)이다.

주어가 다른 두 문장을 하나로 이어주기 위해 독특한 문장 결합방식으로 之也(직역하여 '그러한 것/때')를 앞 문장의 끝에 두어, 본문 骨肉貧之也 莫疎으로 돌아왔다. 여기서 之也의 문법적 용도는 한국어의 명사구를 이루게 하는 의존명사 '~의 것' + (부사화)이다. 也는 본래 지시적인 의미를 가진 조사로서의 기원이 있는데, 이 也가 종결사로도 사용되고, 또한 사람의 이름 뒤에 붙이는 호명의 也(이것은 한국어 구어와도 같다)로도 사용되며, 선행절 끝에서 가정의 때의 의미를 나타내기도 하며, 독자적으로 '또한'의 의미를 나타내는 부사어로 사용된다.

한국어의 의존명사 '때'가 문두에서 주어 앞이나 동사 앞에 사용될 경우에는 향격조사 '에'를 융합한 형태로 부사구로도 사용되는 것에 비견된다고 할 수 있다. '~의 때에' → '~의 때', 즉 之也(~의/그러한 때[에]) → 者이다. 즉 者는 부사구로도 명사구로도 기능하는 것이다.

여기에서 다시 之를 생략한다면 ⑥ 骨肉貧也 莫疎(골육이 가난한 때에 소원하게 말 것이다)이고, 이 문장은 절과 절이 결합한 방식의 일반적인 문형이다. 주어가 다른 두 절이 결합할 때는 절마다 주어를 나타낼 수도 있고 생략할 수도 있다. 그러나 주어가 같은 절의 결합일 경우 후행절의 주어는 나타낼 수가 없다. 그러면 하나의 문장이 이루어지지 않기 때문이다. 이 문장은 주어가 다른 두 절의 결합인 것이다.

그렇다면 之는 왜 삽입했는가? 이유는 간단하다. '강조'와 '명사화'(하나의 문장을 다른 문장의 구성성분으로 바꾸어 주는 것이다)이다. 한국어에서도 절을 강조하기 위해서는 의존명사나 명사화가 요구되는 것 같다.(아름답다 → 아름답다는 것이다, 아름다움인 것이다) 骨肉貧之也 莫疎(골육이 가난함의 때〔경우〕에 소원하게 말 것이다). 그리고 之의 출현은 주어가 다른 절의 결합에서 뒷절에 강조의 상부정사 莫에 호응한 것이기도 하다. 복잡하게 풀이했지만 의외로 간단한 구조이다.

者에 정의를 내리자면, '주어가 다른 가정과 결과의 두 절을 결합시킬 때 강조를 위하여 앞절을 부사구로 만드는 접속사'라고 할 수 있다. 한문의 문법적인 분석은 정의내림이 아니다. 결국 이해의 용이함에 지나지 않는다.

그리고 두 절을 결합시키는 다른 방법으로 則이 있는데, 이는 앞절을 주어화시키고 뒷절에 결합시킨다. 따라서 則 다음에 명사(주어)는 오지 못한다.

克己以勤儉爲先 자신을 극복함에는 근검이 최선이 된다

以勤儉(근검이)이 보어로 사용되었다. 以에 적용되는 문법적 정의는 '개사+목적어' 구문을 이루어 문장에서 부사나 보어로 사용된다는 것이다. 以를 직역한다면 '사용하다' 이다. 즉 전체를 직역하면 '자신을 극복함에는 근검을 사용함이 최선이 된다' 이다.

已往 이전(以前), 과거

직역하면 '이미 가버린' 의 의미이다.

朕之斯言 짐의 이 말

朕 : 본래는 '자신' 을 의미하는 我나 吾에 해당하며, 신분의 고하를 막론하고 사용되어 오다가 진(秦)나라가 춘추전국 시대를 통일한 후 진시황에 의하여 황제가 자신을 지칭하는 용어로만 사용하게 되었다.

斯는 此(이, 이것)와 같은 의미로 춘추시대와 그 이전의 문헌에서 간혹 사용된다. 이 문장(북송 황제의 문장)에서 이러한 고어체를 사용함은 엄숙함과 장중함과 같은 어기를 표현하려고 한 것이거나, 계통이 다른 문투일 수도 있다.

治國家 국가를 다스리다

國은 제후(諸侯)가 다스리는 나라를 말하며, 家는 대부(大夫)가 다스리는 권역을 말한다.

高宗皇帝御製 曰 一星之火
能燒萬頃之薪. 半句非言 誤損平生之德.
身被一縷 常思織女之勞.
日食三飱 每念農夫之苦. 苟貪妬損
終無十載安康. 積善存仁 必有榮華後裔.
福緣善慶 多因積行而生.
入聖超凡 盡是眞實而得.

고종황제어제 왈 일성지화 능소만경지신 반구비언 오손평생지덕
신피일루 상사직녀지로 일식삼손 매념농부지고 구탐투손 종무십재안강
적선존인 필유영화후예 복연선경 다인적행이생 입성초범 진시진실이득

고종황제 어제에 이렇게 이른다.
"한점의 불씨도 만경의 땔나무를 불태울 수 있고, 반 마디 잘못한 말로도 평생의 덕을 오손시킬 수 있다. 몸에는 단벌의 누더기 옷을 입고 있지만 항상 베 짜는 여자의 노고를 생각하고, 하루 세끼의 식사에도 매번 농부의 수고를 생각하라. 만약 탐내고 투기하고 손나게 한다면 결국 십년의 편안함도 없을 것이다. 선을 쌓고 인을 지니면 반드시 영화로운 후손이 있게 된다. 복의 인연과 좋은 경사는 대부분 선행을 쌓아서 생겨나고, 성인의 경지에 들고 범인을 초월함은 다 그렇게 바르고 참됨에서 얻어지게 된다."

풀이

一星 한 점

직역하면 '하나의 별' 이지만, '밤하늘의 별처럼 작은 점' 의 형용이다. 一에는 '겨우, 단지, 오직' 의 어기를 내포하는 경우가 많다.

非言 말실수, 잘못한 말, 무례한 말

〔예〕 非語－근거 없이 떠도는 말, 무례한 말/飛語(言)－아무 근거 없이 떠도는 말.

能燒萬頃之薪 만경의 땔나무를 불태울 수 있다

能은 조동사로 '~할 수 있다' 의 의미이다.

萬頃은 도량의 단위로 백 이랑을 말한다. 이것을 '백만 이랑' 으로 풀이한다면 오류이다. 한문에서 一, 十, 百, 千, 萬 등 십의 배수는 허수로도 쓰인다.(3, 6, 9의 배수도 허수로 사용된다) 허수와 어림수는 다르다. 어림수는 실제의 수를 근거로 한 것이지만 허수는 실제의 수와는 전혀 무관하게 사용된다. 대부분 10의 배수는 '가장, 최고, 꽉참' 등의 어기를 담고 있다. 한국어에서도 이러한 개념은 동일하므로 이 풀이는 '만경' 을 그대로 하든지, 아니면 '더없이 넓은, 까마득한 벌판' 과 같은 식으로 해야 한다.

薪은 땔나무를 말한다. 木이나 林으로 하지 않고 薪으로 한 것은 '아까운' 의 어기를 내포시키기 위해서다.

安康 편안함, 아무 탈이 없음

必有榮華後裔 반드시 영화로운 후손이 있게 된다

榮華와 後裔의 관계를 수식관계로 풀이하였다. 물론 관점에 따라 榮華를 보어로, 後裔를 간접목적어로 볼 수도 있으나(후손에게 영화가), 여기에 대응되는 十載安康(십년의 편안함)에 맞추어 풀이한 것이다.

盡是眞實而得 다 그렇게 바르고 참됨에서 얻어지게 된다

앞에서 是는 부사성 대명사라는 설명이 종종 있었다. 是에 대한 풀이는 '그렇게' 외에도 '이에, 이와 같이, 이러한' 등도 가능하다. 대명사라고 하는 이유는 앞에 나온 말을 지시하기는 하지만, 그 내용이 반드시 분명한 것만은 아니다. 또한 강조를 위한 별도 상조사로서의 부사 '곧, 바로' 등으로도 풀이가 가능한 것이다.

王良 曰 欲知其君 先視其臣.
欲識其人 先視其友. 欲知其父 先視其子.
君聖臣忠 父慈子孝.

왕량 왈 욕지기군 선시기신 욕식기인 선시기우
욕지기부 선시기자 군성신충 부자자효

왕량이 "그 임금을 알려고 한다면 먼저 그 신하를 보고, 그 사람을 알려고 한다면 먼저 그 친구를 보고, 그 아버지를 알려고 한다면 먼저 그 자식을 보라. 임금이 성스러우면 신하가 충성하게 되고, 아버지가 자애로우면 자식이 효도한다"라고 말하였다.

풀이

君聖臣忠 임금이 성스러우면 신하가 충성하게 된다

주술구조의 연속에서 단순한 연동(임금은 성스럽고 신하는 충성한다)인지, 이렇게 조건에 의한 결과의 구문인지는 문맥에 의해 파악해야 한다.

若(만약)이라는 가정의 조사가 있음에도 사용하지 않는 경우가 더 많은 것은 한국어의 언어 습관과도 비슷한데, 한국어에서 '만약' 이라

는 가정의 부사어가 있음에도 사용하지 않는 것은 '~라면/ ~다면' 과 같은 어미가 있기 때문이다. 첨가어인 한국어와 달리 조사나 어미의 활용이 불가능한 고립어인 한어에는 두 절(君聖와 臣忠) 사이에 가정의 어기를 나타내는 특별한 어기(성조)나 독법에 있어서의 리듬이 있었을 것으로 추측한다.

家語 云 水至清則無魚. 人至察則無徒.

가어 운 수지청즉무어 인지찰즉무도

『가어』에 이렇게 이른다.
"물이 지극히 맑으면 고기가 없고,
사람이 지극히 살피면 무리가 없다."

풀이

家語 『공자가어(孔子家語)』를 말한다.

許敬宗 曰 春雨如膏 行人 惡其泥濘. 秋月揚輝 盜者 憎其照鑑.

허경종 왈 춘우여고 행인 오기니녕 추월양휘 도자 증기조감

허경종이 "봄비는 마치 기름과 같으나 행인은 그 진창을 싫어하고, 가을 달은 드날리어 밝으나 도둑은 그 비춰져 보임을 미워한다"라고 말하였다.

풀이

泥濘 진흙, 진창

行人 다니는 사람

者가 직접 '～의 사람' 의 의미를 나타내는 경우는 명사나 명사로 전성된 동사(동명사)로서의 'A者' 외에는 거의 없다. 추정하건대, 사람에 대한 미칭으로 사용되는 子의 영향에 의하여 의미적인 전성이 발생한 경우로, 者字 결구가 사람에 대한 형용으로 자주 사용되면서 이 者를 子에 있는 특정인에 대한 지칭의 의미를 객관화시킨 것일 수도 있다고 본다.

또 한문에서 'A者' 가 '～의 사람' 의 의미로 사용되는 경우는 보다 복잡한 명사구의 축약으로 이루어지는데, 예로 學者, 農者, 佛者 등을 들 수 있다. 이들에 대한 풀이로 '학문하는 사람, 농사짓는 사람, 불교를 신봉하는 사람' 이라고 한다면 이는 오류이다. 者는 '之+N_1' 의 의미적 축약으로, 속격조사 之는 앞뒷 말을 모두 명사로 전환시키기 때문이다. 즉 '학문의 사람, 농사의 사람, 불교의 사람' 이거나, '학문하기의 사람, 농사짓기의 사람, 불교 믿기의 사람' 이 되어야 한다. 그래야만 이 단어들이 집단명사로서, 또는 객관화된 고유명사로서의 역할을 하기 때문이다. 이는 그대로 한국어에도 적용되고 있는데, '만나는 광장'의 사례는 명사구이긴 하지만 고유명사로는 성립이 안된다. '만남의 광장'은 고유명사로서 지명으로 사용되어지는 것이다.

A者의 경우는 爲(行)A之人에서 축약형태로 볼 수 있다. 그렇긴 하지만 모든 단어가 'A者'로 축약되는 것은 아니다. 이때 사용될 수 있는 A는 불특정 다수인에 대별되는 객관적이고 절대적인 특성이 부여되는 단어에 한해서이다. 또한 품사적으로 A는 명사이거나 명사로 전성된 동사(동명사)다. 형용사나 형용사로 전성된 동사는 'A者'로 축약되지 못한다. 'A人'으로 사용된다.

爲盜之人은 盜者로 축약되지만 爲行之人은 그렇지 못하다. 盜는 일반인에 대별되는 객관적이고 절대적인 특성이 부여되는 반면, 行(형용사로 전성된 동사)은 그렇지 못하기 때문이다. 주관적이고 상대적인 개념의 단어(주로 형용사)는 'A者'의 형태로 축약되지 않는다.

간혹 형용사로 보여지는 단어들이 A者의 형태로 축약되는 경우가 있는데, 仁者, 義者, 禮者, 智者가 그렇다. 하지만 이 역시 명사로 전성된 형용사로서 '인의 사람, 의의 사람, 예의 사람, 지의 사람'으로 집단명사 혹은 객관화 명사가 된 것이다. 仁, 義, 禮, 智는 모두 개별의 절대적인 조목을 가지고 있으며, 따라서 단순히 주관적이고 상대적인 美, 惡, 善 등과 같은 형용사와는 다른 개념이다. 王者의 경우는 보다 특이한 형태로, 직역을 하면 '왕다움의 사람'이다. 명사 王(왕)과 형용사 王(왕답다)은 성조가 다른 것으로 이미 밝혀져 있다. 이 역시 형용사가 명사로 전성되어 사용된 예이다.

盜者 도둑

景行錄 云 大丈夫見善明 故重名節於泰山. 用心精 故輕死生於鴻毛.

경행록 운 대장부견선명 고중명절어태산 용심정 고경사생어홍모

『경행록』에 이렇게 이른다.

"대장부는 선을 봄에 밝기 때문에 명예와 절개를 태산보다 중하게 여기고, 마음을 씀이 깨끗하기 때문에 죽고 사는 것을 홍모보다 가벼이 여긴다.

풀이

重名節於泰山 태산보다 명예와 절개를 중하게 여긴다

형용사 重이 목적어를 취하여 의동동사로 사용되었다.(중요하다 → 중하게 여기다)

한문에서의 형용사는 자동사의 한 종류이므로 목적어가 필요하지 않은데, 목적어를 취할 경우는 동사의 의미상의 변화(의동동사)를 일으킨다. 이를 단순하게 자동사가 보어를 취한 형식으로, '태산보다 명절이 중요하다' 라는 단순 서술문으로 풀이할 수는 없다.

於는 비교급을 이끄는 개사로 '~보다' 의 뜻이다.

鴻毛 '기러기의 털' 로 가벼운 물건 등을 일컫는다.

閔人之凶. 樂人之善. 濟人之急.
求人之危.

민인지흉 락인지선 제인지급 구인지위

사람의 흉함을 민망하게 여기고, 사람의 선함에 즐거워하고, 사람의 급함을 구제하고, 사람의 위험을 구하라.

풀이

閔人之凶 사람의 흉함을 민망히 여겨라

閔(술)人之凶(목) 구조이다. 人이 한문에서 '사람 제반'을 나타내는 사례는 없다. 여기서는 관리나 군왕의 상대자인 '백성'을 뜻한다.

經目之事 恐未皆眞.
背後之言 豈足深信.

경목지사 공미개진 배후지언 기족심신

경험하고 본 일도 다 진실인 것은 아닐까 두려운데,
등 뒤의 말에 어찌 깊이 믿을 수 있겠는가?

풀이

經目 눈으로 경험하다, 눈으로 보다

豈足 어찌 ~할 수 있겠는가

豈는 부사로 '어찌, 어떻게'를 뜻하며, 足은 조동사로 '~할 수 있다'는 의미를 갖는다. 강한 반문의 수사의문문을 만든다.

不恨自家汲繩短 只恨他家苦井深.

불한자가급승단 지한타가고정심

자기 집의 두레박줄이 짧음은 한탄하지 않고,
다만 남의 집의 우물이 깊음을 괴로워한다.

풀이

汲繩 두레박줄

只 단지, 다만

贓濫 滿天下 罪拘薄福人.

장람 만천하 죄구박복인

부정과 도둑질이 천하에 가득하지만,
처벌은 박복한 사람에게 걸려든다.

풀이

贓濫 부정과 도둑질. 濫 : 도둑질하다.

罪 형벌을 가하다, 처벌하다

拘 걸리다, 당하다

天若改常 不風卽雨. 人若改常 不病卽死.

천약개상 불풍즉우 인약개상 불병즉사

하늘이 만약 상도를 고치면 바람이 불지 않으면 비가 내리고, 사람이 만약 상도를 고치면 병나지 않으면 죽게 된다."

풀이

常 상도(常道)
때와 곳에 따라 변하지 않는 떳떳한 도리. 항상 지켜야 할 도리.

不 A 卽 B A 아니면 B이다(둘 중 하나의 어기)
〔예〕 不 A 不 B－A 아니라면 B 아니다(원인과 결과의 어기)

壯元詩 云 國正天心順. 官淸民自安. 妻賢夫禍少. 子孝父心寬.

장원시 운 국정천심순 관청민자안 처현부화소 자효부심관

「장원시」에 이렇게 이른다.
"나라가 바르면 천심도 순응하고, 관리가 청렴하면 백성이 저절로 편안하고, 아내가 어질면 남편의 허물이 적어지고, 자식이 효도하면 아버지의 마음이 너그러워진다."

풀이

自 저절로, 자연히

禍 '허물' 의 의미로 사용되었다.

子 曰 木從繩則直 人受諫則聖.

자 왈 목종승즉직 인수간즉성

선생께서 "나무가 먹줄을 따르면 바르게 되고, 사람이 간언을 수용하면 성스러워진다"라고 말하였다.

풀이

繩 먹줄

諫 간언
윗사람이나 왕에게 잘못한 일을 고치도록 하는 말.

聖 현대의 종교적인 '성스러움' 외에도 '이상적인 사람, 총명하다, 맑다' 등의 뜻이 있다.

一派青山景色幽. 前人田土後人收.
後人收得莫歡喜. 更有收人在後頭.

일파청산경색유 전인전토후인수 후인수득막환희 갱유수인재후두

"한 줄기 푸른 산은 경치가 그윽하다. 앞사람이 갈던 땅을 뒷사람이 거두어들인다. 뒷사람은 거두어 얻었다고 기뻐하지 말 것이다. 다시 또 거둘 사람이 뒷머리에 있다."

풀이

田 농사짓다, 밭 갈다

景色 경치(景致)

更 다시 '갱', 고치다 · 바꾸다 '경'
〔예〕 갱생(更生)—다시 살아남

有 또
又와 같다.

蘇東坡 曰 無故而得千金 不有大福 必有大禍.

소동파 왈 무고이득천금 불유대복 필유대화

소동파가 "이유없이 천금을 얻는다면 큰 복이 있는 것이 아니라, 반드시 큰 화가 있다"라고 말하였다.

풀이

無故 ① 아무런 연고가 없음 ② 아무 사고 없이 평안함
여기서는 '까닭없다, 이유없다'의 뜻으로 사용되었다.

康節邵先生 曰 有人來問卜. 如何是禍福. 我虧人是禍 人虧我是福.

강절소선생 왈 유인래문복 여하시화복 아휴인시화 인휴아시복

강절 소선생이 "어떤 사람이 와서 점을 묻었다. 무엇이 화와 복인가? 내가 남을 깎아내리면 바로 화가 되고, 남이 나를 깎아내리면 곧 복이 된다"라고 말하였다.

풀이

虧 이지러지다, 깎아내리다

卜 점을 치다
흔히 길흉화복에 관해 점침을 이른다.

如何 '무엇, 왜, 어떻게 합니까, 어느' 등의 의미로 사용된다. 점차로 如何는 何如로 규칙화되고, 如何는 如之何(그것에 대하여 어떻게 하는가)의 축약형으로, 방법을 묻는 '어떻게 해야 하는가'의 의미로 사용된다.

如何是禍福 무엇이 화와 복인가
이 문장은 禍福如何와 같은데, 如何가 문두로 이동하면서 是가 사용되었다. 是는 판단사(~이다)로 볼 수도 있고, 부사어로 '곧, 바로' 등의 어기를 나타내기도 한다. 일반적인 문법 정의로 '전치된 목적어를 강조하는 부사성 대명사'이다.
또 목적어가 술어 앞으로 도치될 경우 之가 사용되기도 하는데, 이 之는 전치된 목적어가 명사나 명사구일 경우에 흔히 사용된다. 是는 전치된 목적어가 변형되어 새로운 문장 성분으로 되었을 때 표시되며, 之는 도치의 표시이다.

이 문장 전체가 강절 선생의 말은 아니다. 如何是禍福은 有人이 한 말로 인용의 인용 형식을 띤다. 한문에서 청자와 화자 상호간의 대화에서, 화자가 누구인지 문맥에서 판단이 되는 경우는 생략되기도 한다.

大廈千間 夜臥八尺. 良田萬頃 日食二升.

대하천간 야와팔척 량전만경 일식이승

"큰 집이 천간이라도 밤에 눕기는 여덟 자이고,
좋은 밭이 만경이라도 하루에 먹기는 두 되이다."

풀이

이런 시적 표현의 문장은 한국어로 풀이하는 과정에서 각기 다른 문법구조로 분석하는 것이 가능하지만, 기본이 되는 일정한 구조를 선택하여 일관성있게 해야 한다.

夜臥八尺는 '밤에 여덟 자에 눕는다' 로도, '밤에 눕기는 여덟 자이다' 로도 가능하다. 하지만 앞 구절은 大廈와 千間의 관계가 주술관계이다. 따라서 동일하게 주술관계로 풀이한 것이다.

久住令人賤. 頻來親也疎.
但看三五日 相見不如初.

구주령인천 빈래친야소 단간삼오일 상견불여초

"오래 머무른다면 사람을 천하게 만들고, 자주 오면 친분도 소원해진다. 단지 삼오 일을 보았을 뿐인데 서로 봄이 처음과 같지 않다."

풀이

令人賤 사람으로 하여금 천하게 만들다

(일반적인 문법 규정에서) 令은 사역동사로 이중목적어를 취하며 겸어구조를 형성한다. '令(使) A(명사) B(동사)' 의 형식으로 사용되는데, 'A로 하여금 B하게 만들다' 로 풀이된다. 이때 A는 令의 직접목적어인 동시에 B의 의미상의 주어이기도 하다. A가 목적어와 주어의 기능을 동시에 가지므로 겸어구조라고 하는 것이다.

겸어구조(兼語構造)는 영어로는 pivot(樞軸)구조라고도 하는데, 명사 A를 축으로 앞뒤로 동사가 위치하여 앞동사의 목적어이면서도 뒷동사의 주어가 되는 상호 문법관계를 구축하기 때문이다.

또 염두에 두어야 할 것은, 한문은 항상 언어에 따라 다른 문법구조로의 분석이 가능하다는 것이다. 한문의 태초성인 단문의 연속으로 이 구문을 분석할 수도 있다. 久住(오래 머무르다)令人(사람을 만든다)賤(천해지다)의 세 절이 나란히 결합한 형태로 볼 수도 있다는 것이다.

令人에서 令에는 동사 외에도 부사적인 어기가 있다. 한국어에서 도구격조사 '으로' 와 목적격 조사 '을/를' 은 깊은 연관관계가 있다. 이렇게 풀이하면 '오래 머무름은 사람을 천하게 한다' 로 '주+목+술' 의 한국어 문형에 그대로 적용되기도 하는 것이다. 한문은 'SVO' 문형으로 영어와 동일한 문형구조라고 하지만, 그런 문형구조로 분화되기 이전의 형태에 더 가까운 언어이다.

親也疎 친분도 소원해진다

也에 대한 문법적인 정의는 휴지어기사이다. 휴지어기사란 문장의 중간에 앞말을 제시하고 잠시 휴지하게 함으로써 어기를 완화시키거나 강조하는 기능을 한다. 또 다른 정의로는 앞말에 대한 노출(강조)의 표지이기도 하다.

親疎는 주술관계로 분석하여 '친분이 소원해지다' 라고 풀이할 수 있다. 그러나 親疎也라고 한다면 也를 동사 술어문의 강조를 위한 상조사로 분석하여 '친분이 소원해지는 것이다' 로 풀이된다. 즉, 也가 술어 疎를 강조하고 있는 것이다.

본문의 也(주어와 술어 사이)도 강조의 상조사이다. '친분도, 친한 사이일지라도' 정도의 어기를 만들어 낸다.

三五日 수의 표현에서 三五가 35(삼십오)가 아닌 3과 5, 혹은 3~5인지에 대해서는 문맥을 통해 파악해야 한다. 十八九는 '10과 8과 9' 를 뜻하기도 하고, '10중 8, 9(十之八九)' 를 표현하기도 한다. 한문에서는 이렇게 수적인 표현뿐만 아니라 다른 표현에서도 의미 파악이 즉각적으로 명확하지 않은 경우가 있는데, 그것은 구어의 반영이기 때문이다. 한국어에서도 수적 표현의 불명료함은 구어에 있다. 하지만 서로간의 대화에서는 오해의 여지가 거의 없다. 한국 사람이라면 누구라도 글쓰기에 있어 구어와 다르게 분명함을 표시한다. 그러한 한국어에서의 문자언어와 음성언어의 차이는 오래된 것이 아니고, 아주 최근의 일에 불과하다. 겨우 몇 백 년 전 조선시대의 한글 문서만 봐도 지금과는 전혀 다른 방식으로 언어가 사용되고 있다. 글쓰기와 말하기에 하등의 차이를 보이지 않는다.

渴時一滴 如甘露. 醉後添盃 不如無.

갈시일적 여감로 취후첨배 불여무

"목마를 때 한 방울은 단 이슬과 같고,
취한 후 더한 잔은 아니한 것만 못하다."

풀이

不如無 아니한 것만 못하다

無는 금지사 勿(말다, 못하다)의 의미로 사용되었다. 문두에서의 勿과 無는 종종 같은 의미로 혼용되지만, 문말에 勿이 사용되지는 못한다. 즉 勿은 금지사로서 부사적 위치가 확고한 반면, 無는 품사상의 위치로는 비교적 중립적인 것이다.

無를 형용사의 명사형(如의 목적어로 사용됨)으로 본다면 '없음만 못하다'가 된다. 앞 구절은 술의 존재 여부에 대한 표현이 아니라, 술을 마신(동사) 행위에 대한 표현이다. 그 행위(동작/동사)에 대한 금지의 어기를 나타낸 것이기에 형용사로서의 無가 아니라 금지사로서의 勿의 의미로 사용된 것이다.

酒不醉人 人自醉. 色不迷人 人自迷.

주불취인 인자취 색불미인 인자미

"술이 사람을 취하게 만드는 것이 아니라 사람이 스스로 취한다.
색이 사람을 미혹시키는 것이 아니라 사람이 스스로 미혹된다."

풀이

酒不醉人 人自醉 술이 사람을 취하게 만드는 것이 아니라 사람이 스스로 취한다

이 구문은 보다 강조적으로 표현한다면 '非酒之醉人 是人自醉也' 가 된다.

公心 若比私心 何事不辨. 道念 若同情念 成佛多時.

공심 약비사심 하사불변 도념 약동정념 성불다시

공공의 마음이 만약 사사로운 마음에 미치도록 한다면 무슨 일이 분별 못할 것인가?
도의 생각을 만약 정념에 같게 한다면 성불한지 오래일 것이다.

풀이

若比私心 만약 사사로운 마음에 이르도록 한다면

比는 동사로서 '이르다, 미치다, 도달하다' 의 뜻이다. 어원적으로는

'나란히 하다' 이며, 다음 구문에 오는 同과 의미가 같다.

何事不辨 무슨 일이 분별되지 않겠는가

여기서 何는 관형어이다. 명사 事를 수식하여 何事가 주어로 사용되고 있다. 辨은 타동사로서 '분별하다, 밝히다' 등의 뜻이다. 이처럼 타동사가 형식적으로 목적어를 취하지 않고 주어로 내세우고 있다.(이럴 경우는 대부분 실제 주어는 문장에 나타나지 않는다) 이런 형태는 묘사문이다. 서술문은 '주어에 대한 서술' 인 반면, 묘사문은 '주어에 대한 묘사' 이다. 아래 한국어 예문을 참조하라.

'풀을 뽑는다' -서술문

'풀이 뽑힌다' -묘사문

본래의 목적어를 형식적으로 주어(주격보어)로 내세우면서 묘사적인 성향이 나타난다. 이럴 경우 원래의 주어는 피동형으로 바뀌게 된다.

'나는 풀을 뽑는다'

'나에게 풀이 뽑힌다'

다시 본문으로 돌아가자.

不辨何事(무슨 일을 분별 못하겠는가)-서술문

何事不辨(무슨 일이 분별되지 못하겠는가)-묘사문

여기에 다시 생략된 주어(他)를 설정하여 첨가한다면,

他不辨何事(그가 무슨 일을 분별하지 못하겠는가)-서술문

何事不辨(於)他(그에게 무슨 일이 분별되지 않겠는가)-묘사문

묘사문에서는 주어가 나타나지 않는다. 즉, 서술문에서의 목적어가 주격보어로 사용되고, 실제 주어는 피동의 목적어로 변이된다. 묘사문에는 주어가 없다.

多時 시간이 오래 경과하다, 오래되다, 많은 시간

濂溪先生 曰 巧者言 拙者默. 巧者勞 拙者逸. 巧者賊 拙者德. 巧者凶 拙者吉. 嗚呼. 天下拙 刑政 撤. 上安下順 風淸弊絶.

렴계선생 왈 교자언 졸자묵 교자로 졸자일 교자적 졸자덕 교자흉 졸자길 오호 천하졸 형정철 상안하순 풍청폐절

염계 선생이 "교자는 말하고 졸자는 침묵한다. 교자는 수고롭고 졸자는 편안하다. 교자는 해치고 졸자는 덕을 베푼다. 교자는 흉하고 졸자는 길하다. 오호! 천하가 졸하다면 형벌의 다스림이 거두어지고, 위에서는 편안하고 아래에서는 순응하며, 풍속이 맑아지고 폐단이 끊어진다"라고 말하였다.

풀이

巧者, 拙者 者가 모두 명사화접미사(~의 사람)로 사용되었다.

嗚呼 오호!

감탄사로 찬미나 개탄, 슬픔 등의 감정을 나타낸다.

易曰 德微而位尊 智小而謀大 無禍者鮮矣.

역 왈 덕미이위존 지소이모대 무화자선의

『주역』에 이렇게 이른다.
"덕이 작으나 지위는 높고 지혜가 작으나 도모함은 크다면,
화가 없는 경우는 드물 것이다."

풀이

德微而位尊 덕이 작으나 지위는 높다

而가 '그러나'의 의미로 사용되었다. 순접과 역접 모두에 사용되는데, 일반적으로 而는 절과 절, 동사와 동사 사이를 잇고, 與(과/와)는 구와 구, 명사와 명사 사이를 잇는다.

無禍者鮮矣 화가 없는 경우는 드물 것이다

矣는 종결어기사로 변화에 따른 결과나 가정/조건에 의한 결과의 어기를 내포한다. 한문에서 종결사를 '종결어기사'라고 하는 것은 단순한 종결사가 아니라 별도(주로 강조의 상)의 어기를 함의하고 있기 때문이다. 한국어에서도 '만약 ~라면, ~이다'보다는 '만약 ~라면, ~인 것이다'가 더 자연스럽고, '~하기 때문에, ~하게 되다'보다는 '~하기 때문에, ~하게 되었다/될 것이다'가 더 자연스러운데, '것, 었, ~ㄹ 것'와 같은 의존명사, 시제, 어미활용 등이 그러한 상적인 어기를 나타내는 것과 같다.

說苑 曰 官怠於宦成. 病加於小愈.
禍生於懈惰. 孝衰於妻子.
察此四者 愼終如始.

설원 왈 관태어환성 병가어소유 화생어해태 효쇠어처자 찰차사자 신종여시

『설원』에 이렇게 이른다.
"공무는 벼슬이 이룩됨에서 태만해지고, 병은 조금 나음에서 더해지고, 화는 게으름에서 생겨나고, 효는 처자로부터 쇠하여진다. 이 네 가지 것을 살펴서 삼가 처음처럼 마친다.

풀이

愼 삼가
정태부사로 '조심스레, 신중히' 등의 뜻이다.

器滿則溢. 人滿則喪.

기만즉일 인만즉상

그릇은 차면 넘치고, 사람은 차면 잃게 된다.

풀이

滿 '가득하다' 외에 '교만(驕慢)하다'의 뜻도 있다.

喪 '(지위, 뜻을) 잃다' 외에 '망하다'의 뜻도 있다.

尺璧非寶 寸陰是競.

척벽비보 촌음시경

척벽이 보배가 아니며, 촌음이 바로 다툼인 것이다.

풀이

尺璧 직경이 한자나 되는 구슬

璧은 고리 형태의 구슬로 옥구슬을 의미한다. 辟은 임금을 뜻한다. 곧 '임금이 지니는 구슬'의 의미이다.

寸陰 짧은 시간

陰은 그림자를 뜻하는 글자로, 해가 기울어짐에 따라 그림자가 이동하는 것에서 '시간'이라는 의미가 생겼다.

是 '곧, 바로'의 부사어이다. 是가 가지는 본래의 기능은 지시사로 '이, 이것' 등의 의미이지만, 이 문장에서처럼 지시하는 바가 분명하지 않을 경우도 있다. 한국어의 '이토록(이와 같이), 그렇게, 그토록(그와 같이)' 등의 부사어들도 때때로 공지시(空指示)－구체적으로 지시하는 내용이 없는 경우－의 기능을 하면서 강조의 상을 나타내기도 한다.

是의 자리에 則이 오지 못한다. 그것은 寸陰이 주어가 아니기 때문이다. 是가 가지는 또 다른 문법 기능에는 전치된 목적어(競寸陰－촌음을 다투다)를 재지시함과, 또 전치된 목적어를 형식적인 주어(한국어에서의 보어)로 바꾸어주는 기능을 동시에 한다.(따라서 도치문이 아닌 새로운 형식의 문장이 성립된다) 是가 빠지면 寸陰競(촌음이 다투다/다투게하다/다투어진다)가 되어 전체 문장에 어울릴 수 없게 된다.

〔예〕 競寸陰(촌음을 다투다)에서 목적어를 앞으로 전치시키면, 於寸陰競(촌음에 대하여 다투다)가 된다. 하지만 이것은 도치문이 아니라 다른 형식의 문형이다.(於가 동사화되어 절과 절의 결합형이 되는 것이다) 또, 寸陰之競(촌음의 다툼. 문맥에 따라, 촌음이란 것이 다투어지게 된다)이 된다. 목적어가 술어 앞으로 전치될 때 도치의 표시로 之가 사이에 온다.

이러한 도치의 표지가 사용된 경우를 아무 구분없이 競寸陰와 동일하게 '촌음을 다툰다'로 풀이할 수는 없다.(일반적인 문법서에서는 별다른 구분없이 풀이하고 있다) 이 책에서는 이 之를 강조를 위한 상조사로 분석한다. 목적어를 술어 앞으로 도치시킨다는 것은 그 목적어를 강조하기 위한 것이기 때문이다.

또 於寸陰競의 문형은 寸陰競焉(촌음이 다투어지는 것이다)로 바꾸어지기도 한다. 만약 寸陰競라고 쓴다면, 寸陰은 동사 다툼(競)의 주체가 될 수 없기에 동사의 의미가 전성되어 '촌음이 다투어지게 된다'나 '촌음이 다투게 만든다' 등으로 실제의 문맥과 다르게 풀이된다.

寸陰則競이라고 쓴다면 寸陰은 동사의 행위 주체가 되거나 문맥에 따라 '촌음, 그렇다면(/촌음이라면), 다툰다'가 된다. 그래서 본문이 寸陰是競으로 된 것이다.

羊羹雖美 衆口難調.

양갱수미 중구난조

양고기 국이 비록 맛나지만 여러 사람의 입에 맞게 되기는 어렵다."

풀이

雖 '비록 ~일 지라도' 라는 의미의 양보접속사이다.

調 조절하다, 맞추다

益智書 云 白玉 投於泥塗 不能汚穢其色. 君子 行於濁地 不能染亂其心. 故 松柏 可以耐雪霜. 明智 可以涉危難.

익지서 운 백옥 투어니중 불능오예기색 군자 행어탁지 불능렴란기심 고 송백 가이내설상 명지 가이섭위난

『익지서』에 이렇게 이른다.
"백옥은 진흙에 던져지더라도 그 색을 더럽힐 수 없으며, 군자는 혼탁한 장소에 다니게 되더라도 그 마음을 물들고 혼란시킬 수 없다. 그러므로 송백은 눈서리를 견뎌내는 것이며, 명지는 위험과 어려움을 건너내는 것이다.

풀이

松柏 可以耐雪霜 송백은 설상을 견뎌내는 것이다, 송백은 설상을 견딜 수 있는 것이다

松柏 可耐雪霜라고 한다면 '송백은 설상에 견딜 수 있다'가 된다.

두 문장은 어기상의 차이를 보이는데, 본문은 기정의 사실에 대한 서술은 아니지만, 예제문은 기정의 사실에 대한 서술이 된다. 본문은 추측이라는 상을 띠지만, 예제문은 당연이라는 상을 띤다. 하지만 모든 문장에서의 可와 可以의 관계가 이와 같은 것은 아니다.

① 王可殺(왕은 죽일 수 있다)

② 王可以殺人(왕은 사람을 죽일 수 있다)

①에서의 王은 피동이다. 따라서 주어가 아니라 주격보어이다. ②에서의 王은 능동으로 동사의 주체이다.

③ 鳥可飛(새는 날 수 있다)

④ 禽獸可以飛天(금수는 하늘을 날 수도 있다)

③에서는 전체를 함의하지만, ④에서는 일부를 나타낸다.

⑤ 人皆可以爲堯舜(사람은 모두 요순이 될 수 있다－맹자)

⑤에서는 아직 발생하지 않은 일에 대한 추측이다. 현재미완의 시제를 함의하고 있다.

또 可 뒤에는 자동사가, 可以 뒤에는 타동사가 오는 것이 일반적이다.

예시된 몇 개의 문항들은 可와 可以가 이끌어 내는 일부에 지나지 않는다. 때로는 정반대의 결과로 나타나기도 한다. 그것은 可와 以 모두가 허사로서 상적인 어기를 지니고 있기 때문이다. 이 둘의 어우러짐과, 다시 이어지는 동사와 목적어와의 관계가 얽히어져 나타나는 결과인 것이다.

入山擒虎 易. 開口告人 難.

입산금호 이 개구고인 난

산에 들어가 호랑이를 사로잡기는 쉬우나
입을 열어 남에게 고하기는 어렵다.

풀이

易 쉽다[이], 바꾸다, 교환하다, 주역[역]

入山, 擒虎

두 동사[入, 擒]가 시간의 순차적 발생에 의하여 표기되어 있다. 이럴 경우는 흔히 而와 같은 접속사를 사용하여 '入山而擒虎'로 표현한다. 뒷 문장 역시 마찬가지이다.

遠水 不救近火. 遠親 不如近隣.

원수 불구근화 원친 불여근린

먼 물은 가까운 불을 끄지 못하고, 먼 친척은 가까운 이웃만 못하다."

풀이

遠水 멀리 있는 물, 먼 물

형용사 遠이 명사 水를 수식하고 있다. 〔수식어+피수식〕의 어순은 한국어와 동일하다.

不如A A만 못하다

직역하면 'A만 같지 않다/못하다'의 뜻이다.

太公 曰 日月 雖明 不照覆盆之下.
刀刃 雖快 不斬無罪之人.
非災橫禍 不入愼家之門.

태공 왈 일원 수명 불조복분지하 도인 수쾌 불참무죄지인 비재횡화 불입신가지문

태공이 "일월이 비록 밝으나 엎어진 동이의 아래는 비추지 못하고, 칼날이 비록 날카로우나 죄 없는 사람을 목 베지는 못한다. 잘못된 재난과 뜻밖의 화는 삼가는 집의 문에 들어오지 못한다"라고 말하였다.

풀이

刀刃 雖快 칼날이 비록 날카로우나

快는 '방종'을 뜻하기도 하는데, 법제나 권력의 남용에 대한 형용이다. 快를 '빠르다'로 풀이하여 '칼날이 비록 빠르나'로 할 수 있다.

太公 曰 良田萬頃 不如薄藝隨身.

태공 왈 양전만경 불여박예수신

태공께서 "좋은 밭 만경이 박한 재주가 몸을 따르는 것만 못하다" 라고 말하였다.

풀이

隨身 몸에 따르다, 몸을 따르다
① 뒤따르는 사람, 호위하는 사람
② 호신용으로 가지고 다니는 물건

性理書 云 接物之要 己所不欲 勿施於人. 行有不得 反求諸己.

성리서 운 접물지요 기소불욕 물시어인 행유불득 반구저기

『성리서』에 이렇게 이른다.
"접물의 요체는 자기가 하고자 하지 않는 것을 남에게 시행하지 말며, 행하여서 이룰 수 없었으면 돌이켜 자기에게서 찾아라.

풀이

接物 ① 외물과의 교섭 ② 타인과의 교제
物은 세상 모든 사물 중에서 자기 상대로서의 개념이다. 뜬구름, 먼

산과 같은 비한정적인 어떤 사물은 物에 포함되지 않는다.

所不欲 하고자 하지 않는 것

여기서의 所는 일반적으로 구조조사라고 하며, 동목구나 형용사구 앞에 붙어 '~하는 것/곳, ~사람, ~방법' 등의 의미를 나타낸다. 所를 구조조사라고 하는 것은 혼자서는 사용될 수 없고 다른 단어의 앞에 사용되어 그러한 기능을 나타낼 수 있기 때문이다. '~者'의 자자결구도 구조조사라고 한다.

둘 사이의 차이에 대한 연구는 아직 분명히 밝혀진 것은 아니지만, 이 책에서는 "所字결구는 '어떤, 다수 중의 하나, 분명하지 않은' 등의 어기를 함의하는 것이며, 者字결구는 분명하고 구체적인 것을 지시하는 경우에 사용되는 것"이라고 정의한다.

所는 부사로서 '만일, 쯤, 대략'의 뜻을 갖는데, 그러한 所의 용법이 두 차이를 가져오게 한 것이다.

反求諸己 돌이켜 자기에게서 찾아야 할 것이다

反은 부사로 '돌이켜'의 의미로 사용되었다. 諸는 '~로부터, ~에서' 등의 의미를 나타내는 개사이다. 之於의 합사이다. 여기서 之는 강조의 상조사이며, 於는 개사로 위치·장소의 보어를 이끈다.(기본 문법서에서는 之를 목적어 대체사로 분류하고 있다) 이때의 諸는 '저'로 읽는다.

酒色財氣四堵墻 多少賢愚在內廂.
若有世人跳得出 便是神仙不死方.

주색재기사도장 다소현우재내상 약유세인도득출 변시신선불사방

술과 여색과 재물과 기운의 네 담장에 많은 현명하고 어리석은 사람이 내실에 존재한다. 만약 어떤 세인이 뛰어서 나올 수 있다면, 곧 이것이 신선으로서 죽지 않는 방법이다."

풀이

多少 ① 많으나 작으나 ① 수많은

有 어떤

跳得出 뛰어서 나올 수 있다

跳(부)得(조)出(동)의 구문이다.

便 문득, 곧, 바로

立教篇

입교편

明心寶鑑

子曰 爲善者 天報之以福 爲不善者 天報之以禍 漢昭烈 將終 勅後主曰 勿以善小而不爲 勿以惡小而爲之 太公曰 見善如渴 聞惡如聾 又曰 善事須貪 惡事莫樂 馬援曰 終身行善 善猶不足 一日行惡 惡自有餘 司馬溫公曰 積金以遺子孫 未必子孫能盡守 積書以遺子孫 未必子孫能盡讀 不如積陰德於冥冥之中 以爲子孫之計也 子曰 爲善者 天報之以福 爲不善者 天報之以禍 漢昭烈 將終 勅後主曰 勿以善小而不爲 勿以惡小而爲之 太公曰 見善如渴 聞惡如聾 又曰 善事須貪 惡事莫樂 馬援曰 終身行善 善猶不足 一日行惡 惡自有餘 司馬溫公曰 積金以遺子孫 未必子孫能盡守 積書以遺子孫 未必子孫能盡讀 不如積陰德於冥冥之中 以爲子孫之計也 子曰 爲善者 天報之以福 爲不善者 天報之以禍 漢昭烈 將終 勅後主曰 勿以善小而不爲 勿以惡小而爲之 太公曰 見善如渴 聞惡如聾 又曰 善事須貪 惡事莫樂 馬援曰 終身行

子曰 立身有義 而孝爲本. 喪祀有禮 而哀爲本. 戰陣有列 而勇爲本. 治政有理 而農爲本. 居國有道 而嗣爲本. 生財有時 而力爲本.

자 왈 입신유의 이효위본 상사유예 이애위본 전진유렬 이용위본 치정유리 이농위본 거국유도 이사위본 생재유시 이력위본

선생께서 "입신에는 도리가 있으니, 이에 효가 근본이 된다. 상사에는 예가 있으니, 이에 슬픔이 근본이 된다. 전장의 진에는 순서가 있으니, 이에 용기가 근본이 된다. 나라를 다스림에는 이치가 있으니, 이에 농사가 근본이 된다. 나라를 유지함에는 도가 있으니 이에 계사가 근본이 된다. 재물을 생산함에는 적시가 있으니, 이에 힘씀이 근본이 된다"라고 말하였다.

풀이

而孝爲本 이에서 효가 근본이 된다

而는 흔히 접속사로 기능한다. 접속사로 기능하는 而는 절이나 동사나 형용사 사이에 주로 사용된다. 여기서의 而는 앞뒤 두 구문의 독립성이 강하다. 즉 독립된 문장으로서도 손색이 없다. 앞뒤가 모두 '주+술+보' 구조로 되어 있다. 두 문장의 관계는 의미적으로 수식관계도 아니며, 대등한 관계도 아니다. 조건과 결과의 관계로 보기도 어렵다.

국민교육헌장 전문에 보면, "안으로 자주독립의 자세를 확립하고, 밖으로 인류공영에 이바지할 때다. 이에 우리의 나아갈 바를 밝혀 교육의 지표로 삼는다"는 구절이 있다. 세 개의 문장이 연속되는데, 앞 두 문장은 대등한 관계이지만, 마지막 문장에서는 더 발전적인, 지향적인 의미를 담아내고 있다. 그리고 그러한 표지로 '이에' 라는 부사가

사용되고 있다.

본문의 而는 한국어의 '이에, 이에서' 의 의미와 같이 상황의 점진적인 발전이나 부각의 어기를 나타내고 있다. 따라서 접속사라기보다는 앞 문장 전체를 받는 명사성 부사어로 사용된 것이다.

喪祀 상사(喪事)와 제사(祭祀)

戰陣 ① 싸우기 위하여 벌리어 친 진 ② 전장(戰場)

治政 나라를 다스리고 안정시킴

居國 나라를 유지함, 계승함

居에 '머무르다, 유지하다' 의 뜻이 있다.

〔예〕 居守－머물러 지킴

時 적절한 때, 적시(適時)

景行錄 云 爲政之要 曰公與淸.
成家之道 曰儉與勤.

경행록 운 위정지요 왈공여청 성가지도 왈검여근

『경행록』에 이렇게 이른다.
"위정의 요체는 공명함과 청렴함이라고 불리고,
성가의 도는 검소함과 부지런함이라고 불린다."

풀이

要 요체(要諦), 요점(要點), 중요한 깨달음, 비결.

曰公與淸 공명함과 청렴함이라고 불리다

曰은 계사로서 '~라고 불리다'의 의미로, 직접 인용을 유도할 경우의 '말하다(자/타동사)'와는 용법이 다르다. 계사로서의 曰은 항상 주격보어(이 문장에서는 '爲政之要')와 함께 사용된다.

讀書 起家之本. 循理 保家之本.
勤儉 治家之本. 和順 齊家之本.

독서 기가지본 순리 보가지본 근검 치가지본 화순 제가지본

독서는 집을 일으키는 근본이고, 도리에 순응함은 집을 보존하는 근본이고, 근검은 집을 다스리는 근본이고, 화순은 집을 다스리는 근본이다."

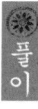

풀이

循理 도리에 순종함

和順 화합하고 순량함

순량(循良)—성질이 순하고 착함

孔子 三計圖 云 一生之計 在於幼. 一年之計 在於春. 一日之計 在於寅. 幼而不學 老無所知. 春若不耕 秋無所望. 寅若不起 日無所辦.

공자 삼계도 운 일생지계 재어유 일년지계 재어춘 일일지계 재어인 유이불학 노무소지 춘약불경 추무소망 인약불기 일무소판

공자의 삼계도에 이렇게 이른다.
"일생의 계획은 유년에 있으며, 일년의 계획은 봄에 있으며, 하루의 계획은 인시에 있다. 어려서 만약 배우지 않으면 늙어서 아는 바가 없으며, 봄에 만약 밭 갈지 않으면 가을에 바랄게 없으며, 인시에 만약 일어나지 않으면 힘쓸 것이 없다."

풀이

在於幼 유년에 있다
有는 단순한 서술/형용인 반면, 在는 단정하는 어기가 강하다.

寅 인시(寅時)
새벽 3~5시 사이.

幼而不學 어려서 만약 배우지 않으면
而가 '만약'의 의미로 사용되었다. 다음에 이어지는 春若不耕의 若과 의미가 같다.

性理書 云 五敎之目. 父子有親. 君臣有義. 夫婦有別. 長幼有序. 朋友有信.

성리서 운 오교지목 부자유친 군신유의 부부유별 장유유서 붕우유신

『성리서』에 이렇게 쓰여 있다.

"오교지목 : 부자는 친함에 있다, 군신은 의리에 있다, 부부는 구별에 있다, 어른과 아이는 차례에 있다, 붕우는 신뢰에 있다.

풀이

五敎之目 다섯 가지 교육의 조목

오륜(五倫)을 말한다.

이 구문은 문법 체계로서 전체를 하나의 문장으로 보기는 어렵다. 즉 五敎之目이 전체 문장의 문법적인 주어나 기타 문장 성분으로서 역할하고 있는 것이 아니다. 한문에서는 문장 성분 전반에 걸쳐 생략 현상이 나타나는데, 그중에서도 동사의 생략은 극히 제한적이다. 모든 언어에 있어 동사가 가장 기저가 되는 문장 성분이기 때문이다. 五敎之目 다음에 五敎의 다섯 항목을 모두 보어로 취할 수 있는 계사 爲나 是, 혹은 曰 정도가 있어야 한다. 흔히 이러한 예의 문장은 아래와 같이 사용되기도 한다.

'五敎之目 一曰父子有親 二曰君臣有義 …'

이러한 가정 하에서 동사의 생략을 근거로 삼을 수는 없다. 왜냐하면 이 문장은 생략이 아니라 처음부터 사용할 필요가 없는 경우이기 때문이다. 이 문장을 도표 형식으로 정리하면,

오교지목—부자는 친함에 있다.

—군신은 의리에 있다.

—부부는 구별에 있다.
—장유는 차례에 있다.
—붕우는 신뢰에 있다.

이 정리를 하나의 문장으로 만든다면, "오교지목은 '… … 붕우는 신뢰에 있다' 이다"가 될 것이다. 즉 작은 따옴표(' ')를 사용하고, 문말에 계사 '이다'를 다시 사용하는 형식이 될 것이다. 이 정리를 화자가 청자에게 읽어준다면, "오교지목은 … … 붕우는 신뢰에 있다"로 마치고 말 것이다. 즉 문어에 사용되었던 계사 '이다'는 생략해 버릴 것이다. 생략하는 게 오히려 더 자연스럽기 때문이다. 그리고 생략에 대한 표시로서 한 박자 늦춤(휴지), 다른 구절과는 다른 '있다'의 발음 등과 같은 식으로 종결의 어기를 나타낼 것이다.

그렇다면 이러한 '읽기'는 문법적 오류인가? 아니면 한국어에서도 동사가 생략되는 한 예인가? 문어(文語)에 있어서 다양한 기호를 이용한 '도표 형식 쓰기'가 있다면, 구어에 있어서도 '도표 형식 말하기'가 있는 것이다. 한문은 고대 한인들이 구사하던 구어(口語)를 충실히 반영하면서도 다시 이를 압축한 형식이다. 말을 그대로 옮겨 기록한 형태이다. 동사의 생략이라고 보기는 어렵다.

이러한 '도표 문장'의 조건으로는 명제정의형 문장에서 정의의 세부 항목이 다수이거나, 세부 항목들의 문장으로서의 완결성과 독립성이 강할 것이 요구된다.

父子有親 부자는 친함에 있다

이 문장은 '父子之目有親'에서 '之目'의 생략된 형태이다. 之目이 있는 것과 없는 것의 어기 차이는 자못 크다. 그것은 有가 가지는 특수성으로, 한문에서 有의 주어가 사람일 경우는 '가지고 있다, 소유하고 있다'의 의미가 일반적이다. 父子有親은 '부자는 친함을 가지고 있다

(有가 동사로 사용), 부자는 친함이 있다(有가 형용사로 사용)' 가 된다. 이러한 풀이가 전체 문맥에 어울리지 않다고 '부자는 친함이 있어야 한다' 는 식으로 한다면 오류이다. "부자(사이의 교육 덕목)는 친함에 있다"가 되어야 한다. 즉 이 문장은 서술문이 아니라 묘사문으로, 父子는 보어이다.

三綱 君爲臣綱 父爲子綱 夫爲婦綱.

삼강 군위신강 부위자강 부위부강

삼강 : 임금은 신하의 본보기이고, 아버지는 아들의 본보기이고, 남편은 아내의 본보기이다."

풀이

綱 벼리, 기본, 모범, 본보기

王蠋曰 忠臣 不事二君. 烈女 不更二夫.

왕촉 왈 충신 불사이군 열녀 불경이부

왕촉이 "충신은 두 임금을 섬기지 않고, 열녀는 두 남편을 갈지 않는다"라고 말하였다.

풀이

更 바꾸다

갈다[경], 다시〔갱〕. 〔예〕 경질(更迭)－교대함, 교체함

忠子 曰 治官 莫若平. 臨財 莫若廉.

충자 왈 치관 막약평 림재 막약렴

충자가 "벼슬을 다스림에는 공평만한 것이 없고, 재물을 대함에는 청렴만한 것이 없다"라고 말하였다.

풀이

治官 벼슬을 다스림

① 관리의 임명 ② 관리로서의 업무를 처리함

臨財 재물을 대함

張思叔 座右銘 曰 凡語 必忠信.
凡行 必篤敬. 飮食 必愼節. 字畫 必楷正.
容貌 必端莊. 衣冠 必肅整. 步履 必安詳.
居處 必正靜. 作事 必謀始. 出言 必顧行.
常德 必固持. 然諾 必重應. 見善如己出
見惡如己病. 凡此十四者 皆我未深省.
書此當座右 朝夕視爲警.

장사숙 좌우명 왈 범어 필충신 범행 필독경 음식 필신절 자획 필해정 용모 필단장 의관 필숙정 보리 필안상 거처 필정정 작사 필모시 출언 필고행 상덕 필고지 연낙 필중응 견선여기출 견악여기병 범차십사자 개아미심성 서차당좌우 조석시위경

장사숙의 좌우명에 이렇게 쓰여 있다.
"모든 말은 반드시 성의와 신의로 하며, 모든 행동은 반드시 독실하고 경건하며, 음식은 반드시 삼가여 적절하게 해야 한다. 자획은 바르고 곧게 하며, 용모는 반드시 단정하고 장중해야 하며, 의관은 반드시 깨끗하고 바르게 입어야 하며, 걸음걸이는 편안하고 차근히 하며, 거처는 반드시 바르고 정결하게 하고, 일을 일으킴은 반드시 계획으로 시작하고, 내는 말이 반드시 행동에 온전하게 지켜지도록 하며, 상덕은 반드시 굳게 지니도록 하며, 승낙은 반드시 신중하게 응하도록 하며, 선을 보면 마치 자기가 낳은 듯이 하고, 악을 보거든 자기의 병과 같이 하라. 무릇 이 열 네 가지 것은 모두 내가 아직 깊이 살피지 못함이다. 이것을 써 자리의 오른쪽에 놓아두고 아침저녁으로 보고 경계로 삼는다."

풀이

凡語 모든 말

凡이 관형어로서 명사 語를 수식하고 있다. 때때로 凡은 '무릇, 대체로' 등의 뜻으로 문장부사로서 화제(話題)를 제시하는 기능을 나타내기도 한다.

篤敬 언행을 참되게 하여 삼감, 돈독하고 공경스러움, 독실하고 신중함

愼節 조심하여 조절함

節 : 적절하다

楷正 자획이 바르고 똑똑함

楷에 '본보기, 곧음' 의 뜻이 있다. 〔예〕 해서체(楷書體).

端莊 단정하고 장중함, 단정하고 엄숙함, 단정하고 의젓함

肅整 행동이 예의 바르고 단정함

安詳 거동이 찬찬함, 거동이 꼼꼼하고 침착함

步履 걸음, 걸음걸이

出言 必顧行 내는 말이 반드시 행동에 온전하게 지켜지도록 하라

이 구문은 '말을 냄에는 행동을 살펴라' 로 앞으로 '이행할 수 있는 말만 하라' 의 의미가 아니다. 顧에는 '온전하게 지킴' 의 뜻도 있어, '내는 말이 행동에/을/으로 온전하게 지켜지도록 하라' 로 풀이해야 한다. 즉 '언행을 일치시켜라' 의 의미인 것이다.

문법적으로 분석하면, 주어 出言(내는 말)은 동사 顧(지키다, 이행하

다)의 직접 행위자가 아니라, 피동의 주체(주격보어)이므로 술목관계(顧行)는 일반적인 서술문의 술목관계인 지배와 피지배 관계가 아닌 사역형으로 전성된 것이다.(행동에 돌이켜지도록 하라)

〔예〕 顧行(행동을 돌이켜보다/지키다－지배와 피지배의 술목관계)

여기서의 出言이란 곧 行(행위)이기도 하다. '자신의 행위에 대하여 스스로 형용하여 내는 말' 의 의미이다.

行은 덕행(德行)을 의미한다.

〔예〕 顧行－덕행(德行 : 어질고 두터운 행실)을 온전하게 함

然諾 승낙(承諾)

己出 자기가 낳은 자식

未深省 아직 깊이 살피지 못하다

未는 '아직 ~못하다' 의 의미이다.

當座右 자리의 오른쪽에 두다

當 : 놓다/놓아두다

爲警 경계로 삼다/여기다

范益謙 座右銘 曰 一不言 朝廷利害邊報差除. 二不言 州縣官員長短得失. 三不言 衆人所作過惡之事. 四不言 仕進官職趨時附勢. 五不言 財利多少厭貧求富. 六不言 淫媟戲慢評論女色.
七不言 求覓人物干索酒食. 又人附書信 不可開坼沈滯. 與人並坐 不可窺人私書. 凡入人家 不可看人文字.
凡借人物 不可損壞不還. 凡喫飮食 不可揀擇去取. 與人同處. 不可自擇便利.
凡人富貴 不可歎羨詆毁.
凡此數事 有犯之者 足以見用意之不肖. 於存心修身 大有所害. 因書以自警.

범익겸 좌우명 왈 일불언 조정리해변보차제 이불언 주현관원장단득실 삼불언 중인소작과오지사 사불언 사진관직추시부세 오불언 재리다소염빈구부 육불언 음설희만평론여색 칠불언 구멱인물간색주식 우인부서신 불가개탁침체 여인병좌 불가규인사서 범입인가 불가간인문자 범차인물 불가손괴불환 범끽음식 불가간택거취 여인동처 불가자택편리 범인부귀 불가탄선저훼 범차수사 유범지자 족이견용의지불초 어존심수신 대유소해 인서이자경

범익겸의 좌우명에 이렇게 쓰여 있다.
"첫째 조정의 이해와 변방의 보고와 관직의 임명을 말하지 않으며, 둘째 주현 관원의 장단점과 득과 실을 말하지 않으며, 셋째 여러 사람의 잘못하고 악한 일을 일으킨 것을 말하지 않으며, 넷째 벼슬하여 관직에 나아가고 시세에 따라 권세에 아부함을 말하지 않으며, 다섯째 재물과 이익의 많고 적음과 가난을 싫어하고 부를 추구함을 말하지 않으며, 여섯째 음란하고 외설스러운 희롱과 여색 평론함을 말하지 않으며, 일곱째 다른 사람의 물건을 구하여 찾음과 술과 음식을 구하여 찾음을 말하지 않는다. 또 남이 붙이는 서신은 열어보거나 지체시킬 수 없으며, 다른 사람과 나란히 앉았을 때는 남의 사사로운 글을 엿볼 수 없다. 무릇 남의 집에 들어감에는 남의 글귀를 살펴볼 수 없다. 무릇 남의 물건을 빌림에는 손괴시키거나 돌려주지 않을 수 없다. 무릇 음식을 먹음에는 가려서 버리고 취할 수 없다. 남과 같이 머무름에는 스스로 편리를 택할 수 없다. 무릇 타인의 부귀는 감탄하며 부러워하거나 흉볼 수 없다. 무릇 이 몇 가지 일이 만약 범해진 경우라면 마음 씀의 못남을 보기에 충분한 것이다. 본심을 지니게 하고 몸을 닦음에 대하여 크게 해되는 것이 있다. 때문에 글로써 스스로 경계하노라."

풀이

差除 관직의 임명

差는 '사신을 보내다', 除는 '벼슬을 주다' 의 뜻.

仕進官職 벼슬하여 관직에 나아가다

仕은 '벼슬하다' 의 뜻이다.

趨時 시속에 따르다

趨는 '따르다, 추종하다' 의 뜻이다.

附勢 권세에 아부하다

附는 '아부하다, 부합하다' 의 뜻이다.

淫媟 음란하고 외설함

媟은 褻과 같다.

求覓 구하여 찾음

干索과 같다.

開坼 열어보다

沈滯 ① 가라앉아 머뭄 ② 벼슬이 오르지 아니함 ③ 일이 잘되어 나가지 아니함

여기서는 타인의 편지를 고의적으로 '묵혀둠'을 말한다.

與人並坐 남과 나란히 앉다

與는 개사로 '~과/와'의 뜻이다.

凡 무릇, 대체로, 대저

夫와 동일하나, 夫는 단순한 화제의 제시적 측면이 강하다. 凡은 강조의 어기를 띠는 문장부사이다.

看 살펴보다

視에 비하여 보다 자세하고 세밀하게 살펴봄을 의미한다.(예 : 看護) 察은 '조사하여 찾다'의 뜻이다.(예 : 診察, 觀察)

揀擇 가림, 구별함

去取 버림과 취함, 취사(取捨)

同處 같이 머무르다

處는 '머무르다'의 뜻이다.

歎羨 감탄하며 부러워함

詆毁 비난하다, 헐뜯다

有犯之者 어떤 범하여진 경우

有가 '어떤 ~라면' 의 뜻으로 사용되었다. 여기서 之의 용법은 독특하다. 有犯者라고 하면 '어떤 범한 것' 이 된다. 즉, 犯者는 단순한 수식의 관계가 된다. 여기에 지시사 之가 들어감으로 별도의 독특한 어기를 나타내는데, 그것은 현재완료이다. 有에 있는 추측의 상과 之에 있는 완료의 시제가 합하여져 '가정' 의 어기를 나타내고 있는 것이다.

이러한 상호 호응관계에 의하여 생겨난 '가정' 의 상을 有가 직접 가지고 있는 의미로 분석하여, 대부분의 허사사전에서는 有의 독자적 의미로 '만약' 을 수록하고 있다. 이는 결과에 대한 원인에의 적용이다. '어떤' 의 有는 그보다 앞서 '또' 에서 시작된 것이다. '또' 는 상황의 연속의 의미가 아니라 발어사로서 '또' 이다. 하지만 有의 자원적 의미는 손에 무언가를 잡고 있는 형상이다. 이 자원에서 존재의 유무인 '있다' 로 발전하게 된 것이다.

거시적으로 설명하자면, 한국어 '어떤, 또, 만약, 있다, 무의미의 발어사' 는 현대 언어적 시각으로는 결코 한 가족이라고 할 수 없지만, 3천년 전에는 저 모두를 하나의 음으로 발음했을 수도 있다. 하나의 음이 수 천 년 지나면서 점점 갈래를 치고 진화를 거듭하여 전혀 다른 의미나 용법으로 갈래지는 것이다. 그러한 진화 이전의 태초성을 한문은 그대로 간직하고 있는 것이다.

이 구문은 일반적으로 之를 목적어 대체사로, 者를 3인칭대명사로 보아 '어떤 그것을 범한 사람' 으로 풀이하고 있다. 그렇게 되면 문맥상 '타인에 대한 비방' 의 의미를 담아내게 되는데, 전체 문장과 어울리지 못한다. 전체 문장은 타인과의 관계에 대한 자신의 성찰 형식인데, 유독 이 구문에서만 상대비교를 하는 형식이 된다.

足以見用意之不肖 마음 씀의 못남을 보기에 충분한 것이다

以를 대용어로 직역하면 '그것으로써' 이다. 足見用意之不肖으로 하면 '마음 씀의 못남이 충분히 보인다' 가 된다.

用意－마음을 씀, 정신을 차림

不肖－직역하면 '닮지 못하다' 이다. '아버지를 닮지 않아 미련함' 이라는 본래적 의미에서 ① 미련함 ② 자신의 겸칭으로도 사용된다.

於存心修身 大有所害 존심과 수신에 대하여 크게 해되는 것이 있다

於는 개사로서 '～에 대하여' 의 뜻이다. 이 구문은 보어가 문두로 전치된 경우이다. 즉 본래의 문장 '大有所害(於)存心修身' 에서 개사 於는 대부분의 경우 생략이 가능하지만, 於 개사구가 문두로 전치될 경우에는 다시 나타난다. 나타나지 않을 때에는 焉(之於의 축약)으로 문장이 종결된다.

이러한 목적어의 문두 도치는 한국어 풀이시에 그 분명한 어기를 나타내기가 곤란하다. '크게 해되는 것이 존심과 수신에 대하여 있다' 로 하기에는 곤란하다. 이러한 식의 풀이는 목적어와 술어의 도치에 해당하지만, 본문의 경우는 본래의 보어가 문두로 도치되면서 부사어로 문두 성분을 새롭게 꾸미기 때문이다. 한문에서의 보어와 부사는 분명한 차이가 없이 위치적으로나 의미적으로 혼용되어 사용된다. 이 문장은 절과 절의 결합으로 보아야 한다. 즉 이 구문은 도치가 아닌 문장 쓰기의 한 형식인 것이다.

存心－마음에 두고 잊지 아니함, 본심을 보전함

修身－자신의 몸을 닦아 성행(性行)을 바르게 가짐

所害－해 되는 것

所는 한국어의 불완전명사 '것'에 해당한다. 분명하지 않은 어떤 것이나 다수일 수 있는 것 중의 하나 등을 나타낸다. 반면 者는 보다 구체적인 것을 나타낸다.

因書以自警 때문에 글로써 스스로 경계로 여긴다.

因－'때문에'의 뜻으로 원인이나 이유가 됨을 나타낸다.

以는 대용어이다. 以之의 축약이다. 직역하면 '글을 쓰다. (그것)을 사용하다. 스스로 경계로 여기다' → '글을 씀으로써 스스로 경계로 여기다'가 된다.

武王問太公 曰 人居世上 何得貴賤貧富不等 願聞說之 欲知是矣.
太公 曰 富貴 如聖人之德 皆由天命.
富者 用之有節. 不富者 家有十盜.

무왕문태공 왈 인거세상 하득귀천빈부불등 원문설지 욕지시의
태공 왈 부귀 여성인지덕 개유천명 부자 용지유절 불부자 가유십도

무왕이 태공에게 물었다.
"사람이 세상에 사는데 어찌하여 귀천과 빈부가 같지 않을 수 있는지 원컨대 설명을 들어서 알고자 할 뿐입니다."
태공이 이렇게 답하였다.
"부귀는 성인의 덕과 같아서 다 천명에 말미암음입니다. 부한 경우에는 쓰더라도 적절함이 있고, 부자가 아닌 경우는 집에 열 도둑이 있습니다."

풀이

何得貴賤貧富不等 어찌하여 부귀와 빈천이 같지 않은가

得과 得(而) 모두 조동사로서 '~할 수 있다'의 의미를 가진다. 而는 임의적으로 삽입할 수도 생략할 수도 있는 것으로 알려져 있다. 이와 유사한 의미의 조동사 能과의 관계에서, 能은 절을 목적어로 취하는 반면, 得(而)은 목적어 절을 취하지 못하고 일종의 동사연동 형식을 만든다. 이 구문에서 得과 연동을 이루는 동사는 等이다.

願聞說之 欲知是矣 원컨대 설명을 듣는 것으로/듣게 되어서 알고자 할 뿐입니다

願은 '원하다, 바라다'의 뜻이다. 정태부사로 상대방에 대한 존중의

표시이기도 하다.

之는 일반적으로 목적어 대명사나 관용격식으로 정의하고 있다. 이러한 정의에 의해서는 '그것을 설명함을 듣기를 원하다'로 풀이된다. 하지만 이러한 언어 구사는 한문적이지 않다. 물론 之가 지시사인 것은 분명하지만 목적어를 대체하는 용법이 아니라 상조사로서의 기능을 하는 것이다. 之가 나타내는 의미는 '그것'이며, 이러한 정의로 직역하면 '원컨대 설명을 듣고, 그것으로, 알고자 할 뿐입니다'가 된다. 이 문장에서는 之가 수동의 상을 띤다 할 수 있다. '~해지다, ~하게 되다'의 수동의 상이 이 문장에서 '어기의 공손'으로 구현된 것이다.

是는 '~일 뿐'의 의미로 제한/한정의 조사로 사용되었다. 是의 출현은 문두의 정태부사 願과 상응하여 '원컨대 ~일 뿐입니다'의 어기를 만들어 낸다. 이는 '惟~, 是~ : 오직 ~만 할 뿐이다'의 구문과 유사한 형태이다. 이 문장에서의 是는 어기를 공손히 하는 용도로 사용된 것이다. 是가 지시하는 것은 바로 앞의 '欲知'이다. 직역하여 '알려하는 그러함입니다'가 된다. 是가 앞말을 그대로 재지시함으로 어기가 공손하게 되는 것은 논리적인 규범이 아니다.

한국어 예문 ① 알고자 한다 ② 알고자 하는 것이다 ③ 알고자 하는 그러함이다 중에서, ①에 비하여 ②가 더 단정적인 어기로 강조된 표현인 반면, ③은 비교적 순화되었음을 느낄 수 있다.

이는 是가 부사성 대명사인 것에서 기인한다.

이를 기존의 문법에 의하여 풀이하면 '그것을 설명함을 듣기를 원한다. 알려고 한다. 바로 그렇다'로 된다. 아주 단정적이고 거의 명령에 가까운 문형이 된다. 태공이 무왕의 신하이긴 했지만, 태공은 무왕의 스승에 가까운 신하였다.

현대 중국어에서 동사를 수식하는 형태로 문두에 사용되어 전체 문장의 어기를 공손히 하는 정태부사 願(원컨대), 請(청하건대), 敢(감히), 謹(삼가) 등은 이미 사라지고 없다. 또한 영어에서는 please 정도이지만, 자신은 그대로 둔 상태에서 상대방에 대한 존중을 나타내는 문장의 어기와는 전혀 다르다. 한국어에서는 그 어감이 그대로 유지되고 있다.

富者 부한 경우

이 구가 '부유함의 사람'의 의미로 사용되었는지, 아니면 이 풀이처럼 '富之也'의 축약으로 '부한 때(경우/상황)'의 의미로 사용되었는지는 시각에 따라 달라질 수 있다. 앞 문장에서 부귀와 빈천과 같은 사람들에 대한 형용으로 이어져 왔기 때문이다.

또한 '富者'는 이미 일반명사화되기도 한 단어이긴 하지만, 이어지는 문장에서 貧者가 아닌 不富者로 된 것으로 보아 富之也의 축약으로 풀이한다. 물론 한문에서 '不+형용사'는 그 형용사의 반대 의미를 나타내지만, 앞에 貴賤貧富란 구절이 나옴에도 貧者를 사용하지 않고 不富者를 사용한 것은 富之也의 합임을 나타내기 위해서이다. 특히 일반명사로서의 富者였다면 부정사 非가 사용되었을 것이다.

'之也'의 합으로서의 者와 '之N_1'의 합으로서의 者는 성조가 달랐을 것으로 추정한다.

用之有節 쓰더라도 적절함이 있다

之는 절과 절을 잇는 접속사적 기능으로 강조의 상조사로 사용되었다. 일반적으로 동사 다음에 나오는 之는 목적어 대체사(그것을)로 풀이하지만 여기서는 따르지 않는다. 강조의 상조사로 '그것, 것'을 의미한다. 이러한 정의로 풀이하면 '쓰다, 그것, 적절함이 있다' → '쓰는 것이 적절함이 있다' → '쓰게 되더라도 적절함이 있다'가 된다.

富者 用有節이라면 '부한 경우라면 씀은 절제에 있다'가 된다.

武王 曰 何謂十盜. 太公 曰 時熟不收 爲一盜. 收積不了 爲二盜. 無事燃燈寢睡 爲三盜. 慵懶不耕 爲四盜. 不施功力 爲五盜. 專行巧害 爲六盜. 養女太多 爲七盜. 晝眠懶起 爲八盜. 貪酒嗜慾 爲九盜. 强行嫉妬 爲十盜.

무왕 왈 하위십도 태공 왈 시숙불수 위일도 수적불료 위이도 무사연등침수 위삼도 용라불경 위사도 불시공력 위오도 전행교해 위육도 양여태다 위칠도 주면라기 위팔도 탐주기욕 위구도 강행질투 위십도

무왕이 "무엇을 열 도둑이라고 이릅니까?"라고 말하자, 태공이 "때가 무르익었는데 거두지 않음이 한 가지 도둑이고, 거두어 쌓아서 마치지 않음이 두 가지 도둑이고, 일없이 등불을 켜고 잠이 세 가지 도둑이고, 게으르고 나태하여 밭 갈지 않음이 네 번째 도둑이고, 공력을 쓰지 않음이 다섯 가지 도둑이고, 독단과 교만하게 남을 해침이 여섯 가지 도둑이고, 여자를 너무 많이 부양함이 일곱 가지 도둑이고, 낮에 자고 나태하게 일어남이 여덟 가지 도둑이고, 술을 탐내고 욕심을 즐김이 아홉 가지 도둑이고, 억지를 피움과 질투함이 열 가지 도둑입니다"라고 답하였다.

풀이

何謂十盜 무엇을 열 가지 도둑이라 이르는가

의문문에서 목적어 대체사가 의문사일 경우 술어 앞으로 이동한다. 즉 '謂何(목적어－무엇을)＋盜(보어)' 가 원래의 문장이다.

慵懶 게으르다

용타(慵惰)와 같다.

功力 ① 효험. 효력 ② 애쓰는 힘, 힘들여 이루는 공

專行 마음대로 행함

強行 억지로 행함, 강제로 시행함

武王 曰 家無十盜而不富者 何如. 太公 曰 人家 必有三耗. 武王 曰 何名三耗. 太公 曰 倉庫漏濫不蓋 鼠雀亂食 爲一耗. 收種失時 爲二耗. 抛撒米穀穢賤 爲三耗.

무왕 왈 가무십도이불부자 하여 태공 왈 인가 필유삼모 무왕 왈 하명삼모 태공 왈 창고누람불개 서작란식 위일모 수종실시 위이모 포살미곡예천 위삼모

무왕 : "집에 열 가지 도둑이 없으면서 부하지 않은 경우는 왜 그럽니까?"
태공 : "그런 사람의 집에 반드시 세 가지의 덜림이 있습니다."
무왕 : "무엇을 세 가지 덜림이라고 명명(命名)합니까?"
태공 : "창고가 새고 넘치는데 고치지 않아 쥐와 참새가 함부로 먹게 함이 한 가지 덜림이고, 수확하고 씨 뿌리는 때를 잃음이 두 가지 덜림이고, 곡식을 던져 흩뜨림이 세 가지 덜림입니다."

人家 그런 사람의 집

한문에서 人이 사람 일반을 나타내는 경우는 거의 없다. '일반 사람'으로 간혹 한국어로 풀이되기는 하지만, 그런 경우에도 대부분 대응되는 객체를 가진 의미를 내포한다. 여기서 人은 앞장 '열 가지 도둑이 없으면서도 부하지 않은 경우'를 받아서 사용된 것이다. 만약 앞 구절의 富者가 '부한 사람' 즉 부자의 의미라면 人은 소유격 인칭대명사 其(그의)나 其人이 사용되었을 것이다. 하지만 앞의 구문이 분명한 사람을 지시하는 내용이 아니라 가정적 상황의 경우이므로 人(그런-한정적인 어떤-사람)이 사용된 것이다.

蓋 덮다, 덮개

여기서는 改(고치다)의 가차자로 보여진다.

何名三耗 무엇을 삼모라고 명명하는가

의문문으로 목적어 대명사가 도치된 형태이다. 何를 주격으로 여겨 '무엇이 삼모라고 명명되는가'로 풀이할 수 있다. 의문문에서의 인칭대체사 목적어의 전치에 관해서는 더 많은 고찰이 필요하다.

鼠雀亂食 쥐와 참새가 함부로 먹게 하다

이 문장에서 鼠雀는 동사 食의 주어가 아니다. 食은 사역형으로 사용된 것으로, 鼠雀은 의미상의 食(쥐와 참새를 먹이다)의 목적어로 주격보어이다.

抛撒 던져 흩뜨림

武王 曰 家無三耗而不富者 何如.
太公 曰 人家 必有一錯二誤三痴四失
五逆六不祥七奴八賤九愚十强.
自招其禍 非天降殃.

무왕 왈 가무삼모이불부자 하여 태공 왈 인가
필유일착이오삼치사실오역육불상칠노팔천구우십강 자초기화 비천강앙

무왕 : "집에 세 가지 덜림이 없으면서도 부하지 않은 경우는 왜 그럽니까?"

태공 : "그런 사람의 집에는 반드시 하나 그릇됨, 둘 잘못됨, 셋 어리석음, 넷 실수, 다섯 거스름, 여섯 상스럽지 못함, 일곱 저급함, 여덟 천박함, 아홉 바보스러움, 열 억지가 있어서 스스로 그 화를 부름이지 하늘이 내린 재앙이 아닙니다."

풀이

强 억지, 강행

非天降殃 하늘이 내린 재앙이 아니다

非는 명사를 부정하는 부정사이다. 이 문장에서는 降이라는 동사가 엄연히 존재함에도 非를 사용한 것은 별도의 어기를 나타내려함이다. 곧 非가 '天(주)降(술)殃(목)'의 문장을 명사로 묶어주는 역할을 하는 것이다.

天降殃 — 하늘이 재앙을 내리다.

天不降殃 — 하늘이 재앙을 내리지 않았다.

非天降殃 — 하늘이 내린 재앙이 아니다, 하늘이 재앙을 내림이 아니다.

武王 曰 願悉聞之. 太公 曰 養男不教訓爲一錯. 嬰孩不訓 爲二誤. 初迎新婦不行嚴訓 爲三痴. 未語先笑 爲四失. 不養父母 爲五逆. 夜起赤身 爲六不祥. 好挽他弓 爲七奴. 愛騎他馬 爲八賤. 喫他酒勸他人 爲九愚. 喫他飯命朋友爲十强. 武王 曰 甚美誠哉 是言也.

무왕 왈 원실문지 태공 왈 양남불교훈 위일착 영해불훈 위이오 초영신부불행엄훈 위삼치 미어선소 위사실 불양부모 위오역 야기적신 위육불상 호만타궁 위칠노 애기타마 위팔천 끽타주권타인 위구우 끽타반명붕우 위십도 무왕 왈 심미성재 시언야

무왕 : "원컨대, 다 들려 줄 것입니다."
태공 : "아들을 기르면서 가르치고 훈계하지 않음이 일 그릇됨이고, 아이를 훈계하지 않음이 이 잘못됨이고, 처음 신부를 맞이하여 엄히 훈계를 행하지 않음이 삼 어리석음이고, 말하기 전에 먼저 웃음이 사 실수이고, 어버이를 봉양하지 않음이 오 거스름이고, 밤에 벌거벗은 몸을 일으킴이 육 상스럽지 못함이고, 남의 활 당김을 좋아함이 칠 저급함이고, 남의 말 타기를 즐김이 팔 천박함이고, 남의 술을 마시면서 타인에게 권함이 구 바보스러움이고, 남의 밥을 먹으면서 붕우라 이름 지음이 십 억지이다."
무왕 : "심히 아름답고 진실되도다! 이 말씀이여!"

풀이

嬰孩 영아(嬰兒), 갓난아이

迎 맞이하다, 맞아들이다

好挽他弓 남의 활 당기기를 좋아하다

고대 중국에서 활은 특별한 의미를 가진 물건이다. 弔(조상하다, 문상하다)는 선비가 초상집에 갈 때 활을 예의 표시로서 몸에 지니고 간 것에서 따온 글자이다. 弓旌은 임금이 격식을 차려서 어진 사람을 부를 때 사용하는 것으로, 弓은 士 계급을 부를 때, 旌은 大夫를 초청하는데 사용하였다.

命朋友 붕우라고 이름 짓다

命은 '이름짓다, 명명(命名)하다' 의 뜻이다.

甚美誠哉 是言也 심히 아름답고 진실되도다! 이 말씀이여!

감탄문에서 주어와 술어의 도치는 종종 발생한다. 哉는 감탄 종결어기사이다. 이러한 도치는 감탄이나 찬미의 어기를 더욱 강하게 나타낸다.

治政篇

치정편

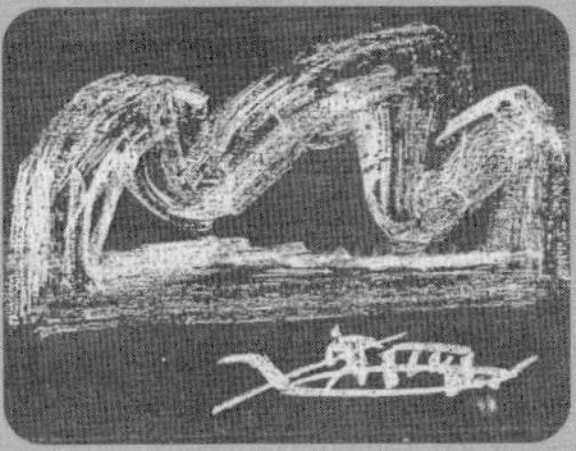

明心寶鑑

子曰 爲善者 天報之以福, 爲不善者 天報之以禍, 漢昭烈 將終 勅後主 曰 勿以善小而不爲 勿以惡小而爲之, 太公 曰 見善如渴 聞惡如聾, 又曰 善事須貪 惡事莫樂, 馬援 曰 終身行善 善猶不足, 一日行惡 惡自有餘, 司馬溫公 曰 積金以遺子孫 未必子孫能盡守, 積書以遺子孫 未必子孫能盡讀, 不如積陰德於冥冥之中 以爲子孫之計也, 子曰 爲善者 天報之以福, 爲不善者 天報之以禍, 漢昭烈 將終 勅後主 曰 勿以善小而不爲 勿以惡小而爲之, 太公 曰 見善如渴 聞惡如聾, 又曰 善事須貪 惡事莫樂, 馬援 曰 終身行善 善猶不足, 一日行惡 惡自有餘, 司馬溫公 曰 積金以遺子孫 未必子孫能盡守, 積書以遺子孫 未必子孫能盡讀, 不如積陰德於冥冥之中 以爲子孫之計也, 子曰 爲善者 天報之以福, 爲不善者 天報之以禍 漢昭烈 將終 勅後主 曰 勿以善小而不爲 勿以惡小而爲之, 太公 曰 見善如渴 聞惡如聾, 又曰 善事須貪 惡事莫樂, 馬援 曰 終身行

明道先生 曰 一命之士 苟有存心於愛物 於人 必有所濟.

명도선생 왈 일명지사 구유존심어애물 어인 필유소제

명도 선생이 "처음 벼슬한 선비이더라도 진실로 또 애물에 마음을 지닌다면 사람에 대하여서도 반드시 구제되어지는 것이 있다"라고 말하였다.

풀이

一命之士 처음 임명받은 선비

一은 '처음, 처음으로' 의 뜻으로 사용되었다.

命은 '임명(任命)받다' 의 의미이다.

苟有存心於愛物 진실로 또 애물에 마음을 간직하다

苟 : '진실로' 의 의미이다.

有 : 한국어로 풀이하자면 '또, 또한' 이지만 '거듭' 의 어기를 내포한다. 강조를 위한 상조사이다. 단순한 강조만은 아니라 '간곡함' 의 어기를 나타낸다.

愛物 : 물을 사랑하다. 物은 성리학에서 말하는 '사물' 의 의미이다. 物을 탐구하여 理와 氣의 본성에 스스로가 이르도록 하는 것이 性理學이다. 愛物은 '나' 라는 利己에 대별되는 것이다.

於人 必有所濟 사람에 대하여 반드시 구제함이 있을 것이다

이 문장에서 於人은 의미상의 목적어이다. 정형적인 문장으로 바꾼다면 必有所濟(於)人이 된다. 대격을 나타내는 於는 한문의 거의 모든 문장에서 생략이 가능하다. 하지만 대격이 문두로 전치되면 於가 나타

나거나 종결어기사로 焉(於之의 축약)이 나타난다.

於人 必有濟(사람에 대하여 구제함이 있다) : 문맥상의 큰 변화는 없지만, 한문에서 구체적이지 않은 '어떤 것'을 지칭할 때에는 所를 덧붙여 명사구를 만드는 기능을 한다.

唐太宗 御製 云 上有麾之 中有乘之 下有附之. 幣帛衣之 倉廩食之. 爾俸爾祿 民膏民脂. 下民 易虐 上天 難欺.

당태종 어제 운 상유휘지 중유승지 하유부지
폐백의지 창름식지 이봉이록 민고민지 하민 이학 상천 난기

당태종 어제에 이렇게 이른다.
"위에서는 또 지휘할 지고, 가운데에서는 또 몰아갈 지고, 아래에서는 또 따를 지다. 하사받은 비단 옷을 입을 지고, 창고의 곡식을 먹을 지다. 너희의 봉견(俸絹)과 너희들의 녹미(祿米)는 백성의 기름이고 백성의 살이다. 아래의 백성은 학대하기 쉬우나, 위의 상제는 속이기 어렵다."

풀이

有 또, 또한

幣帛 예물로서 보내는 비단, 재화(財貨)

倉廩 미곡창고
나라의 창고를 의미한다.

童蒙訓 曰 當官之法 唯有三事 曰清 曰愼 曰勤. 知此三者 則知所以持身矣.

동몽훈 왈 당관지법 유유삼사 왈청 왈신 왈근 지차삼자 즉지소이지신의

『동몽훈』에 이렇게 이른다.
"관직을 맡음의 도리는 오직 세 가지의 힘씀이 있으니, 청렴이라 이르고, 근신이라 이르고, 근면이라 이른다. 이 세 가지 것을 안다면 몸가짐을 알게 될 것이다.

풀이

事 일로 삼다, 힘쓰다

當官 관직을 맡다
當은 '맡다, 담당하다' 의 뜻이다.

法 사람이 지켜야 할 도리, 예의

唯有三事 오직 세 가지 일
〔예〕 唯有是三事로 하면 '오직 세 가지 일 뿐(만)' 이 된다.

曰清 청렴이라고 이르다/불리다
曰은 타동사로 '말하다' 로 흔히 사용되지만 간혹 자동사로 되기도 한다. 여기서 曰은 그러한 자동사(~라 부르다, 불리다)로의 어기도 있지만, 강조를 위한 기호적 사용이기도 하다.

知所以持身矣 (그것으로써) 몸가짐을 알게 될 것이다

所以는 일반적으로 '방법, 도구, 수단, 원인, 까닭, 때문에' 등으로 풀이된다. 한국어 풀이 결과만을 볼 때 그 문법적 적용 범위가 너무 다양하여 한 예문에 하나씩의 접근방식으로는 所以에 대한 이해를 갖기가 어려워진다. 이를 문법적 패러다임으로 접근하고 이해한다면 어떤 경우에서도 가장 적합한 풀이를 할 수 있을 것이다.

所以는 所以(之)가 원형이다. 그러나 以 뒤의 之가 항상 생략되는 것에 대하여서는 분명한 정의를 내리기 어렵다. 두 글자의 대한 고대 한인들의 정확한 발음을 생각하고 음성학적으로 접근해야 할 문제일 것이다. 또한 의미의 중복으로서 以에도 之의 지시적 기능이 있기도 하다. 以之를 직역한다면, '그것을 사용하다 → 그것으로써' 이다. 이러한 以를 대용어라고 한다.

대체사는 단순히 대체적으로 사용되는 것인 반면, 대용어는 앞에 나온 말에 한해서 재지시하는 것이다. 여기서의 대용어 以가 지시하는 것은 知此三者이다. 따라서 所以는 '그것을 사용한다는 것' 이 된다. 이것은 어원적 분석이다. 현대 중국어에서 所以는 '따라서' 의 의미로 사용된다. 이 문장을 현대 중국어의 관점에서 풀이하면 '따라서 몸가짐을 안다는 것이다' 가 된다.

知持身矣(몸가짐을 아는 것이다)라고 한다면 상적인 의미나 시제적으로는 거의 중립적이다. 단순 서술문이다. 하지만 所以가 삽입됨으로 가정 조건의 결과로서 현재미완의 시제가 나타난다.(알게 될 것이다) 또한 추측이나 의지와 같은 상의 어기도 나타나게 되는 것이다.

持身 : 몸가짐, 처세

當官者 必以暴怒爲戒.
事有不可 當詳處之 必無不中.
若先暴怒 只能自害 豈能害人.

당관자 필이폭로위계 사유불가 당상처지 필무불중 약선폭노 지능자해 기능해인

관직을 맡게 된 경우에 반드시 심하게 노함을 경계로 삼아라. 일이 옳지 않음이 있게 되면 당연히 상세하게 처리할 것이면 반드시 들어맞지 않음이 없을 것이다. 만약 먼저 심한 화부터 낸다면 단지 스스로 해치게 되는 것이니 어찌 남을 해치겠는가?

풀이

當官者 관직을 맡게 된 경우

한문 문장의 특징의 하나로 상대방에 대한 직접화법에서의 비롯됨을 들 수 있다. 이는 어떤 언어를 막론하고 대동소이할 것이다. 다수의 사람에게 하는 일반적이고 객관적인 문장쓰기의 개념은 훨씬 후대에나 성립된다.(앞장들에 있었던 황제들의 어제도 직접 화법에 가까운 문장 구성이다)

當官者를 '관직을 맡은 사람' 으로 풀이하면 객관적인 문장으로 일반인 혹은 불특정 다수를 상대로 하는 이야기가 된다. 한문에서 그러한 어기로의 문장 쓰기는 일반적이지 않다. 여기서의 者는 之也의 합으로 사용된 것이다.

以暴怒爲戒 폭로를 경계로 여기다/삼다

'以A爲B' 구문으로 'A를 B로 여기다/삼다' 의 뜻이다.

詳處 자세하게 처리하다, 신중하게 처리하다

無不中 바르지 않음이 없다

이중부정문으로 강한 긍정을 나타낸다. 中에는 '들어맞다, 맞게 되다'의 의미가 있다. 〔예〕 적중(適中)

只 단지, 다만

豈能害人 어찌 남을 해치겠는가

豈는 '어찌'의 뜻으로 강한 반문의 어기를 나타낸다. 人은 앞 문장의 '옳지 않은/옳지 않게 한 사람'을 말한다.

事君 如事親. 事官長 如事兄. 與同僚 如家人. 待羣吏 如奴僕. 愛百姓 如妻子. 處官事 如家事 然後 能盡吾之心. 如有毫末不至 皆吾心 有所未盡也.

사군 여사친 사관장 여사형 여동료 여가인 대군리 여노복 애백성 여처자 처관사 여가사 연후능진오지심 여유호말불지 개오심 유소미진야

임금 섬김은 어버이 섬기듯이 하고, 상관 받듦은 형 받들듯이 하고, 동료와 함께 함은 식구들 같이 하고, 하급관리 대하기는 노복 같이 하고, 백성 사랑하기는 처자같이 하고, 공무 처리하기는 집안일같이 한 그런 후에야 나의 마음을 다 했다 할 수 있다. 만약 터럭 끝이라도 이르지 못했다면 모두 내 마음에 다해지지 않은 것이 있기 때문이다."

官長 상관(上官)

待羣吏 如奴僕 하급관리 대하기는 노복같이 하다

고대 중국의 노복이 서양의 노예와는 다른 의미를 가지고 있었음을 보여주는 구절이다.

處 동사로 '처리하다' 의 의미로 사용되었다.

如 만약

毫末 털끝

毫는 '가는 털' 을 의미한다. '아주 미미함, 사소함' 의 의미이다.

有所未盡也 다해지지 않은 것이 있기 때문이다

결과절에서 有는 종결어기사 也와 호응하여 '有A也 : A 때문이다' 구문을 만들어 낸다. 有는 어원적으로 '어떤' 에서 비롯된 것이다. 즉 직역하면 '어떤 다하지 않은 것이 있다' 가 된다.

或問 簿 佐令者也. 簿欲所爲 令或不從
奈何. 伊川先生 曰 當以誠意動之.
今令與簿不和 便是爭私意. 令 是邑之長
若能以事父兄之道 事之 過則歸己
善則唯恐不歸於令 積此誠意
豈有不動得人.

혹 문 부 좌령자야 부욕소위 령혹불종 내하 이천선생 왈 당이성의동지 금령여부불화 변시쟁사의 령 시읍지장 약능이사부형지도 사지 과즉귀기 선즉유공불귀어령 적차성의 기유불동득인

어떤 사람이 물었다.
"부는 령을 도우는 자입니다. 부가 하고자 하는 것을 령이 혹 허락하지 않으면 어떻게 하면 되는가요?"
이천 선생이 답하였다.
"당연히 성의로써 감동시킬 것이다. 만약 령이 부와 더불어 화합하지 못한다면 곧 사사로운 뜻을 다툼인 것이다. 령은 곧 읍의 장이니 만약 부형을 받드는 도리로 잘 받들어서, 허물이라면 자기에게 돌아오게 하고, 훌륭함이라면 오직 령에게 돌아가지 못함을 두려워 한다. 이 성의를 쌓는다면 어찌 또 얻은 사람을 감동시키지 못하겠는가?"

풀이

簿 佐令者也 부는 령을 보좌하는 자다

者는 N_2之N_1에서 之N_1의 축약이다. 簿(N_1) 佐令(N_2)者(之+N_1)也

者가 문장 내에서 '~한 사람'으로 기능되기 위해서는 이런 조건이 필요하다. 그리고 대부분 문중이나 문말에 사용된다. 그것은 N_1의 전제 후에 기능하기 때문이다. 그렇지 않으면 합성어로 일반명사화된 경우에 사용된다.

명사술어문의 종결사 也가 사용되고 있다. 佐令者가 명사구로 기능하고 있음을 나타낸다.

여기서의 者 역시 '사람' 으로 의미의 전성이다. 직역하면 '것' 이다.

우화적인 표현으로 簿에는 '장부책, 치부책' 의 뜻이 있으며, 令에는 '관아의 장, 장관' 의 뜻이 있다.

從 허락하다, 맡기다, 하는 대로 내버려두다, 남의 말을 듣다

奈何 어떻게 하는가

원인이나 방법을 묻는데 사용된다. '如(若)何' 가 더 일반적인 구문이다. '奈之何' 가 본래적인 형식이다.

得人 적당한 사람을 얻음

여기서는 '얻은 사람' 의 의미이다.

劉安禮問臨民. 明道先生 曰 使民 各得輸其情. 問御吏 曰 正己以格物.

유안례문임민 명도선생 왈 사민 각득수기정 문어리 왈 정기이격물

유안례가 백성을 대함에 대하여 물었다.
명도 선생이 "백성으로 하여금 각자 그 뜻을 알릴 수 있게 하라"고 말하였다.
하급관리를 다룸을 묻자, "자기를 바르게 함으로써 물을 바로잡아라"고 말하였다.

풀이

各得輸其情 각자 그 뜻을 알릴 수 있게 하라

各은 다수 중에 개별을 함의한다. 한국어의 'ㄱ' 으로 발음되는 한자는 이외의 다수가 존재함을 함의하는 경우가 많다.(或, 莫, 孰)

得은 조동사로 '~할 수 있다' 의 의미이다. 輸은 '알리다(자기의 뜻을 알림)' 의 의미이다. 情은 '실정, 속사정' 등의 뜻이다.

正己以格物 자기를 바르게 함으로써 물을 바르게 하라

以는 대용어이다. 대용어의 특징은 동사 앞에 사용된다. 직역하면 '자기를 바르게 하다, (그것)을 사용하다, 물을 바르게 하다' 가 된다.

格物 : 사전적 의미는 '사물의 이치를 연구하여 궁극에 이름' 이다. 格에는 '연구하다, 바로잡다' 등의 뜻이 있다. 여기서는 문맥상 '위계질서' 를 의미한다. 格物를 하나의 명사로 본다면, 正己(주어)以(동사)格物(목적어)로 '자기를 바르게 함은 격물에 이용하라' 가 된다. 전체 문맥과 어울리지 못한다.

抱朴子 曰 迎斧鉞而正諫. 據鼎鑊而盡言. 此謂忠臣也.

포박자 왈 영부월이정간 거정확이진언 차위충신야

박포자가 "부월을 맞이하더라도 바르게 간하고, 가마솥에 억눌리더라도 다 말한다. 이것이 충신이라고 일러지는 것이다"라고 말하였다.

풀이

迎斧鉞 부월을 맞이하다

斧鉞은 천자가 제후에게 생살권의 표시로 주었던 예식용 도끼이다. 전하여 형벌이나 징벌의 의미로 사용되었다.

據鼎鑊 가마솥에 억눌리다

據는 '억눌리다' 의 뜻으로 '가마솥의 뚜껑을 덮다' 는 의미이다. 고대 형벌의 하나이다.

盡言 다 말하다

① 꺼리지 않고 할말을 다함 ② 자세히 빼지 않고 다 말함 ③ 생각한 바를 빠트리지 않고 모두 말함 ④ 거침없이 솔직하게 말함

治家篇

치가편

明心寶鑑

子曰 爲善者 天報之以福 爲不善者 天報之以禍 漢昭烈 將終 勅後主曰 勿 以善小而不爲 勿 以惡小而爲之 太公 曰 見善如渴 聞惡如聾 又曰 善事須貪 惡事莫樂 馬援 曰 終身行善 善猶不足 一日行惡 惡自有餘 司馬溫公 曰 積金以遺子孫 未必子孫能盡守 積書以遺子孫 未必子孫能盡讀 不如積陰德於冥冥之中 以爲子孫之計也 子曰 爲善者 天報之以福 爲不善者 天報之以禍 漢昭烈 將終 勅後主 曰 勿 以善小而不爲 勿 以惡小而爲之 太公 曰 見善如渴 聞惡如聾 又曰 善事須貪 惡事莫樂 馬援 曰 終身行善 善猶不足 一日行惡 惡自有餘 司馬溫公 曰 積金以遺子孫 未必子孫能盡守 積書以遺子孫 未必子孫能盡讀 不如積陰德於冥冥之中 以爲子孫之計也 子曰 爲善者 天報之以福 爲不善者 天報之以禍 漢昭烈 將終 勅後主 曰 勿 以善小而不爲 勿 以惡小而爲之 太公 曰 見善如渴 聞惡如聾 又曰 善事須貪 惡事莫樂 馬援 曰 終身行

司馬溫公 曰 凡諸卑幼事 無大小 毋得專行 必咨稟於家長.

사마온공 왈 범제유비사 무대소 무득전행 필자품어가장

사마온공이 "무릇 손아래 사람들의 일에는 크고 작음이 없이 독단적으로 처리할 수 없는 것이며, 반드시 집안 어른에게 아뢰어야 한다"라고 말하였다.

풀이

凡 무릇, 대체로

'일반적으로' 의 의미를 함의한다. 문장부사로 문장 전체를 제한/한정한다.

諸卑幼 事無大小 모든 손아래 사람의 일에는 대소가 없다

이 구문에서 卑幼와 事를 주어와 보어의 관계로 볼 수도 있다. 그렇게 본다면 이 문장은 손아래 사람이 자신의 일을 윗사람에게 아뢰어야 한다는 의미이다.

'모든 손아래 사람은 일에 대소가 없으며…'

그러나 보어가 술어 앞에 출현하는 경우는 일반적이지 않으며, 또한 문두의 諸가 '모든' 의 의미이지만 '누구든지' 의 의미를 내포하진 않는다. 그러기 위해서는 諸보다는 各이 사용되었을 것이다.

卑幼는 나이가 어리거나 항렬이 낮은 사람을 말한다.

이 문장은 손아래 사람이 웃어른에게 자문해야 한다는 의미가 아니라 청자를 기준으로 손아래 사람의 일을 윗사람에게 아뢰어야 한다는 의미이다.

毋 금지사로 '~못하다, ~말라'의 의미이다.(無, 毋, 勿, 不, 弗 등의 상호 관계는 더 많은 고찰이 필요하다)

專行 마음대로 행함, 독단적으로 처리함

咨稟 묻고 아뢰다

待客 不得不豊. 治家 不得不儉.

대객 불득불풍 치가 불득불검

"손님을 접대함에는 풍성하지 않을 수 없으며,
집안을 다스림에는 검소하지 않을 수 없다."

풀이

不得不豊 풍성하지 않을 수 없다

'不 A 不 B(A가 아니면 B 아니다)' 구문과는 다르다. 得이 조동사로 사용되었다. 不得不(不可不)은 '~아니할 수 없다, ~해야 한다'의 의미이다.

太公 曰 痴人 畏婦. 賢女 敬夫.

태공 왈 치인 외부 현녀 경부

태공이 "어리석은 사람은 부인을 두려워하고, 현명한 여자는 남편을 공경한다"라고 말하였다.

풀이

痴人 어리석은 사람

'~한 사람'의 의미로 人이 사용되었다. 어떤 사람에 대한 형용으로 者가 사용되기도 하고 人이 사용되기도 하는데, 앞서의 설명처럼 者는 之+N_1의 축약이다. 하지만 모든 단어가 이렇게 축약될 수 있는 것은 아니다. 痴처럼 상대적이고 주관적인 사람에 대한 형용은 더욱 사용되기 어렵다.

畏婦 부인을 두려워하다

앞의 人에 댓구로 婦가 사용되었다. 이 문장에서 人과 夫는 남편을, 女와 婦는 아내를 의미한다. 동일한 의미인데 각기 다른 글자를 사용한 것은 단순한 반복과 중복의 회피가 아니다.

얼핏 人에는 女가 대응되어야 하고, 婦에는 夫가 대응되어야 하는 것 같지만, 한문에서는 痴人에 '일련의 어리석은 사람'의 의미, 畏婦에는 그런 사람과 결혼한/지정받은 부인의 의미가 내포되는 것이다. 女와 夫의 관계도 마찬가지이다.

凡使奴僕 先念飢寒.

범사노복 선념기한

"무릇 노복을 부림에는 먼저 굶주림과 추위를 생각하라."

풀이

凡은 발어사적인 문장부사로, '무릇, 일반적으로, 대체로' 등의 뜻을 가지며, 문장 전체를 제한/한정하는 역할을 한다.

子孝雙親樂. 家和萬事成.

자효쌍친락 가화만사성

"자식이 효도하면 양친이 즐겁고,
집안이 화목하면 만사가 이루어진다."

풀이

雙親 양친(兩親)

樂 즐겁다[락], 좋아하다[요], 음악[악]

時時防火發 夜夜備賊來.

시시방화발 야야비적래

"때마다 불의 발생을 막고, 밤마다 도적의 듦을 방비하라."

풀이

時時 때마다, 수시로, 항상, 때때로

夜夜 밤마다

〔예〕 人人－사람마다

景行錄 云 觀朝夕之早晏 可以卜人家之興替.

경행록 운 관조석지조안 가이복인가지흥체

『경행록』에 이렇게 이른다.

"아침저녁의 빠름과 늦음을 보고서 그 사람의 집의 흥하고 쇠퇴함을 점칠 수 있다."

풀이

可以卜 점칠 수 있다

추측의 상과 피동과 현재 미완의 시제적 어기를 나타낸다.

〔예〕 可卜 : 점칠 수 있다.(당연, 본연의 상을 띤다. 능동과 현재완료의 시제적 어기를 나타낸다) 즉 以가 사용됨으로 해서 조석의 빠름과 늦음의 관찰만으로 그 집의 흥과 폐에 대한 점이 완전하게 쳐지는 것은 아니라는 한정적인 긍정의 어기를 내포하게 되는 것이다.

人家之興替 그러한 사람 집의 흥함과 쇠퇴함

人은 분명한 지정성 사람이 아니다. 그렇지만 사람 일반을 의미하는 것도 아니다. 앞 구문에서 '조석의 빠름과 늦음을 관찰받은' 에 대응되는 사람의 표현이다. 이는 '나' 에 대응되는 '타인' 에 대한 표현으로 人이 사용되는 것과 같다. 타인 역시 분명한 지정성이 있는 것은 아니지만 사람 일반을 의미하는 것은 아니다. 분명한 지정성의 형용을 받은 경우라면 其나 其人이 사용되었을 것이다.

替 : 쇠퇴하다, 폐하다

文中子 曰 婚娶而論財 夷虜之道也.

중문자 왈 혼취이론재 이로지도야

중문자가 "결혼하는 데 재물을 거론함은 오랑캐의 법도라는 것이다"라고 말하였다.

풀이

婚娶而論財 혼인하고 장가들고 그리고 재물을 거론하다

而가 접속사로 사용되었다.

동사의 연동에서 而의 사용은 별다른 문법 정의가 있는 것은 아니지만, 3개 이상의 동사 연동일 경우에는 마지막 동사 앞에 온다. 이는 현대 한국어에서도 동일하다.

夷虜之道也 오랑캐의 법도라는 것이다

也는 명사 술어문의 종결어기사로 계사적인 기능을 한다. 하지만 단순한 계사로서 기능만 하는 것은 아니다. 앞의 之에 의해 夷虜之道가 하나의 명사구를 이룸을 분명히 한 다음에 也가 사용되었다. 이는 강조를 위한 상조사 기능인 것이다. '오랑캐의 도리다(爲夷虜(之)道)' 와 '오랑캐의 도리라는 것이다' 와의 차이와 같은 것이다.

安義篇

안의편

明心寶鑑

子曰 爲善者 天報之以福 爲不善者 天報之以禍 漢昭烈 將終 勅後主曰 勿以善小而不爲 勿以惡小而爲之 太公曰 見善如渴 聞惡如聾 又曰 善事須貪 惡事莫樂 馬援曰 終身行善 善猶不足 一日行惡 惡自有餘 司馬溫公曰 積金以遺子孫 未必子孫能盡守 積書以遺子孫 未必子孫能盡讀 不如積陰德於冥冥之中 以爲子孫之計也 子曰 爲善者 天報之以福 爲不善者 天報之以禍 漢昭烈 將終 勅後主曰 勿以善小而不爲 勿以惡小而爲之 太公曰 見善如渴 聞惡如聾 又曰 善事須貪 惡事莫樂 馬援曰 終身行善 善猶不足 一日行惡 惡自有餘 司馬溫公曰 積金以遺子孫 未必子孫能盡守 積書以遺子孫 未必子孫能盡讀 不如積陰德於冥冥之中 以爲子孫之計也 子曰 爲善者 天報之以福 爲不善者 天報之以禍 漢昭烈 將終 勅後主曰 勿以善小而不爲 勿以惡小而爲之 太公曰 見善如渴 聞惡如聾 又曰 善事須貪 惡事莫樂 馬援曰 終身行

顔氏家訓 曰 夫 有人民而後 有夫婦. 有夫婦而後 有父子. 有父子而後 有兄弟. 一家之親 此三者而已矣. 自玆以往 至于九族 皆本於三親焉. 故 於人倫 爲重也. 不可不篤.

안씨가훈 왈 부 유인민이후 유부부 유부부이후 유부자 유부자이후 유형제 일가지친 차삼자이이의 자자이왕 지우구족 개본어삼친언 고 어인륜 위중야 불가불독

『안씨가훈』에 이렇게 이른다.
"대저 백성이 있은 후에 부부가 있고, 부부가 있은 후에 부자가 있고, 부자가 있은 후에 형제가 있다. 한 집안의 가까움은 이 세 가지 것일 따름이다. 이로부터 나아가 구족에 이르니 모두 삼친에서 근본되는 것이다. 그러므로 인륜에 있어서 가장 중요한 것이다. 돈독하지 않을 수 없다."

풀이

夫 대저, 무릇, 대체로

화두를 제시하는데 사용된다. 문장부사이며 凡과 같다. 간혹 是가 사용되기도 한다.

而後 ~한 연후에, ~한 이후에

而는 본래 접속사로서 '그리고'의 뜻이다. 관용격식화되었다.

而已矣 ~일 뿐이다, ~일 따름이다

세 개의 어기사가 연용된 형태이다. 어기사의 연용은 개별의 의미가 합쳐져서 하나의 어기를 만드는 형식이다.

而는 접속사로 '그리고'를, 已는 동사로 '멈추다'를(而는 일반적으로 동사와 동사 사이의 접속사로 사용된다), 矣는 동사 술어문의 강조의 상조사로 '것이다' 정도의 어기를 나타낸다.

而已矣를 직역하자면 '그리고 멈춘 것이다'이다. 여기에서 '~일 따름인 것이다, ~일 뿐인 것이다'의 의미가 도출되는 것이다. 또 而已(~일 뿐이다)는 종종 耳나 爾로 축약되기도 한다.

한 가지 특기할 점은 而에 의한 어기사 연용의 경우 앞 구문이 하나의 완전한 문장으로 끝난다는 것이다. 즉 하나의 문장 다음에 덧붙여서 별도의 어기를 만들어 내는 것이다. 이것은 而가 동사 사이에 사용되는 접속사에서 비롯된 것이다. 즉 而 앞부분에는 술어(품사로서의 동사가 아닌 문장 성분으로서의 술어)가 있어야하는 것이 일반적인 형태이다. 여기에서처럼 명사구 다음에 종결사로 사용되는 경우는 드문 것이다.

이것은 한문에서 者가 오직 명사로서의 기능만을 가지고 있는 것이 아니라는 점을 말해주는 것이다. 者는 之也의 합으로 也가 명사 술어문에서 종결어기사로 사용되는 것과도 관련이 있다. 즉 '의존명사+ '의 기능이 있으며, 이는 음운의 융합과 관련있을 것이다.

이외에도 다수의 어기사 연용이 있다.

自茲以往 이로부터 나아가

관용격식이다. 自는 개사로 '~로부터'를, 茲는 지시사로 '여기, 이곳' 등의 의미를, 以는 개사로 '~으로/로'를(以에는 之가 함축되어 있다. 之는 지시사로 以의 목적지를 나타낸다), 往은 '가다'를 의미한다. 직역하면 '이로부터(自茲)~로(以) 가다(往)' 장도가 된다.

自此以往도 이와 동일하다.

至于九族 구족에 이르다

于는 於와 거의 동일하다. 於가 방향의 상을 나타낸다면, 于는 동작의 상을 나타낸다. 至於九族는 '구족에 이르다'가 되며, 至于九族은 '구족에 가(서) 이르다' 정도의 어기를 나타낸다. 于는 후대로 갈수록 於로 대체되고 거의 사용되지 않는다.

於人倫 爲重也 인륜에 있어서 가장 중요한 것이다

於는 개사로 '~에 대하여, ~에 있어서'의 의미이다. 於人倫은 이 문장에서 의미상의 목적어인데 문두로 전치된 것이다. 즉 爲重(於)人倫也로 바꾸어 쓸 수 있다. 하지만 이러한 형식은 도치문이라고 할 수 없는데, 그것은 의미상의 목적어 혹은 보어가 문두로 전치되면 부사어, 즉 문두 성분으로 변하기 때문이다.

한문에서 목적어의 문두 도치문이라는 개념은 없는 것이다. 한국어에서 술어의 도치라는 개념이 없는 것과 같다.

爲重 : 爲+형용사=최상급

莊子 曰 兄弟 爲手足. 夫婦 爲衣服. 衣服破時 更得新. 手足斷處 難可續.

장자 왈 형제 위수족 부부 위의복 의복파시 갱득신 수족단처 난가속

장자가 "형제는 수족이고, 부부는 의복이다. 의복이 떨어지면 다시 새 옷을 얻을 수 있지만, 수족의 잘려진 곳은 어찌 잇겠는가?"라고 말하였다.

풀이

難可續 어찌 잇겠는가

難은 부사어로 '왜, 어찌' 등의 의미이다. 강한 반문의 어기를 나타내는데, 절대부정에 가깝다. 반면 難以는 부정은 부정이되, 일말의 가능성을 부정적으로 함의한다. 즉 '매우 어려운' 정도의 의미이다.(難이 독자적으로 '어찌, 왜'와 같은 반문의 의미로 사용되는 것이 아니라 다음의 조동사 可와의 호응에 의해서이다. 문장에 따라 可와 같은 일련의 허사의 동원이 불가능할 경우는 難以의 형태로 사용된다)

이는 不可續은 '이을 수(가) 없다'로, 不可以續이 '이을 수가 없을 것이다'가 되는 것과 비슷하다.

蘇東坡 云 富不親兮貧不疎
此是人間大丈夫. 富則進兮貧則退
此是人間眞小輩.

소동파 운 부불친혜빈불소 차시인간대장부 부즉진혜빈즉퇴 차시인간진소배

소동파의 시에 이렇게 이른다.
"부유하다고 가까이 않을 지고 가난하다고 소원히 않을 지면
이것이 바로 세상의 대장부다.
부유하다면 나아갈 지고 가난하다고 물러날 지면
이것이 바로 세상의 정말 소인배다."

풀이

兮 직접적인 의미를 가지지는 않으나 시가 등에서 음성적으로 독특한 어기를 만든다. 절과 절 사이에 사용되는 접속사적인 기능도 있다.

人間 사람, 세상, 속세

遵禮篇

준 례 편

明心寶鑑

子曰爲善者天報之以福爲不善者天報之以禍漢昭烈將終勅後主曰勿以善小而不爲勿以惡小而爲之太公曰見善如渴聞惡如聾又曰善事須貪惡事莫樂馬援曰終身行善善猶不足一日行惡惡自有餘司馬溫公曰積金以遺子孫未必子孫能盡守積書以遺子孫未必子孫能盡讀不如積陰德於冥冥之中以爲子孫之計也子曰爲善者天報之以福爲不善者天報之以禍漢昭烈將終勅後主曰勿以善小而不爲勿以惡小而爲之太公曰見善如渴聞惡如聾又曰善事須貪惡事莫樂馬援曰終身行善善猶不足一日行惡惡自有餘司馬溫公曰積金以遺子孫未必子孫能盡守積書以遺子孫未必子孫能盡讀不如積陰德於冥冥之中以爲子孫之計也子曰爲善者天報之以福爲不善者天報之以禍漢昭烈將終勅後主曰勿以善小而不爲勿以惡小而爲之太公曰見善如渴聞惡如聾又曰善事須貪惡事莫樂馬援曰終身行

子 曰 居家有禮 故 長幼辨.
閨門有禮 故 三族和. 朝廷有禮 故
官爵序. 田獵有禮 故 戎事閑.
軍旅有禮 故 武功成.

자 왈 거가유례 고 장유변 규문유례 고 삼족화
조정유례 고 관작서 전렵유례 고 융사한 군려유례 고 무공성

선생께서 "집안에는 예가 있기 때문에 장유의 분별이 있고, 규방에는 예가 있기 때문에 삼족이 화합하고, 조정에는 예가 있기 때문에 관직과 작위에 질서가 있고, 사냥에는 예가 있기 때문에 전쟁에 관한 일이 익숙해지고, 군대에는 예가 있기 때문에 무공이 이루어진다"고 말하였다.

풀이

居家 집에 머무르다
여기에서는 집안, 가정의 의미로 사용됨. 〔예〕 居守 – 머물러 지킴

閨門 부녀자들의 처소로 안방의 의미이다.

三族 ① 부모와 형제와 처자 ② 부계 · 모계 · 처계의 세 족속 ③ 부친 · 아들 · 손자 ④ 부친의 형제. 여기서는 ②의 의미이다.

官爵 관직과 작위

田獵 사냥
田은 '사냥하다' 의 뜻이다.

閑　익숙해지다, 숙달되다

軍旅　군대

子 曰 君子有勇而無禮 爲亂. 小人有勇而無禮 爲盜.

자 왈 군자유용이무례 위란 소인유용이 무례 위도

선생께서 "군자가 용기는 있으나 예가 없으면 난을 일으키고, 소인이 용기는 있으나 예가 없으면 도둑이 된다"라고 말하였다.

풀이

爲亂과 爲盜　爲亂의 爲는 作爲의 爲로 '행하다(자동사)' 의 뜻으로 사용되고, 爲盜의 爲는 '~되다' 는 의미의 자동사로 사용되었다. 현대 중국어에서의 爲는 계사로 기능한다.

爲의 또 다른 문법적 기능으로는 '장차' 라는 앞으로 발생 가능한 일에 대한 어기를 담고 있다. '행하다 → 되다 → 장차 ~하려 하다' 는 문법적 기능으로서나 의미적 면에서나 상당한 차이가 보이는 풀이지만, 결국은 어원이 같음을 알 수 있다. 이 문장에서 爲는 사용되지 않을 수도 있었다는 점에서 또한 상적 기능도 담당하고 있다. 爲를 조동사로 분석할 것인가, 자동사로 분석할 것인가, 부사로 분석할 것인가? 한문에는 현대의 어떤 언어 문법이라도 그외의 요소가 항상 존재할 수 있다는 것을 염두에 두어야 한다.

爲亂는 '난신이 된다' 로, 爲盜는 '도둑질을 한다' 로 풀이할 수 있다.

曾子 曰 朝廷 莫如爵. 鄕黨 莫如齒. 輔世長民 莫如德.

증자 왈 조정 막여작 향당 막여치 보세장민 막여덕

증자가 "조정에는 작위만한 것이 없고, 고을에는 나이만한 것이 없으며, 보세장민에는 덕만한 것이 없다"라고 말하였다.

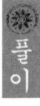

풀이

齒 나이

〔예〕 齒德－나이와 덕행, 나이가 많고 덕망이 있음

輔世長民 세상을 돕고 백성을 성장시킴

老少長幼 天分秩序 不可悖理而傷道也.

노소장유 천분질서 불가패리이상도야

"노소장유는 하늘이 나눈 질서이니
이치를 어그러뜨리고 도를 상하게 할 수 없는 것이다."

풀이

不可 ~할 수 없다

可는 조동사로서 동사 '悖'와 '傷'에 동시에 작용한다.

悖理而傷道也 이치를 어그러뜨리고 도리를 상하게 하는 것이다

而는 절과 절을 잇는 접속사로 사용되었다. 일반적으로 而는 절과 절, 동사나 형용사 사이의 접속사로, 與는 구나 명사의 접속사로 사용된다.

동사문[悖, 傷]에 종결어기사 也가 사용되어 강조의 상을 표시하고 있다. 한국어에서의 '~(다)는 것이다' 정도의 어기를 나타낸다.

出門 如見大賓. 入室 如有人.

출문 여현대보 입실 여유인

"문을 나섬에는 큰 손님을 뵈려는 듯하고,
방에 듦에는 사람이 있는 듯이 하라."

풀이

見 보다[견], 뵈다[현]

웃어른을 만나는 것을 '뵈다' 라고 하는데, 한국어의 '뵈다' 는 능동형 '보다' 에 수동과 사역접미사 '이' 가 결합된 형태이다. 능동에 수동과 피동의 접미사가 결합한 형태가 왜 존칭의 상(相)을 띠는지는 논리의 범주가 아니다. 물론 추측으로 웃어른은 찾아가 자신을 '보이는' 것이기에 그러한 개념이 생겨났다고 할 수도 있을 것이다.

고대 한어에서도 단순한 만남은 '견' 으로 발음되고, 높은 사람과의 만남에는 '현' 으로 발음되었다. 見은 피동사로 '받다, 입다, 당하다' 등의 의미도 있는데, 이때에도 고대 한인들의 발음이 달랐을 수도 있다고 추측한다. 이렇게 피동이나 사역형으로의 의미 전성이 한문과 한국어에 모두 존칭으로 사용되는 것 역시 특기할 만한 사항이다. 음의 차용도 아니며 우연의 일치라고 보기도 어렵다.

〔예〕 謁見(알현)－지체가 높은 사람을 만남

若要人重我 無過我重人.

약요인중아 무과아중인

"만약 남이 나를 중히 여기기를 바란다면
내가 남을 중히 여김에 지나는 것은 없다."

풀이

要人重我 남이 나를 중히 여기기를 바라다

要는 '원하다, 바라다'의 뜻으로 문장을 목적어로 취하고 있다. 즉 절을 목적어를 취하고 있다.

過 '(정도/범위) 지나다, 초과하다, 넘다'의 의미이다. 無過는 莫若(如)와 비슷한 어기를 만들어 내고 있다.

父不言子之德. 子不談父之過.

부불언자지덕 자불담부지과

"아버지는 아들의 덕을 말하지 않고,
아들은 아버지의 허물을 이야기하지 않는다."

풀이

동사의 부정사 不이 타동사 言과 談을 부정하고 있다.

子之德 아들의 덕성

속격조사 之로 연결된 명사구이다. 德은 '착함, 인격'을 의미한다. 여기서는 '자랑'의 뜻이다.

言語篇

언어편

明心寶鑑

子曰爲善者天報之以福爲不善者天報之以禍漢昭烈將終勅後主曰勿以善小而不爲勿以惡小而爲之太公曰見善如渴聞惡如聾又曰善事須貪惡事莫樂馬援曰終身行善善猶不足一日行惡惡自有餘司馬溫公曰積金以遺子孫未必子孫能盡守積書以遺子孫未必子孫能盡讀不如積陰德於冥冥之中以爲子孫之計也子曰爲善者天報之以福爲不善者天報之以禍漢昭烈將終勅後主曰勿以善小而不爲勿以惡小而爲之太公曰見善如渴聞惡如聾又曰善事須貪惡事莫樂馬援曰終身行善善猶不足一日行惡惡自有餘司馬溫公曰積金以遺子孫未必子孫能盡守積書以遺子孫未必子孫能盡讀不如積陰德於冥冥之中以爲子孫之計也子曰爲善者天報之以福爲不善者天報之以禍漢昭烈將終勅後主曰勿以善小而不爲勿以惡小而爲之太公曰見善如渴聞惡如聾又曰善事須貪惡事莫樂馬援曰終身行

劉會 曰 言不中理 不如不言.

유회 왈 언불중리 불여불언

유회가 "말이 이치에 맞지 않으면 말하지 않은 것만 못하다"라고 말하였다.

풀이

曰 '~라고 말하다' 라는 의미의 직접인용문을 이끄는 자동사로 사용되었다. 어떤 문법에서는 이러한 曰을 현대 언어(글말)에서 따옴표("") 역할을 한다고도 풀이하고 있다.

一言不中 千語無用.

일언불중 천어무용

"한마디 말이 맞지 않으면, 천 가지 이야기가 소용없다."

풀이

中 적중하다, 맞다, 들어맞다

君平 曰 口舌者 禍患之門 滅身之斧也.

군평 왈 구설자 화환지문 멸신지부야

군평이 "입과 혀란 것은 재앙과 근심의 문이고, 몸을 멸하게 하는 도끼인 것이다"라고 말하였다.

풀이

口舌者 입과 혀라는 것은

여기서의 者는 일반적으로 휴지어기사로 정의내리고 있다. 이 역시 之也로 풀어서 '그러한 것(경우/때/ 상황)' 의 의미로 직역할 수 있다. 者는 '고유명사 앞에 사용되어 명제를 화두로 제시한다' 라고 정의할 수 있다.

利人之言 煖如綿絮. 傷人之語 利如荊棘. 一言利人 重値千金. 一語傷人 痛如刀割.

이인지언 난여면서 상인지어 이여형극 일언리인 중치천금 일어상인 통여도할

"남을 이롭게 하는 말은 따뜻하기 솜과 같고, 남을 상하게 하는 이야기는 날카롭기 가시와 같다. 한 마디 남을 이롭게 하는 말은 중하기가 천금을 가치로 하고, 남을 상하게 하는 이야기는 아프기 칼로 가름과 같다."

풀이

利人之言 남을 이롭게 하는 말

利는 '이롭다, 이롭게 하다' 의 뜻이다. 술목구조(利人)가 명사구를 이루면서 명사 言을 수식하고 있다. 之가 利人과 言을 하나의 명사구로 묶어주고 있다.

綿絮 솜

利如荊棘 날카롭기 가시와 같다

利는 '날카롭다, 예리하다' 의 의미이다.

荊棘 : 가시

重値千金 중하기가 천금을 가치로 하다

이 구문은 '중한 가치가 천금이다(重値〔주격보어〕千金〔술어〕)' 로 풀이할 수도 있다. 痛如刀割에 맞추어 풀이한 것이다.

〔예〕 重價－비싼 값

口是傷人斧. 言是割舌刀.
閉口深藏舌 安身處處牢.

구시상인부 언시할설도 폐구심장설 안신처처뢰

"입이 바로 남을 상하게 하는 도끼요, 말이 바로 혀를 가르는 칼이다. 입을 닫고서 혀를 깊이 감춘다면 몸을 편안하게 만들고 곳곳마다 안온해진다."

풀이

口是傷人斧 입이 바로 남을 상하게 하는 도끼다

이 문장은 口則傷人斧也와 의미적으로 같다. 則('입이라면' 정도의 어기)은 앞의 주어를 강조하는 반면 是는 그렇지 못하다. 부사어적 어기가 강하여 다음에 오는 술어부와 더 긴밀한 결합관계를 이룬다. 이러한 是는 후대에 이르면서 한국어의 '이다'에 해당하는 계사로 굳어진다.

安身處處牢 몸을 편안하게 만들고 곳곳마다 안온해진다

형용사(安)가 목적어(身)를 취하여 사역형으로 사용된 형태이다. 牢는 '우리(짐승을 기르는 곳), 견고하다, 안온하다' 등의 뜻이 있다.

逢人 且說三分話 未可全抛一片心.
不怕虎生三個口 只恐人情兩樣心.

봉인 차삼분화 미가전포일편심 불파호생삼개구 미공인정량양심

"사람을 만나게 되면, 우선 이야기를 셋으로 나누어서 설명하고 한 조각 마음을 전부 던져서는 안되는 것이다. 호생의 세 입이 두려운 게 아니고, 다만 사람 속의 두 가지 마음을 두려워하라.

풀이

且說三分話 우선 이야기를 셋으로 나누어서 말하라

且는 다음에 오는 未와 호응하여 '우선 ~하고, ~는 (아직) 말라' 의 어기를 나타낸다.

話는 화병(話柄)으로 '이야기 거리' 를 의미한다.

不怕虎生三個口 호랑이의 세 개 입은 두려운 게 아니다

법가나 도가 쪽의 문장이다. 법가는 병서를 주로 연구하던 학파이다. 도가도 결국은 법가에서 파생된 학문이다. 법가가 전쟁에 있어 승리를 위한 전략 · 전술을 연구한 반면, 도가는 생존의 문제에 치중한 것이다.(거시적인 시각으로 보면)

의인화된 虎生(예 : 儒生-선비)이 무엇을 의미하는지는 분명하지 않다. 이 글이 씌어질 당시의 어떤 특수성이 있는지, 아니면 구전되어 오는 이야기일 수도 있다. 虎生을 두려워해야 하는 상대자로서의 '적이나 포악한 법제' 등으로 둔다면, 三個口는 드러내 놓고 하는 협박이나 공개적으로 할말 안 할말 가리지 않고 하는 위협을 의미한다.(한문에서 三은 종종 완전함을 나타낸다) 즉 '분명한 적의 공개적이고도 당연한 위협은 두려운 게 아니다' 는 어기를 담는 것이다.

또 전쟁에서 진을 칠 때 동서양 모두 예로부터 주력 2개 부대와 예비 1개 부대의 역삼각형 편제가 가장 효율적으로 사용되었는데, 그에 견주어 생각해 볼 수도 있다. 물론 역삼각형 편제가 춘추시대에 분명히 사용되었다는 근거는 없지만 동서양 모두 기원전부터 시행해 온 진법으로 알려져 있다.

〔예〕 道生一 一生二 二生三 三生萬物(도는 일에서 생겨나고, 일은 이에서 생겨나고, 이는 삼에서 생겨나고, 삼은 만물에서 생겨난다－『노자』)

怕과 虎生三個口의 관계는 타동사와 목적어의 관계가 아니다. 그렇게 풀이하면 '호생의 세 입을 두려워하지 않는다'로 단순 서술형의 부정문이 된다. 이 문장은 자동사가 목적어를 취하여 사역형으로 동사가 변화된 형태로 보아야 한다. 이럴 경우 문말의 보어를 문두로 전치시키면 주격보어가 된다. 아무런 표시없이 그대로 이동시킬 수 있다. 虎生三個口不怕(호생의 세 입은 두려운 게 아니다/두려워지지 않는다)

〔예〕 勿怕虎生三個口－호랑이의 세 입을 두려워하지 말라

타동사의 목적어는 문두로 전치시키면 부사어가 된다.

人情 ① 사람의 정욕(情慾) ② 세상 사람의 마음, 민심(民心) ③ 선물(膳物) ④ 남을 동정(同情)하는 따뜻한 마음씨

여기서는 '사람의 속'의 의미로 사용되었다. 情에 '속사정, 실정'의 뜻이 있음.

兩樣心 두 가지 마음

酒逢知己千鍾少. 話不投機一句多.

주봉지기천종소 화불투기일구다

"술은 지기지우(知己之友)를 만나면 천 잔도 적고,
이야기는 뜻이 투합되지 않으면 한 마디도 많다."

풀이

知己 자기를 알아주는 친구

知己之友의 준말이다.

投機 생각과 뜻이 서로 맞음

投는 '투합(投合)하다'의 뜻이다.

機는 '원인, 동인(動因), 기틀, 근간' 등의 의미이다.

交友篇

교우편

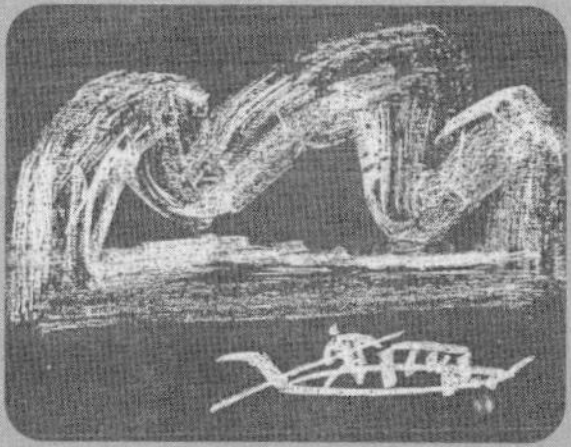

明心寶鑑

子曰 爲善者 天報之以福 爲不善者 天報之以禍 漢昭烈 將終 勅後主曰 勿以善小而不爲 勿以惡小而爲之 太公曰 見善如渴 聞惡如聾 又曰 善事須貪 惡事莫樂 馬援曰 終身行善 善猶不足 一日行惡 惡自有餘 司馬溫公曰 積金以遺子孫 未必子孫能盡守 積書以遺子孫 未必子孫能盡讀 不如積陰德於冥冥之中 以爲子孫之計也 子曰 爲善者 天報之以福 爲不善者 天報之以禍 漢昭烈 將終 勅後主曰 勿以善小而不爲 勿以惡小而爲之 太公曰 見善如渴 聞惡如聾 又曰 善事須貪 惡事莫樂 馬援曰 終身行善 善猶不足 一日行惡 惡自有餘 司馬溫公曰 積金以遺子孫 未必子孫能盡守 積書以遺子孫 未必子孫能盡讀 不如積陰德於冥冥之中 以爲子孫之計也 子曰 爲善者 天報之以福 爲不善者 天報之以禍 漢昭烈 將終 勅後主曰 勿以善小而不爲 勿以惡小而爲之 太公曰 見善如渴 聞惡如聾 又曰 善事須貪 惡事莫樂 馬援曰 終身行

子 曰 與善人居 如入芝蘭之室
久而不聞其香 卽與之化矣. 與不善人居
如入鮑魚之肆 久而不聞其臭 亦與之化矣.
丹之所藏者 赤. 漆之所藏者 黑.
是以 君子 必愼其所與處者焉.

자 왈 여선인거 여입지란지실 구이불문기향 즉여지화의 여불선인거 여입포어지사 구이불문기취 역여지화의 단지소장자 적 칠지소장자 흑 시이 군자 필신기소여처자언

선생께서 "선인과 함께 기거하면 지란의 방에 든 것 같아서 오래되어 그 향기를 맡지 못하여도 곧 더불어서 화하게 되고, 선하지 않은 사람과 함께 기거하면 생선가게에 든 것 같아서 오래되어 그 악취를 맡지 못하여도 또한 더불어서 화하게 되는 것이다. 주사란 것이 지녀지게 하는 것은 붉고, 옻이란 것이 지녀지게 하는 것은 검다. 이 때문에 군자는 반드시 그 장소와 함께 머무는 사람을 삼가야 한다는 것이다"라고 말하였다.

풀이

久而不聞其香 오래되어서 그 향기를 맡지 못하다

聞는 '냄새 맡다' 의 뜻이다.

卽與之化矣 곧 더부러져서 화하게 될 것이다

之는 본연과 추측의 상(~해지다/져서)을 나타내고 있다. 之를 대체사로 보면 其香이나 善人을 지시하여 '그(향기)에 더불어, 그와 함께' 등으로 풀이될 수 있다. 하지만 이 책에서는 그 견해를 받아들이지 않는다. 한문은 고대 한인들의 구어의 충실한 반영인 동시에 기록의 어려움으로 인하여 한번 더 압축한 문자언어라는 게 필자의 견해이다.

이런 대체사는 구어에 사용되기 어렵다. 그러나 상의 경우에는 생략하기 어려운 어기를 반영하는 것이다. 구어(口語)에서나 문어(文語)에서나 문체를 세련되고 유려하게 만드는 것은 상과 시제이다.

丹之所藏者 赤 주사란 것이 지녀지게 하는 것은 붉다

2차 수사문의 한 형식이다. 이 구문의 所는 동사 앞 성분으로 '시제'와 관련있는 용법으로 사용되었다. 그리고 이러한 所의 시제적인 기능은 爲 피동문에서 비롯된 것이다.

1. 止 將爲三君獲(『좌전』 양공 18년)

이 예문은 두 가지로 분석되어지고 있다.

(1—①) 爲와 三君을 '개사+목적어'의 형태로 동사 獲의 보어로 사용된 것으로 분석하여 '멈추면 삼군에게 포획될 것이다'로 풀이하는 형태.

(1—②) 爲를 피동사로서 두개의 목적어를 취한 형태로 '멈추면 장차 삼군에게 포획을 당하게 될 것이다'이다.

한문을 풀이할 때 늘 염두에 두어야 하는 점이 있다면, 한문은 고대로 갈수록 문장 쓰기가 구어에 대한 반영이 강하다는 것이다. 개사나 이중목적어를 취하는 동사는 수 천 년 뒤 사람들의 말을 분석한 현대적인 문법 개념이다.

이 책에서는 爲三君과 獲을 각각 독립된 두개의 문장으로 분석하고 있다. 爲는 근본적으로 '동작'을 함의하고 있다. 즉 행위(行爲)의 爲이다. 爲三君의 '행하다'는 자동사가 보어를 취하여 '삼군이 행하다(움직임)'의 의미이며, 獲은 말 그대로 '잡/히다'의 독립된 문장이다. '삼군이 추격하고 있다'는 묘사문과 '우리가 잡힌다'라는 주어가 생략된 형식의 가정문 두 문장이 결합한 것이다.

이러한 언어의 사용은 태초적인 발화에 가까운 것인데, 이는 현대

한국어의 구어에도 그대로 적용된다. 추격을 당하는 두 명의 사람 화자가 청자에게 저러한 내용을 발화한다면 '삼군에게 잡힌다.' 이 한국어 예문은 좌전(佐傳)시대(어림잡아 2300년 전)에는 다르게 발화되었을 것이다. 그것은 '~에게' 라는 향격조사의 보다 원초적인 사용이었을 것이다. 특히 『좌전』은 담화체 문장으로 서술된 책이다. 『좌전』이 씌어질 당시에도 이미 이런 형식의 爲 피동문은 거의 사용되지 않는다.

이러한 두 문장의 결합방식은 절과 절의 합으로 받아들여지지 못하고 동사 爲의 개사로의 의미 전성을 가져와 爲는 '~때문에, ~에 의하여, ~에게' 등 개념적인, 혹은 분석적인 진화를 한다. 그리고 독립된 문장으로서의 동사 獲은 명사로서 문장의 한 구성성분으로 개념적인 진화, 혹은 분석적인 퇴화를 하게 된 것이다.

그러나 발화(發話)하는 언어로서의 爲三君獲이 문자로 기록되면서 동사가 명사구를 보어로 취한 형태인 '삼군의 포로가 되다' 로 풀이되는 중의성으로 인하여, 한(漢)나라로 접어들면서 동사 獲 앞에 일종의 접두사가 붙여지는데, 바로 所이다. 所의 기능은 동사의 2차적인 의미 전성이다. 2차 전성이라고 하는 것은 이 책의 앞부분에서 많이 논의되었듯이, 한문에서의 동사는 목적어와 주어의 상관관계에 의해 피동이나 사역형, 혹은 의동이나 위동으로 변화를 한다. 거기에 다시 변화를 주는 형식인 것이다.

이는 한국어에서 '잡다' 에 피동의 접사 '히' 가 결합하여 '잡히다' 로 피동형으로 변화하고, 여기에 다시 사역형으로 변화를 주어 '잡혀지게 되다' 로 되는 것과 같은 형식이다. 한국어의 '－게－' 는 '것이' 혹은 '것에' 의 축약이기도 하다. 所가 때때로 한국어의 의존명사 '것' 으로 기능하기도 한다.(이 역시 단순한 음의 차용도 아니며, 우연의 일치도 아닌 한국어와 한문의 거의 흡사한 진화의 한 형태이다)

所가 직접 피동의 의미를 가지는 것이 아니라, 동사와의 호응에 의

하여 가져지게 되는 것이다. 한문에서 형식적인 피동문은 없다. 분석이라는 형식이 피동문형을 만들 뿐이다. 어감과 어감의 상호 호응으로 피동문이 되는 것이다.

2. 高祖擊布時 爲流矢所中

(2-①) 한(漢) 고조가 포(지명)를 칠 때 날아온 화살에(게) 적중되다.

(2-②) 고조가 포를 칠 때 날아온 화살에(게) 적중을 받았다.

고조가 포를 칠 때 날아온 화살에 의해서 적중되게 되었다.

이 문장에서 流矢는 도구/수단이 된다.

다시 본문으로 돌아가 丹之所藏者 赤에서 之를 생략하고 丹 앞에 상기 예문처럼 爲를 첨가한다면, 爲丹所藏者 赤(주사에 의해서 지니어지게 되는 것은 붉다)이 된다. 이 문장이라면 丹이 도구인 것이다. 즉 가상의 주어에게 '지님'을 당하게 만드는 도구가 되는 것이다. 문맥이 달라진다. 실제 문맥은 丹이 도구가 아니라 피동의 객체(가상의 주어)에게 동작의 행위를 발생시키는 주체(주격보어)이다.

다시 爲를 생략하여 丹所藏者 赤이라고 한다면 '단이 지녀지게 하는 것은 붉다'라고 본문과 동일하게 풀이될 수도 있지만, '단이 만약 감추는 것이라면 붉다'나 '단이 어떤 감추는 것은 붉다'로의 풀이도 가능해진다.

즉 본문의 丹之所藏者 赤으로 '단이란 것이(/의) 지녀지게 하는 것은 붉다'로 돌아온다. 이 之를 속격조사로 분석할 수도 있는데(속격조사도 결국은 강조의 상을 띤다), 직역하자면 '단의 지녀지게 하는 것(경우/때/者=之也)는 붉다'가 된다.

한 가지 강조하자는 것은 之 자체의 용법이 '강조'가 아니라는 점이다. 지시적인 기능이 기본 용도이며, 이 지시적인 기능이 대부분 강조로 나타난다. 그것은 한국어의 의존명사 '것'이 자체로 강조의 상을 가지지 않고 다른 말과의 호응에 의하여 강조의 상을 띠게 되는 것과 같다.

仲子所居之室 伯夷之所築與 抑亦盜跖之所築與(중자가 사는 곳의 집은 백이〔와 같은 사람〕가 지은 것인가? 그렇지 않으면 도척〔과 같은 사람〕이 지은 것인가—『맹자』「등공문」 하)

위의 예문에 대한 풀이는 기존의 문법 정의에 의한 것이다. 所居, 所築이 각각 '사는 곳, 지은 것' 이고, '伯夷之' 에서의 之는 ① 주어와 술어 사이에 사용되어 어기를 조절한다, ② 주어와 술어 사이에 사용되어 한국어의 주격조사 이/가와 같다' 는 두 정의가 일반적이다. 하지만 두 정의 모두 모호하기만 하다. ①에서는 그 조절하는 어기가 무엇인지, ②에서는 그러한 주격조사로서의 之가 사용되지 않는 문장이 훨씬 더 많은데, 그 차이가 무엇인지 도무지 알 길이 없어진다. 또한 伯夷와 盜跖은 직접적인 인용이 아니라 가정적인 인용인데, 이를 단지 다른 문장과의 비교를 통한 문맥에 의하여 '~와 같은 유의 사람' 으로 직관적으로 추가해야 하는 식이다.

이 책의 견해는 所居, 所築에서의 所는 앞 동사의 시제를 변화시키며, 伯夷之의 之는 지시적인 상조사로 '~라는 것' 이다. 이 구문에서는 강조의 상을 띠는 게 아니라, 인용과 가정의 상을 띤다고 하겠다.

이러한 견해로 직역하면, '중자가 살아옴의 집은 백이라는 것으로 지어진 것인가? 그렇지 않으면 도척이란 것으로 지어진 것인가' 가 되며, 다시 한국어의 언어습관에 맞게 의역하면, '중자가 살아온 집은 백이와 같은 사람에 의해서 지어진 것인가? 그렇지 않으면 도척같은 사람에 의해서 지어진 것인가?' 가 된다.

所居之室에서 之는 생략될 수 없는데, 만약 생략하면 '살아온 집이다' 가 된다. 결과적으로는 대동소이한 풀이를 이끌어내지만, 기존의 문법 정의에 의한다면, 仲子居室者 伯夷築與 抑亦盜跖築與라는 단순 서술형 문장에 대한 풀이와 별다른 변별력이 없을 것이다.

일반적인 문법에서는 所를 피동조동사로 정의내리기도 한다. 그러나 위에서 설명하였듯이 所가 직접 '당하게 하다'와 같은 의미를 가진 것은 아니다. '爲 A 所 B' 구문에서 爲나 所 모두 직접 피동의 의미를 가진 것은 아니다. 다른 피동문에서도 마찬가지이다.

所는 때로 '어떤, 만약, 대략, 쯤' 등의 의미로도 풀이되는데, 이 역시 所가 그러한 의미를 직접 가지고 있는 것이 아니라 시제로서의 기능과 지시적인 기능이 다른 동사와의 호응관계에 의하여 발생된 것이다. 이는 한국어와 아주 흡사한 형식인데 '~하게 되어지는 것이다, ~하게 될 것이다, ~하게 되었을 것이다'가 단순하게 시제를 나타내는 구문만은 아닌 것과 같다. 동사의 조동사적인 2차 활용에 의존명사 '것'이 서로 호응되면서 아주 다양하고 섬세한 어기들을 만들어 내는 것이다.

이는 구조명사구 '所A'와 'A者'로 위치가 달라지는 이유이기도 하다. '所A'의 경우는 'A되어온 것, A되어진 것' 등으로 동사를 형용사형으로 전성시키면서 시제에 의해 상에 관여하는 기능을 하는 것이다. 'A者'의 경우는 'A의 것'으로 동사가 명사화되는 것이다. 이러한 명사화는 객관성이 부여되고, 그 객관성에 의하여 때로는 집단명사로 사용되기도 한다.

所藏者에서 기존의 문법 정의는, ①'所동사者' 자체를 하나의 명사구를 이루는 형식으로 보거나, ② 所를 대신 지시하는 지시사로, 者를 동사의 대체된 목적어로 분석하고 있다.

①의 경우는 동사를 명사화시키는 것에 왜 두 개의 의존명사가 앞뒤로 필요한 것인지에 대한 분명한 이유가 제시되지 않는다. 그냥 관용격식이라는 것이다. ②의 경우는 문장에 적용했을 때 불가능한 경우가 많다. 즉 경우에 따라 ①과 ②를 적절히 적용시켜 풀이해야 한다.

3. 起居飮食所歌謠者 戰也(『상군서』「형약」)

(3-①) 일상생활에서 노래 부르는 것은 전쟁이다.

(3－②) 일상생활에서 그것을 노래 부르는 것은 전쟁이다.

(3－①)은 所歌謠者가 하나의 명사구로 주격보어로 사용된 것이다. 의미적으로도 '노래 부르는 것' 이 어떤 동사의 행위 주체가 될 수 없다. 주어가 없는 묘사문인 것이다. 주격보어의 경우는 형용사가 술어로 사용되는 게 일반적이다.

아니면 起居飮食을 '일상생활을 하는 사람' 으로 하여 '일상의 사람이 노래 부르는 것은 전쟁이다' 로 풀이해야 한다. 한문에서 주어 다음에 주격보어가 바로 이어지는 문장은 불가능하다.

者가 목적어로서 대체하는 것은 戰이다. 그렇다면 이 문장은 둘로 나뉘어지게 된다. '일상생활에서 그것을 노래 부른다. 전쟁이다.' 하나의 문장으로 이어주기 위해서는 者 다음에 '곧, 바로, 모두' 등과 같은 부사어가 사용되어야 한다.

4. 嘗問衡天下所疾惡者

(4－①) 일찍이 장형에게 천하가 미워하는 것(사람)을 물었다.

(4－②) 일찍이 장형에게 천하가 그를 미워하는 것(사람)을 물었다.

3에는 왜 하나의 구조명사구를 이루는데 두개의 구조조사가 필요한지에 대한 의문이 남고, 4에는 왜 같은 문장 내에서 그것도 바로 인접하여 연속으로 목적어를 재사용해야 하는지에 대한 의문이 남는다. 그냥 옛사람의 고졸한 언어생활로의 치부는 납득갈 만한 이유가 아니다.

이 책의 정의대로 所를 동사를 변이하게 만드는 접두사로 본다면 다음과 같이 풀이된다.

(3－③) 일상생활에서 노래 불려지게 되는 것은 전쟁이다.

(4－③) 일찍이 장형에게 천하로서 미워지고 있는 것(사람)을 물었다.

(3－③)은 起居飮食(일상생활)이 동사의 행위 주체가 아니므로 사역형으로 의미 전성이 이루진 후에 所가 한번 더 진행형으로 전성을 시킨 풀이이다. (4－③)은 술어 疾惡(미워하다)를 진행시제로 한 번 더

전성시킨 풀이이다.

이 예문들뿐만 아니라 모든 구문에 所를 동사의 변이를 하게 만드는 접두사로 본다면, 현대 한국어와의 언어상의 차이로 인하여 어색하긴 하지만 풀이가 문맥에 훨씬 잘 맞아진다. 뿐만 아니라 아주 섬세한 수사적인 어기도 나타난다. 이러한 직역에 의한 풀이가 선행되어야만 보다 정확한 의역 풀이가 가능한 것이다.

經事라고 한다면 문장의 위치에 따라 '일을 경험하다' 혹은 '경험한 일'이 되기도 하지만, 所經事는 '경험해 온 일'의 의미로 국어사전에도 등재되어 있다. 所行 역시 마찬가지이다.

所는 대부분의 한자 자전에서 '바 소'로 훈독되는데, '바'에 대한 한국어 문법은 의존명사로 정의하고 있다. 그래서 흔히들 '所A者' 구문을 '~한 바의 것'으로 풀이한다.

이 '바'와 쓰임새가 유사한 것으로 '지'가 있는데, 현대 한국어 문법상의 정의적 용도는 다르지만 '어떻게 할 〈바〉를 모르겠다'와 '어떻게 할 〈지〉를 모르겠다'는 같은 의미이다. 즉 '지'는 동사의 진행과 관련이 있다. '바'가 이 해설의 예문들이 사용된 시기에도 한국어로 사용되고 있었다면, 지금과는 다른 의미와 용도를 가지고 있었을 수도 있다.

是以 이 때문에, 따라서

家語 云 與好學人同行 如霧中行 雖不濕衣 時時有潤. 與無識人同行 如厠中坐 雖不汚衣 時時聞臭.

가어 운 여호학인동행 여무중행 수불습의 시시유윤 여무식인동행 여측중좌 수불오의 시시문취

『가어』에 이렇게 이른다.
"학문을 좋아하는 사람과 함께 가면 안개 속을 가는 것과 같아서 비록 옷이 젖지는 않으나 항상 윤택함이 있게 되고, 앎이 없는 사람과 함께 가면 측간 속에 앉은 것과 같아서 비록 옷이 더러워지지 않으나 항상 악취를 맡게 된다."

풀이

雖不濕衣 비록 옷이 젖지는 않으나
雖는 양보접속사로 '비록 ~하더라도' 의 의미이다.

時時 때마다, 항상, 때때로

聞 냄새 맡다

子 曰 晏平仲 善與人交. 久而敬之.

자 왈 안평중 선여인교 구이경지

선생께서 "안평중은 남과의 사귐을 잘한다. 오래되어도 존경하는 것이다"라고 말하였다.

풀이

善與人交 남과의 사귐을 잘하다

善(잘하다)이 타동사로서 與人交를 목적어로 취하고 있다. 與는 '함께하다, 더불다, ~과(와)' 의 뜻이다. 與人은 관형어로서 交를 수식하고 있다. 〔예〕 與國(동맹국)

久而敬之 오래되어도 존경하는 것이다.

여기서의 之는 일반적 문법 규정에서 목적어 대체사로 보아 앞의 人을 대체한 '그를' 로 풀이하거나, 관용격식으로 뜻없이 사용된 어음조사로 정의내리기도 한다. 久而敬之는 독립된 하나의 문장이다. 이 독립된 문장에서 앞 문장이나 의미적으로 파악할 수 있는 상태라면, 주어마저도 생략해버리는 언어에서 목적어를 대체사를 사용해서까지 쓸 필요가 있는가 하는 문제와, 한문이라는 최소화의 언어에서 '의미없는 어음조사' 를 사용할 필요가 있겠는가 하는 문제가 발생한다. 물론 시가(詩歌) 등의 경우라면 운률상 첨가할 가능성이 있을 수 있지만, 이 문장은 단순 서술문이다. 이 책에서는 이러한 견해를 받아들이지 않으며, 之를 한국어의 의존명사 '것' 에 해당하는 강조의 상조사로 풀이한다. 종결사 也나 矣의 또다른 형태이며, 명령 혹은 구어적인 느낌 등과 같은 독특한 어감을 나타내는데 사용된다.

相識滿天下 知心能幾人.

상식만천하 지심능기인

"서로 알기는 천하에 가득하지만,
마음을 알기는 과연 몇 사람이나 되겠는가?"

풀이

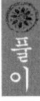

識 면식(面識), 알고 지내는 사람, 낯이 익다
'얼굴 정도만 아는 사람'의 어기이다.

能幾人 몇 사람이나 되겠는가
能의 기본적인 의미는 조동사로서 '~할 수 있다, ~해야 한다'의 의미이다. 能이 부정수사(不定數詞) 幾(몇)와 만나서 반문적인 어기를 만들어내고 있는데, '과연, 어찌' 등으로 풀이할 수 있다. 能 자체에 그러한 용법이 있는 것은 아니다.

한문에서 허사와 허사의 만남은 항상 복합적인 용법이 발생하게 된다. 幾와의 상관관계에 의한 것이다. 또한 幾에도 '어찌'의 어기가 있다.

酒食兄弟 千個有. 急難之朋 一個無.

주식형제 천개유 급난지붕 일개무

"술과 음식의 형제는 천명이 있지만,
급하고 어려움의 벗은 한 명도 없다."

풀이

千, 一 모두 허사로 사용되었다. 千에는 '아주, 매우, 가득함' 등의 어기가 있으며, 一에는 '조금도, 전혀, 겨우' 등의 어기가 있다. 이는 한국어와 동일하다.

不結子花 休要種. 無義之朋 不可交.

불결자화 휴요종 무의지붕 불가교

"열매를 맺지 않는 꽃은 심으려 하지도 말며,
의리가 없는 벗은 사귈 수 없다."

풀이

休要種 심으려 하지도 말라

休는 금지사로 勿, 無에 비하여 권고나 훈계의 어기가 강하다. 要는 부사로는 '응당, 당연히' 등의 어기를 지닌다.

君子之交 淡如水. 小人之交 甘若醴.

군자지교 담여수 소인지교 감약례

"군자의 사귐은 맑기가 물과 같고,
소인의 사귐은 달기가 단술과 같다."

풀이

如A, 若A A와 같다, 마치 A인 듯하다

路遙知馬力 日久見人心.

로요지마력 일구견인심

"길이 멀어야 말의 힘을 알고,
날이 오래되어야 사람의 마음이 보인다."

풀이

見人心 見을 자동사로 보아 '사람의 마음이 보이다', 타동사로 보아 '사람의 마음을 보다'로 풀이할 수도 있다.

婦行篇

부행편

益智書 云 女有四德之譽 一曰婦德 二曰婦容 三曰婦言 四曰婦工也.

익지서 운 여유사덕지예 일왈부덕 이왈부용 삼왈부언 사왈부공야

『익지서』에 이렇게 이른다.
"여자에게는 네 가지 덕의 예찬이 있으니, 첫째로 부덕이라 이르고, 둘째로 부용이라 이르고, 셋째로 부언이라 이르고, 넷째로 부공이라 이르는 것이다.

풀이

一曰婦德 첫째로 부덕이라 이르다
曰이 가지는 문법적인 분석은,
① 보어를 유도하는 불완전 자동사로 '~라고 부르다/이르다'
② 계사로서 '~라고 하다/이다'
③ 두개의 목적어를 취하여 '~를 ~라고 부르다'
여기서는 ①과 ②로의 풀이가 모두 가능하다.

婦德 부녀가 지켜야 할 덕행

婦容 부녀의 단정한 용모와 유순한 태도

婦言 부녀의 말씨

婦工 부녀가 하는 일

婦德者 不必才名絶異. 婦容者 不必顔色美麗. 婦言者. 不必辯口利詞. 婦工者 不必技巧過人也.

부덕자 불필재명절리 부용자 불필안색미려
부언자 불필변구리사 부공자 불필기교과인야

부덕이란 것은 반드시 재주와 명성의 월등하게 뛰어남이 아니며, 부용이란 것은 반드시 안색의 미려함이 아니며, 부언이란 것은 반드시 분별력있는 빠른 말이 아니며, 부공이란 것은 반드시 기교가 남을 초과함이 아니라는 것이다.

풀이

不必 '반드시 ~는 아니다' 의 뜻. 부분부정문을 만든다.

絶異 뛰어나게 다름, 월등하게 뛰어남

辯口 잘하는 말, 말을 잘함

利詞 빠른 말, 조리있는 말
利에 '날카롭다, 빠르다' 의 뜻이 있다.
〔예〕 利口－구변이 좋음, 빠른 말솜씨(利舌)

也 제일 마지막 구절에만 종결어기사를 붙임으로써 전체를 하나의 문장(문법적인 문장이 아니다)으로 만들고, 단정 · 당연(當然) · 본연(本然)의 어기를 나타내고 있다.

其婦德者 淸貞廉節 守分整齊 行止有恥
動靜有法. 此爲婦德也. 婦容者 洗浣塵垢
衣服鮮潔 沐浴及時 一身無穢.
此爲婦容也. 婦言者 擇師而說 不談非禮
時然後言 人不厭其言 此爲婦言也.
婦工者 專勤紡績 勿好暈酒 供具甘旨
以奉賓客 此爲婦工也.

기 부덕자 청정렴절 수분정제 행지유치 동정유법 차위부덕야 부용자 세완진구 의복선결 목욕급시 일신무예 차위부용야 부언자 택사이설 불담비례 시연후언 인불염기언 차위부언야 부공자 전근방적 물호운주 공구감지 이봉빈객 차위부공야

그렇게, 부덕이란 것은 맑고 고요하고 청렴하고 절개가 있으며, 분수를 지키고 바로잡아 가지런히 하며, 움직이고 멈춤에는 부끄러움이 있으며, 삶에는 도리가 있다. 이것이 부덕이 되는 것이다. 부용이란 것은 먼지와 때를 씻고 빨며, 의복은 신선하고 깨끗이 하며, 때맞춰 목욕하여 온몸에 더러움이 없게 한다. 이것이 부용이 되는 것이다. 부언이란 것은 모범을 택하여서 말하고, 예가 아닌 것은 말하지 않으며, 때가 된 이후에 말하면 사람이 그 말을 싫어하지 않는다. 이것이 부언이 되는 것이다. 부공이란 것은 길쌈에 오로지 근면하며, 술 빚기를 좋아하지 말며, 음식을 달고 맛나게 함으로써 빈객을 받든다. 이것이 부공이 되는 것이다.

풀이

其 그렇게

일반적인 其의 용법은 다음과 같다.

① 지시사–그것, 그

② 정관사－그(영어의 the에 해당)

③ 소유격대명사－그의

④ 부사(상조사)－마땅하게, 당연하게

여기에서는 지시사로서의 기능을 하고 있지만, 지시의 내용은 앞 문장 전체 혹은 앞 단락 전체이다. 일반적으로 지시사는 명사인 반면 여기서는 명사적 용법은 아니다. 접속사적인 부사어에 더 가깝다. 앞 문장 혹은 앞 단락 전체를 받으면서 범위는 본 단락 전체에 걸쳐진다. 이는 앞장의 마지막 문장에만 也로 종결된 것을 받아서 사용한 것이다.

淸貞 맑고 고요함

廉節 청렴하고 강직한 절개

整齊 바로잡아 가지런히 함

行止 움직이고 멈춤

행동거지(行動擧止)의 준말이다. 몸가짐.

動靜 살아가는 형편, 손님을 맞으러 일어남, 일의 형편, 처지

여기서는 '삶의 방식' 을 말한다.

塵垢 먼지와 때

鮮潔 신선하고 결백함

及時 때가 이르다

及이 '이르다, 도달하다' 의 뜻이다. '때맞춰'

一身無穢 온몸에 더러움이 없다
一은 '온통, 온, 전부' 의 뜻으로 사용되었다.

擇師 모범을 택하다
師는 '모범' 의 뜻이다.

時然 직역하면 '시간이 허락하다' 이다.

紡績 길쌈

供具 본래는 연회(宴會)에 쓰이는 물건 전체를 의미하였으나, 전하여 '음식' 의 뜻이 되었다.

甘旨 좋은 맛, 맛있는 음식

此四德者 是婦人之所不可缺者. 爲之甚易 務之在正. 依此而行 是爲婦節.

차사덕자 시부인지소불가결자 위지심이 무지재정 의차이행 시위부절

이 네 가지 덕이란 것이 바로 부인의 이지러져서는 안되는 것이다. 행할 것이면 매우 쉽고, 힘쓸 것이면 바름에 있다. 이것에 의하여 행한다면 바로 부인의 절조가 된다."

풀이

是婦人之所不可缺者 바로 부인의 이지러져서는 안되는 것이다

所不可缺者에서 不可를 제외하고 所缺者라고 한다면, '이지러지게 된 것' → '이지러진 것/이지러져버린 것' 이다. 여기에 부정형 조동사 구문 不可가 더해져 '이지러질 수 없는 것/이지러져서는 안되는 것' 이 된다.

之를 속격조사로 婦人과 所不可缺者를 하나의 명사구로 만드는 역할을 하는 것으로 풀이할 수도 있으며(그렇게 되면 是는 계사로 한국어 '~이다' 에 해당된다), 강조의 재지시사로 한국어의 의존명사 '것' 으로 풀이하여 '부인이란 것에' 로도 할 수도 있다. 한국어의 속격조사 '의' 와 의존명사 '것' 모두에 지시사로서의 성격이 있다.

太公 曰 婦人之禮語必細.

태공 왈 부인지례어필세

태공이 "부인의 예는 말이 반드시 자세하여야 한다"라고 말하였다.

풀이

婦人之禮語 부인의 예는 말이

관형어가 주어를 수식하고 있는 형식이다. '부인의 예의 말은' 으로 풀이할 수도 있다. 주어 앞에는 관형어와 부사어만 올 수 있다. 婦人之禮를 주격보어로 볼 수 없다.

細 자세(仔細)하다, 자상(仔詳)하다

賢婦 令夫貴. 惡婦 令夫賤.

현부 령부귀 악부 령부천

"현명한 부인은 남편을 귀하게 만들고,
악한 부인은 남편을 천하게 만든다."

풀이

令夫貴 남편으로 하여금 귀하게 하다

令은 사역동사로 '~하게 만들다, ~하게 하다' 등의 뜻이다.(使도

이와 같다) 이 구문은 겸어구조(추축구조, pivot)로서, 夫는 동사 令의 목적어인 동시에 동사 貴의 주어이기도 하다.

家有賢妻 夫不遭橫禍.

가유현처 부불조횡화

"집에 현명한 처가 있으면,
남편은 뜻밖의 화를 만나지 않는다."

풀이

橫禍 뜻밖의 화

賢婦 和六親. 佞婦 破六親.

현부 화육친 망부 파육친

"현명한 부인은 육친을 화합하게 만들고,
망령된 부인은 육친을 깨트리게 만든다."

풀이

六親 부 · 모 · 형 · 제 · 처 · 자를 말한다.

和六親 육친을 화합하게 하다

형용사(자동사) 和가 목적어 六親을 취하여 사역형으로 사용되었다. 물론 이 구문을 '육친이 화합된다'로, 六親을 보어로 분석할 수도 있다. 그렇게 분석하면 문두의 '賢婦'는 주어가 아니라 주격보어가 되며, '현부가 육친이 화합된다'로, 한국어의 언어습관에 맞게 풀이하면 '현부가 육친에 화합된다'가 된다. 문맥이 완전히 반대로 되는 것이다. 이는 고대 한어에서 술어가 주어와 목적어의 상관관계에 의하여 동사의 성조상(혹은 발음상)의 변화가 있었음을 말해준다.

破六親 육친을 깨트리게 만든다

破는 자동사로도 타동사로도 기능하다. 한문에서 자동사와 타동사의 구분은 명확하지 않다. 형용사는 대부분 자동사이고 나머지 일반동사는 두 가지로 사용되는 경우가 대부분이다. 또한 타동사는 직접 사역형으로도 사용이 가능하다. 즉 이 구문은 '육친을 깨트리게 만들다'로 풀이할 수 있다. 이러한 선택적 풀이는 문맥에 맞추어서 해야 한다.

그러나 한 가지 염두에 두어야 할 것은 동사와 주어간의 관계이다. 이 구문의 주어 佞婦는 동사 破와 어떤 관계인가? 망령된 부인이 직접 고의적이고 의도적으로 육친의 화합을 깨치는 행위는 하지 않는다는 어기를 가지고 있다. 즉 동작의 직접적인 주체는 아니다. 그렇다고 일반 묘사문처럼 피동의 주체도 아니다. 따라서 일반 타동사로 풀이하기보다는 앞 구절에 맞추어 사역형으로 풀이해야 한다.

增補篇
증보편

明心寶鑑

子曰 爲善者 天報之以福 爲不善者 天報之以禍 漢昭烈 將終 勅後主曰 勿 以善小而不爲 勿 以惡小而爲之 太公 曰 見善如渴 聞惡如聾 又曰 善事須貪 惡事莫樂 馬援 曰 終身行善 善猶不足 一日行惡 惡自有餘 司馬溫公 曰 積金以遺子孫 未必子孫能盡守 積書以遺子孫 未必子孫能盡讀 不如積陰德於冥冥之中 以爲子孫之計也 子曰 爲善者 天報之以福 爲不善者 天報之以禍 漢昭烈 將終 勅後主 曰 勿 以善小而不爲 勿 以惡小而爲之 太公 曰 見善如渴 聞惡如聾 又曰 善事須貪 惡事莫樂 馬援 曰 終身行善 善猶不足 一日行惡 惡自有餘 司馬溫公 曰 積金以遺子孫 未必子孫能盡守 積書以遺子孫 未必子孫能盡讀 不如積陰德於冥冥之中 以爲子孫之計也 子曰 爲善者 天報之以福 爲不善者 天報之以禍 漢昭烈 將終 勅後主 曰 勿 以善小而不爲 勿 以惡小而爲之 太公 曰 見善如渴 聞惡如聾 又曰 善事須貪 惡事莫樂 馬援 曰 終身行

周易 曰 善不積 不足以成名.
惡不積 不足以滅身. 小人 以小善
爲无益而弗爲也.
以小惡 爲无傷而弗去也.
故 惡積而不可掩 罪大而不可解.

주역 왈 선불적 불족이성명 악불적 불족이멸신 소인 이소선 위무익이불위야 이소악 위무상이불거야 고 악적이불가엄 죄대이불가해

『주역』에 이렇게 이른다.
"선이 쌓이지 않으면 명성이 이루어질 수 없는 것이며, 악이 쌓이지 않으면 몸이 멸해지지 않을 것이다. 소인은 작은 선으로는 이로움이 없다고 하여서 행하지 않을 것이다. 작은 악은 해됨이 없다고 하여서 버리지 않을 것이다. 그러므로 악이 쌓이게 되어서 가릴 수 없으며, 죄가 커지게 되어서 풀 수 없다.

풀이

小人 以小善 爲无益而弗爲也 소인은 작은 선으로는 이로움이 없다고 하여서 행하지도 않을 것이다

'以 A 爲 B : A를 B로 여기다' 구문이다.

爲无益 : 爲는 자동사로 '~라고 여기다'의 의미이다. 직역하면 '소인은 작은 선으로 이로움이 없다고 여기다'이다. 의미적으로 유추해 '以 A 爲 B : A를 B로 여기다'로 풀이한 것이다. 이 풀이로 以小善을 목적어로 분석하고 술어 앞에 목적어가 출현한 경우로 받아들일 수는 없다. 물론 以가 직접 목적어를 이끌기도 하지만, 한문 문장의 기본은 '동사연동(단문의 연속)'이다. 한국어 습관에 맞는 일반적 풀이 방식이긴 하지만, 以A(A를 사용하다), 爲B(B라고 여기다)의 연동인 것이

다. 또 어떤 설명에서는 '以A+동사' 구문에서 以A를 '개사+목적어 구조로, 부사나 보어로 사용된다' 고 정의내리기도 한다. 그렇게 분석하면 '以A' 는 부사로도, 보어로도, 목적어로도 풀이가 가능하다.

부사 : 작은 선으로 무익하다고 여기다.
보어 : 작은 선은 무익하다고 여기다.
목적어 : 작은 선을 무익하다고 여기다.

한문의 문장 구성에 의해 직역을 한다면 '~으로써(~을 사용하다)'가 된다.

작은 선으로써 무익하다고 여기다.

弗爲也 : 弗은 不之의 축약, 之는 대체사로 정의내리고 있다. 필자는 이를 받아들이지 않는다. 상식적으로 목적어나 보어같은 기초적 문장 성분이 동사나 개사와 같은 다른 성분에 융합되리라고 판단되지 않기 때문이다. 弗이 不之의 축약이긴 하지만, 여기서의 之는 상조사이다.

不爲也(행하지 않는 것이다) 弗爲也(행하지도 않는 것이다/행하지 않는다는 것이다)

履霜堅氷至. 臣弑其君 子弑其父.
非一朝一夕之事 其所由來者漸矣.

리상견빙지 신시기군 자시기부 비일조일석지사 기소유래자점의

서리가 밟히면 굳은 얼음이 이른다. 신하가 그 임금을 시해하면 자식은 그 어버이를 시해한다. 하루아침과 하루저녁의 일이 아니라 그 유래되어진 것은 차츰차츰 나온 것이다."

풀이

履霜 堅氷至 서리를 밟으면 굳은 얼음이 이른다

霜은 늦가을에 발생하고 氷은 한겨울에 언다. 어떤 일의 조짐이 점차적으로 이루어짐에 대한 형용이다.

弑 시해(弑害)하다

아랫사람이 윗사람을 죽이는 것을 말한다.

漸 차츰차츰 나아감, 차츰차츰 이루어짐

〔예〕 점이(漸移)

八反歌
팔반가

明心寶鑑

子曰 爲善者 天報之以福 爲不善者 天報之以禍 漢昭烈 將終 勅後主 曰 勿 以善小而不爲 勿 以惡小而爲之 太公 曰 見善如渴 聞惡如聾 又曰 善事須貪 惡事莫樂 馬援 曰 終身行善 善猶不足 一日行惡 惡自有餘 司馬溫公 曰 積金以遺子孫 未必子孫能盡守 積書以遺子孫 未必子孫能盡讀 不如積陰德於冥冥之中 以爲子孫之計也 子曰 爲善者 天報之以福 爲不善者 天報之以禍 漢昭烈 將終 勅後主 曰 勿 以善小而不爲 勿 以惡小而爲之 太公 曰 見善如渴 聞惡如聾 又曰 善事須貪 惡事莫樂 馬援 曰 終身行善 善猶不足 一日行惡 惡自有餘 司馬溫公 曰 積金以遺子孫 未必子孫能盡守 積書以遺子孫 未必子孫能盡讀 不如積陰德於冥冥之中 以爲子孫之計也 子曰 爲善者 天報之以福 爲不善者 天報之以禍 漢昭烈 將終 勅後主 曰 勿 以善小而不爲 勿 以惡小而爲之 太公 曰 見善如渴 聞惡如聾 又曰 善事須貪 惡事莫樂 馬援 曰 終身行

幼兒 或詈我 我心 覺懽喜.
父母 嗔怒我 我心 反不甘.
一喜懽一不甘 待兒待父心何懸. 勸君.
今日逢親怒 也應將親作兒看.

유아 혹매아 아심 각환희 부모 진노아 아심 반불감
일희환일불감 대아대부심하현 권군 금일봉친노 야응장친작아간

어린아이가 혹 나에게 투정하면 나의 마음에 환희를 느끼고, 어버이가 나에게 노하면 도리어 달갑지 않다. 한 번은 기쁘고 한 번은 달갑지 않으니 아이를 대하고 부모를 대하는 마음이 어찌 현격한가? 그대에게 권하노라. 금일 어버이의 노함을 만나거든 또 응당 어버이를 받들어서 아이로 간주하도록 하라.

풀이

反 도리어

懸 현격하다, 동떨어지다

也應將親作兒看 또 응당 어버이를 받들어서 아이로 간주하도록 하라

也는 亦(또, 또한)과 비슷한 어기를 지닌다. 주로 시나 구어체로 사용된다. 亦이 강조나 반복의 의미가 강한 반면, 也는 화자에 대한 주목성을 높이는 용법이다.

將은 '받들다'의 의미이다. 作은 行이나 爲에 비하여 의도성 혹은 의지성이 강한 행위나 사고를 나타낸다. 看은 '간주하다'는 뜻이다.

兒曹 出千言 君聽常不厭.
父母 一開口 便道多閑管.
非閑管親掛牽 皓首白頭 多諳諫.
勸君 敬奉老人言 莫教乳口爭長短.

아조 출천언 군청상불염 부모 일개구 변도다한관
비한관친괘견 호수백두 다암간 권군 경봉노인언 막교유구쟁장단

아이들은 천 마디 말을 내더라도 그대는 듣고도 언제나 싫증내지 않고, 어버이는 한번 입을 열면 곧 쓸데없는 단속이 많다고 말한다. 쓸데없는 단속이 아니라 어버이의 펴주고 이끌어주심이다. 흰머리 하얀 얼굴에 많이 잘 알아 일러주심이다. 그대에게 권하노라. 노인의 말을 존경하고 받들고, 젖비린내의 입으로 하여금 장단을 다투게 하지 말 것이다.

풀이

兒曹 아이들
〔예〕 爾曹－너희들

便道多閑管 곧 쓸데없는 단속이 많다고 말한다
便 : 곧, 바로
道 : 말하다
閑管 쓸데없는 단속, 잔소리.
閑에 '한가하다, 하릴없다' 의 뜻이, 管에 '단속하다' 의 뜻이 있다.

諳諫 잘 알아서 일러주다

諳에 '익숙히 알다' 의 뜻이 있다.
〔예〕 諳練－아주 익숙하게 알고 있음.

教 사역동사로 使 · 令과 같다. '~하여금 ~하게 하다' 의 뜻이다.

幼兒 尿糞穢 君心 無厭忌. 老親 涕唾零 反有憎嫌意. 六尺軀來何處. 父精母血成汝體. 勸君 敬待老來人. 壯時爲爾筋骨敝.

유아 뇨분예 군심 무염기 노친 체타령 반유증혐의 육척구래하처 부정모혈성여체 권군 경대노래인 장시위이근골폐

갓난아이 똥오줌의 더러움은 그대의 마음에 싫어하고 꺼리지 않는다. 늙으신 어버이의 콧물과 침의 떨어짐은 도리어 미워하고 싫어하는 마음을 가진다. 육척의 몸은 어느 곳으로부터 왔는가? 아버지의 정기와 어머니의 피가 너의 몸을 이루게 했다. 그대에게 권하노라. 늙어 오는 사람을 공경하게 대하라. 젊었을 때 너 때문에 근육과 뼈가 지치고 쇠약해졌다.

풀이

厭忌 싫어하고 꺼리다

涕唾 콧물과 침

憎嫌 미워하고 싫어함

六尺 尺은 지금의 30센티미터가 아니다. 고대 중국에서는 지역과 시기별로 도량형이 달랐다. 삼척동자(三尺童子)가 고대에는 오척동자(五尺童子)로 쓰이기도 한다.

父精母血成汝體 아버지의 정기와 어머니의 피가 너의 몸을 이루게 했다

父精母血은 주격보어이다. 따라서 동사 成은 '이루다'가 아닌 '이루어졌다'나 '이루게 했다'로, 피동이나 사역형으로 변화한다.

老來人 늙어 오는 사람

來는 '오다'로, 동사가 형용사로 사용된 것이다. 한국어에서 '늙어 오다'는 잘 쓰지 않고 '늙어가다'를 쓴다. 이는 관습적으로 이루어진 것이다. 때로는 개념적으로 '오다'와 '가다'가 반대로 쓰이기도 한다. '해가 저물어 가다'에서는 실제로는 '오다'가 더 어울리는 것 같지만 '가다'가 쓰인다. 한문에서도 이러한 관습이 형성되어 있는지, 아니면 어떤 규범이 있는 것인지는 고찰이 필요하다.

看君 晨入市 買餠又買餻 少聞供父母 多說供兒曹. 親未啖兒先飽. 子心 不比親心好. 勸君 多出買餠錢. 供養 白頭光陰少.

간군 신입시 매병우매고 소문공부모 다설공아조 친미담아선포
자심 불비친심호 권군 다출매병전 공양 백두광음소

그대를 살펴보니 새벽에 시장에 들어서 떡을 사고 또 고물을 사는데, 어버이에 드림은 적게 들리고 아이에게 줌은 많이 말하더라. 어버이가 씹기도 전에 아이가 먼저 배부르다. 자식의 마음은 어버이 마음의 훌륭함에 비교하지 못한다. 그대에게 권하노라. 떡 살 돈을 많이 내어서 공양하라. 흰머리로 세월이 적게 되었다.

풀이

看 살펴보다

비교적 자세히 살피는 뜻이다. 視는 단순한 '바라봄'을 의미한다.

光陰 세월

본래는 빛과 그늘을 뜻하나 해가 짐에 따라 그림자가 이동하는 것에서 '시간'의 의미로 사용되었다.

市間賣藥肆 惟有肥兒丸 未有壯親者.
何故兩般看. 兒亦病親亦病
醫兒不比醫親症.
割股還是親的肉 勸君 亟保雙親命.

시간매약사 유유비아환 미유장친자 하고량반간 아역병친역병
의아불비의친증 할고환시친적육 권군 극보쌍친명

시장의 약 파는 가게에는 오직 아이를 살찌우는 약은 있지만, 어버이를 건강하게 하는 것은 있지도 않다. 어찌하여 둘로 나누어 간주하는가? 아이도 또한 병나고 어버이도 또한 병난다. 아이를 고침은 어버이의 증세를 고침에 비기지를 못한다. 넓적다리를 베더라도 도리어 곧 어버이의 살이다. 그대에게 권하노라. 빨리 양친의 생명을 보호하라.

풀이

市間 저자거리, 시장(市場)

未有壯親者 어버이를 건강하게 하는 것은 있지도 않다

未는 상부정사이다. 不이 사용된 것과는 풀이에 있어 차이를 주어야 한다. 이 구문에서는 한국어 특수조사 '만' 으로 강조되는 어감을 나타내었다. 未는 앞절의 惟(오직, 단지, 다만)와 호응하고 있다.

醫兒不比醫親症 아이를 고침은 어버이의 증세를 고침에 비기지를 못한다

어버이의 병환이 더 깊고 고치기 어렵다는 의미이다.

割股 할고담복(割股啖腹)의 준말로 '넓적다리를 베어 배에 먹임'의 뜻이다.

還是 도리어, 곧

두 단어가 자주 함께 출현하기는 하지만, 하나의 숙어로 이루어진 것은 아니다. 각각의 어기로 풀이하여야 한다. 還은 전제 항에 대한 반문적인 부사어이며, 是는 다음에 이어지는 동사를 강조하는 부사로 사용되거나 명사 술어문의 계사로 사용된다.

親的肉 어버이의 살

的은 명사화 속격조사 之와 같다. 한나라의 멸망 이후에 등장한다. 수나라와 밀접한 관련이 있는 것으로 보인다.

富貴 養親易 親常有未安. 貧賤 養兒難 兒不受饑寒. 一條心兩條路 爲兒終不如爲父. 勸君 養親如養兒. 凡事 莫推家不富.

부귀 양친이 친상유미안 빈천 양아난 아불수기한 일조심양조로 위아종불여위부 권군 양친여양아 범사 막추가불부

부귀하면 어버이를 봉양하기 쉬우나 어버이는 항상 또 편안한 것만은 아니다. 빈천하면 아이를 부양하기 어려우나 아이는 주림과 추위를 받지 않는다. 한 가지 마음의 두 가지 길에 아이를 위함은 결국 부모를 위함만 못하다. 그대에게 권하노라. 어버이 봉양함을 아이 부양함과 같이하라. 모든 일은 집안의 가난함으로 미루지는 말 것이다.

풀이

未安 편안한 것만은 아니다

未는 상부정사이다. 여기에서 상은 '단정과 한정' 이다. 상부정사로 쓰인 未는 항상 동사 앞에 출현하지만, 단순한 동사의 부정사는 아니다. 未를 명사의 부정사인 非와 상조사 之의 합, 즉 非之로 보아야 할 것이다. 之는 명사화와 관련있는 조사이기도 하다. 安이라는 형용사 술어에 단정과 한정의 어기를 포함시키기 위하여 사용된 것이다.

不安(편안하지 못하다), 未安(편안한 것만은 아니다)－未安은 '마음이 편안하지 못함, 남에게 겸연쩍은 마음이 있음' 의 뜻이다.

爲兒 아이를 위하다

終 결국, 마침내, 종국(終局)

推 미루다, 뒤로 미루다

養親 只二人 常與兄弟爭. 養兒 雖十人 君皆獨自任. 兒飽煖親常問 父母饑寒不在心. 勸君 養親 須竭力 當初 衣食 被君侵.

양친 지이인 상여형제쟁 양아 수십인 군개독자임 아포난친상문 부모기한불재심 권군 양친 수갈력 당초 의식 피군침

어버이를 봉양하기에는 단지 두 사람이나 항상 형제와 다투고, 아이를 부양하기에는 비록 열명이라도 그대는 모두 오직 스스로 책임진다. 아이가 배부르고 따뜻한지 어버이는 항상 묻지만, 부모의 주림과 추위는 마음에 있지 않다. 그대에게 권하노라. 어버이 봉양에 모름지기 힘을 다할 것이다. 당초 옷과 음식이 그대에게 침탈되었다.

풀이

只 단지, 다만, 겨우

獨 오로지, 오직, 유달리

須 모름지기 ~해야 한다

當初 衣食 被君侵 당초 옷과 음식이 그대에게 침탈되다

當初 : 맨 처음의 때, 그 맨 처음

被는 개사로 '~에 의해, ~에게' 등의 의미이다. '그대에게 침탈되다.' 또 피동동사로 본다면 '~에게 ~를 당하다/받다'의 이중목적어 구조로 '그대에게 침탈을 당하다'가 된다.

親有十分慈 君不念其恩. 兒有一分孝
君就揚其名. 待親暗待兒明.
誰識高堂養子心. 勸君 漫信兒曹孝.
兒曹親子在君身.

친유십분자 군불념기은 아유일분효 군취양기명 대친암대아명
수식고당양자심 권군 만신아조효 아조친자재군신

어버이는 또 충분히 자애로우나 그대는 그 은혜를 생각지 않는다. 아이는 또 조금만 효도해도 그대는 그 이름을 나아가 드날린다. 어버이를 대함에는 어둡고 아이를 대함에는 밝다. 누가 고당의 자식 기르는 마음을 알리오? 그대에게 권하노라. 아이들의 효도를 대수롭지 않게 여겨라. 아이들의 어버이요 자식됨이 그대의 몸에 있다.

풀이

十分 아주 참, 극도에 달함, 충분히

一分 하나를 몇 개로 등분한 것의 한 부분, 조금

高堂 ① 높은 집, 훌륭한 집, 전하여 남의 집의 존칭 ② 타인의 부모에 대한 존칭 ③ 부모의 슬하

漫信兒曹孝 아이들의 효도를 대수롭지 않게 여겨라
漫은 동사로 '함부로 하다. 대수롭지 않게 여기다' 의 뜻이다.
信은 '얽매이지 않다, 맡기다' 의 뜻이다.
漫信은 직역하면, '대수롭지 않음에 맡겨버리다' 정도의 어기를 지닌다.

孝行 續篇

효행 속편

明心寶鑑

子曰爲善者天報之以福爲不善者天報之以禍漢昭烈將終勅後主曰勿以善小而不爲勿以惡小而爲之太公曰見善如渴聞惡如聾又曰善事須貪惡事莫樂馬援曰終身行善善猶不足一日行惡惡自有餘司馬溫公曰積金以遺子孫未必子孫能盡守積書以遺子孫未必子孫能盡讀不如積陰德於冥冥之中以爲子孫之計也子曰爲善者天報之以福爲不善者天報之以禍漢昭烈將終勅後主曰勿以善小而不爲勿以惡小而爲之太公曰見善如渴聞惡如聾又曰善事須貪惡事莫樂馬援曰終身行善善猶不足一日行惡惡自有餘司馬溫公曰積金以遺子孫未必子孫能盡守積書以遺子孫未必子孫能盡讀不如積陰德於冥冥之中以爲子孫之計也子曰爲善者天報之以福爲不善者天報之以禍漢昭烈將終勅後主曰勿以善小而不爲勿以惡小而爲之太公曰見善如渴聞惡如聾又曰善事須貪惡事莫樂馬援曰終身行

孫順 家貧 與其妻 傭作人家以養母
有兒每奪母食. 順 謂妻 曰 兒奪母食
兒可得 母難再求. 乃負兒往歸醉山北郊.
欲埋掘地 忽有甚奇石鍾 驚怪試撞之
舂容可愛. 妻 曰 得此奇物 殆兒之福
埋之不可. 順 以爲然 將兒與鍾還家
懸於樑撞之. 王 聞鍾聲淸遠
異常而覈聞其實. 曰 昔 郭巨埋子
天賜金釜 今孫順埋兒 地出石鍾.
前後符同. 賜家一區 歲給米五十石.

손순 가빈 여기처 용작인가이양모 유아매탈모식 순 위처 왈 아탈모식 아가득 모난재구 내부아왕귀취산북교 욕매굴지 홀유심기석종 경괴시당지 용용가애 처 왈 득차기물 태아지복 매지불가 순 이위연 장아여종환가 현어량당지 왕 문종성청원 이상이핵문기실 왈 석 곽거매자 천사금부 금손순매아 지출석종 전후부동 사가일구 세급미오십석

손순이 집이 가난하여 그의 처와 함께 남의 집에 품팔이로써 모친을 봉양하는데, 아이가 있어 매양 모친의 식사를 뺏었다. 순이 처에게 "아이가 모친의 진지를 뺏는데, 아이는 얻을 수 있지만 모친은 두 번 구하기 어렵다"라고 말하고는 곧 아이를 지고서 취산의 북녘으로 향하여 갔다. 묻고자 땅을 파는데 홀연 매우 기이한 석종이 있어 놀라고 괴이하여 시험 삼아 두드려보았더니 용용하니 사랑스러웠다. 처가 "이 기물을 얻음은 아마도 아이의 복이니 묻는 것은 옳지 않다"라고 말하자, 순이 그럴 것이라고 여기고 아이와 종을 거느리고 집으로 돌아와서 들보에 매달고 두드리곤 하였는데, 왕이 종소리가 명료하고 심원함을 보통과 다르게 여기고는 그 실

정을 핵실하고는 "옛날에는 곽거가 자식을 묻음에 하늘이 금솥을 하사하더니, 지금은 손순이 아이를 묻음에 땅이 석종을 내었다. 전후가 부합되도다"라고 말하고는 집 일 구를 하사하고 해마다 쌀 오십 석을 주었다.

풀이

傭作 고용되어 일하다, 고용살이하다

傭作人家以養母 고용살이로써 모친을 봉양하다

以(之)는 대용어이다. 대용어의 특징은 바로 다음에 동사(동목구)가 출현하는 것이다. 동사나 동목구를 以의 목적어로 풀이해서는 안된다. 이 문장에서 以가 대용하는 것은 傭作이다. 이러한 대용어를 어떤 문법서에서는 부사와 술어 중심사 사이에 사용되는 부사화접미사, 혹은 후치사, 접속사 등으로 정의내리고 있는데, 그러한 분석은 매 구문마다 달라진다. '傭作人家 養母' 라고만 하여도 傭作人家가 부사어로 사용되어 '남의 집에 고용되어서 모친을 봉양하다' 로 풀이된다.

하지만 이 예제문으로는 傭作人家과 養母의 관계가 명확하지 않다. 서로 독립적인 대등절로서의 연동(남의 집에 고용살이를 하고 모친을 보양했다)인지, 혹은 서로 독립된 문장인지가 문맥에 따라 달라질 수 있다. 만약 앞뒤에 아무런 문장 없이 傭作人家 養母라고만 되어 있다면, 이 구문은 '남의 집에 고용살이는 모친을 봉양하게 하였다' 가 직역된다. 여기에 대용어 以(之)가 사용됨으로 그 관계가 도구나 수단이 됨을 분명하게 해준다.

每 매양, 매번, 번번히

謂妻 曰 兒~ '謂 A 曰 B' 구문이다. ① A에게 B라고 말하다 ②

A에게 B하라고 말하다 ③ A를 B라고 부르다/이르다

往歸 ~를 향하여 가다, 귀향(歸向)

忽 홀연, 갑자기, 불현듯

驚怪試撞之 놀랍고 괴이하여 시험 삼아 두드려 보았더니
試는 '(시험 삼아) ~해보다' 의 뜻이다.
之는 상조사로, 이 문장에서는 '경험' 을 나타내도록 한국어의 선어말어미 '-더-' 로 풀이하였다.

舂容 의성의태어이다. 침착하고 조용한 모양이나 소리를 말한다.
〔예〕 溶溶-강물이 넓고 조용하게 흐르는 모양

殆 아마도, 거의
가정과 추측을 나타내는 부사어이다.

以爲然 그럴 것이라고 여기다
〔예〕 爲然-그렇다고 여기다
'以爲A' 구문을 'A라고 여기다' 라 풀이하는데, 爲만으로도 '여기다, 삼다' 의 뜻이 있다. 여기에 以(之)가 삽입됨으로 가정이나 추측의 상을 띠게 되는 것이다. 이러한 상은 반드시 고정적인 상황은 아니다. 동일한 구문이 다른 문장에서 강조나 원인의 상을 띠기도 한다. 한국어와 한문에서 상과 시제는 서로 어울림에 의하여 발생하는 공통점이 있다.

將兒與鍾 아이와 종을 거느리다
將은 동사로 '거느리다, 대동하다' 의 뜻으로 사용되었다.

淸遠 맑고 멂, 명료하고 심원함

異常 보통에 다르다

〔예〕 非常－보통이 아니다

覈 핵실(覈實)하다, 일의 실상을 조사하다

符同 부합(符合)되다, 꼭 들어맞다

賜家一區 집 일 구를 하사하다

家一區가 집 한 채인지, 집과 그에 딸린 한 구역의 의미인지 분명하지 않다.

〔예〕 有田一廛 有宅一區(『한서』)

이 예문에서는 區가 수량사로서 '채'의 의미로 사용된 것이 아닐 수도 있다. 宅은 실물로서의 '집'이 아니라 '집을 지을 수 있는 넓이로서의 땅'을 의미할 수도 있다. 만약 본문의 家가 실물로서의 '집'을 의미한다면, 그 집의 출처에 대해서는 역사적인 규명이 필요하다. 나라에서 좋은 일에 상을 주기 위하여 미리 지어 놓은 집인지, 국가간의 전쟁에 의해서 점령한 지역이나 유민이 살던 빈집인지, 아니면 죄를 지어 내몰린 일가의 집인지. 그러나 넓이로서의 땅을 의미한다면 비교적 간단하게 접근할 수 있다. 문법적으로는 수량사로 분석하였다.

歲給米五十石 해마다 쌀 오십 석을 주었다

한국어의 월급(月給)에 준하여 이 문장을 '연급으로 쌀 오십 석이다'로 풀이할 수는 없다. 月給 역시 합성어화된 것이긴 하지만, 본래는 '달마다 ~를 주다'라는 절이다.

尙德 値年荒癘疫 父母飢病濱死.
尙德 日夜不解衣 盡誠安慰. 無以爲養
則封髀肉食之. 母發癰 吮之卽癒.
王 嘉之 賜賚甚厚. 命旌其門 立石紀事.

상덕 치년황려역 부모기병빈사 상덕 일야불해의 진성안위
무이위양 즉규비육식지 모발옹 윤지즉유 왕 가지 사뢰심후 명정기분 입석기사

상덕은 해가 흉년이 듦과 전염병을 만나서 부모가 주리고 병들어 거의 죽게 되었다. 상덕은 낮과 밤으로 옷을 풀지 않고 정성을 다하여 안심시키고 위로하였다. 봉양될 것이 없으면 넓적다리를 베어서 드시도록 하였던 것이고, 모친이 종기가 생겨나면 빨아내어서라도 곧 낫게 했다. 왕이 가상히 여기어서 하사한 물건이 매우 후하였다. 그의 문에 정을 세우라고 명하고, 돌을 세우고 그 사실을 기록하게 하였다.

풀이

値 만나다, 당하다

濱死 죽음에 임박하다, 죽음에 다다르다, 거의 죽게 되다

解衣 옷을 풀다, 옷을 벗다

無以 ~할 것이 없다

吮之卽癒 빨아내어서라도 곧 낫게 했다
之가 동사 사이에서 강조의 상조사로 사용되고 있다. '빨아낼지라도

곧 낫게 했다.'

〔예〕 吮卽癒—빨아내면 곧 나았다

賜賚 물건을 하사함, 또는 그 물건

命旌其門 그의 문에 정을 세우라고 명하다

旌은 예식용 깃발이다.

〔예〕 旌門—효자 · 열녀 등에 대한 표창으로 그 사람의 집 앞에 세우던 문. 旌門에 대한 기록은 고려에서 처음 발견되지만, 이 문장은 신라시대 내용이다. 이때에는 별도의 문을 세운 것이 아니라 깃발을 세운 것으로 보는 게 더 타당할 듯하다.

紀事 사실을 기록함, 또는 기록한 사실

都氏家貧至孝. 賣炭買肉 無闕母饌.
一日 於市 晚而忙歸 鳶忽攫肉
都悲號至家 鳶旣投肉於庭.
一日 母病索非時之紅柿 都彷徨柿林
不覺日昏. 有虎屢遮前路 以示乘意.
都乘至百餘里山村. 訪人家投宿
俄而主人 饋祭飯而有紅柿.
都喜問柿之來歷 且述己意.
答曰 亡父嗜柿 故 每秋 擇柿二百個
藏諸窟中 而至此五月 則完者不過七八.
今得五十個完者 故 心異之 是天感君孝.
遺以二十顆. 都謝出門外 虎尙俟伏
乘至家 曉雞喔喔.
後 母以天命終 都有血淚.

도씨가빈지효 매탄매육 무궐모찬 일일 어시 만이망귀 연홀확육 도비호지가
연기투육어정 일일 모병색비시지홍시 도방황시림 불각일혼 유호누차전로
이시승의 도승지백여리산촌 방인가투숙 아이주인 궤제반이유홍시 도희문시지래력
차술기의 답왈 망부기시 고 매추 택시이백개 장저굴중 이지차오월 즉완자불과칠팔
금득오십개완자 고 심리지 시천감군효 유이이십과
도사출문외 호상사복 승지가 효계악악 후 모이천명종 도유혈루

도씨는 집은 가난하나 지극히 효성스러웠다. 숯을 팔아서 고기를 사서 모친의 반찬에 빠짐이 없었다. 하루는 시장에서 늦어 바쁘게 돌아오는데 솔개가 홀연 고기를 채어가 도가 슬프게 울며 집에 도달하니 솔개가 이미 뜰에 고기를 던져 놓았다. 하루는 모친이 병으

로 때아닌 홍시를 찾자 도는 홍시 숲을 배회하다가 날의 저묾을 깨닫지 못하였다. 어떤 호랑이가 여러 차례 앞길을 막음으로써 타라는 뜻을 보였다. 도가 타고서 백 여리 산촌에 도달하였다. 인가를 찾아 잠자리를 의탁하니 이윽고 주인이 제사 음식을 보내는데 홍시가 있었다. 도가 기뻐하며 홍시의 내력을 묻고 또 자기의 뜻을 말하였다. 답으로 하는 말이 "돌아가신 부친이 감을 즐겼으므로 매 가을에 감 이백 개를 택하여 굴속에 저장하였다가 이에 오월에 이르면 완전한 것이 칠팔 개를 넘지 않는데, 금번에는 오십 개의 완전한 것을 얻었으므로 마음에 이상하게 여겼는데, 바로 하늘이 그대의 효성에 감복한 것이다"고 말하고는 이십 덩이를 남겨 주었다. 도가 감사 인사하고는 문 밖에 나서자 호랑이가 여전히 기다려 엎드리고 있어서 타고는 집에 도달하니 새벽닭이 꼬끼 울었다. 후에 모친이 천명으로 임종하자 도는 피눈물이 일어났다.

풀이

於市 晩而忙歸 시장에서 늦어 바쁘게 돌아오다

개사 於가 장소 보어를 이끌고 있다. 於市는 동사 歸의 보어로 문두로 전치된 형태이다. 문두로 전치된 보어는 개사 於가 나타나거나 종결사 焉이 사용된다.

① 晩而忙歸(於)市 - 시장에서 늦어서 바쁘게 돌아오다

② 於市 晩而忙歸 - 시장에서 늦어서 바쁘게 돌아오다

③ 市 晩而忙歸焉 - 시장이 늦어져서 바쁘게 돌아오게 되었다(돌아온 것이었다)

③에 대한 풀이로 '시장이 늦어서 바쁘게 돌아오다' 는 어울리지 않는다. 焉은 일반적으로 於之의 축약이며, 之는 목적어 대체사로 정의내리고 있다. 이 문장에서라면 之는 市를 대체 지시하여, 焉이 '그곳에서' 로 풀이된다. 하지만 이 책에서는 그 정의를 따르지 않는다.

한문은 고대 한인들의 음성으로서의 '말' 을 충실히 반영한 문자언어

이다. 보어보다 더 중요한 주어마저도 생략해 버리는 언어 습관에서, 보어(목적어)를 대체사를 끌어들여 가며 두 번이나 반복해 사용하는지는 의구심이 남는다. 그러한 분석은 영어적인 시각에 의한 것이다. 영어의 경우, 한문이나 한국어에 비하여 상당히 정형화된 문법 구조를 요구한다. 즉 매 문장마다 주체와 객체가 요구되는 것이다.

이 책에서는 之를 상조사로 파악하고 있다. ②와 ③에 대한 풀이 차이에서 피동과 과거시제로 나타나고 있다. 於와 之가 그러한 역할을 하는 것이다. 어떤 문장에서는 焉(於之)가 아닌 之만으로 종결되기도 하는데, 이를 흔히 관용격식이라고 하지만, 이 역시 焉과는 또 다른 상을 나타내는 것이다.

焉이 於之의 축약으로 '그것(곳)에서'를 의미한다면 焉 자리에 於之가 쓰이지 않을 이유는 없을 것이다. 하지만 한문에서 於之가 쓰이는 경우는 없는데, 그것은 보어가 문두로 전치되어 주격으로 사용됨으로 필연적으로 상적 요소가 요구되는 문장형으로 바뀌기 때문일 것이다.(돌아오다 → 돌아오게 된 것이다)

悲號 슬피 울다

號는 '울다, 부르짖다'의 뜻이다.

投宿 숙박을 의탁하다

投는 '의탁하다'의 뜻이다.

俄而 갑자기, 얼마 안 있어, 오래지 않아, 잠시 후

饋祭飯 제사 음식을 보내다

饋는 주로 음식이나 식량 등을 '보내다'의 의미로 사용된다.

藏諸窟中 굴에 저장하다

諸는 개사로 於와 동일하다.

至此五月 이에 오월에 이르면

此는 발어사적인 지시사이다. 每秋는 분명한 기점이나 시점이 되지 못한다. 따라서 '이것'으로 사용되어 自此(이로부터)와 같은 형식이 될 수 없다. 발어사는 항상 부사적 어기를 지니는데, '그렇게'와도 비슷하다.

尙 아직도, 여전히

曉雞喔喔 새벽닭이 악악 울었다

喔喔은 의성어(부사)이지만 술어로 사용되었다. 즉 부사술어문이다.

有 일어나다, 발생하다, 생겨나다

廉義篇

염의편

明心寶鑑

子曰 爲善者 天報之以福 爲不善者 天報之以禍 漢昭烈 將終 勅後主 曰 勿以善小而不爲 勿以惡小而爲之 太公 曰 見善如渴 聞惡如聾 又曰 善事須貪 惡事莫樂 馬援 曰 終身行善 善猶不足 一日行惡 惡自有餘 司馬溫公 曰 積金以遺子孫 未必子孫能盡守 積書以遺子孫 未必子孫能盡讀 不如積陰德於冥冥之中 以爲子孫之計也 子曰 爲善者 天報之以福 爲不善者 天報之以禍 漢昭烈 將終 勅後主 曰 勿以善小而不爲 勿以惡小而爲之 太公 曰 見善如渴 聞惡如聾 又曰 善事須貪 惡事莫樂 馬援 曰 終身行善 善猶不足 一日行惡 惡自有餘 司馬溫公 曰 積金以遺子孫 未必子孫能盡守 積書以遺子孫 未必子孫能盡讀 不如積陰德於冥冥之中 以爲子孫之計也 子曰 爲善者 天報之以福 爲不善者 天報之以禍 漢昭烈 將終 勅後主 曰 勿以善小而不爲 勿以惡小而爲之 太公 曰 見善如渴 聞惡如聾 又曰 善事須貪 惡事莫樂 馬援 曰 終身行

印觀 賣綿於市 有署調者以穀買之而還. 有鳶 攫其綿 墮印觀家. 印觀 歸于署調 曰 鳶墮汝綿於吾家 故 還汝. 署調 曰 鳶攫綿與汝 天也. 吾何爲受. 印觀 曰 然則還汝穀. 署調 曰 吾與汝者 市二日 穀已屬汝矣. 二人 相讓 幷棄於市. 掌市官 以聞王 並賜爵.

인관 매면어시 유서조자이곡매지이환 유연 확기서 타인관가
인관 귀우서조 왈 연타여면어오가 고 환여 서조 왈 연 확면여여 천야 오하위수
인관 왈 연즉환여곡 서조 왈 오여여자 시이일 곡이속여의
이인 상양 병기어시 장시관 이문왕 병사작

인관이 시장에서 솜을 파는데, 어떤 서조라는 자가 곡식으로써 사고서는 돌아왔다. 어떤 솔개가 그 솜을 채어가 인관의 집에 떨어뜨렸다.

인관이 서조에게로 돌아가 "솔개가 너의 솜을 나의 집에 떨어뜨렸으므로 너에게 돌려준다"라고 말했다.

서조가 "솔개가 솜을 채어가 너에게 줌은 하늘인 것이다. 내가 무엇 때문에 받겠는가?"라고 말했다.

인관이 "그러하다면 너의 곡식을 돌려주겠다"라고 말했다.

서조가 "내가 너에게 준 것이 시장으로 두 날이다. 곡식은 이미 너에게 속해 있는 것이다."

두 사람이 서로 양보하다가 아울러 시장에 버렸는데, 장시관이 왕에게 아뢰게 됨으로써 함께 벼슬을 하사받았다.

풀이

有署調者 어떤 서조라는 자가

'有～者' 구문으로 '어떤 ～라는 것(사람)' 의 뜻이다.

歸于署調 서조에게로 돌아가

于는 於와 유사한 어기이다. 본래 于는 동작(기동/연속)의 상을 於보다 강하게 가진 어기로 사용되었다. 즉 于는 '(～로) 가다, ～로' 의 어기를 가졌는데, 춘추전국시대 이후 점차적으로 於가 于의 기능을 포함하게 되었다. 이 문장은 문맥상 동작의 상이 강하다.

黃鳥于飛(시경)－꾀꼬리가 '날아가다' / 꾀꼬리 '날고 날아'

與汝 너에게 주다

與는 동사로 '주다' 의 의미이다.

吾何爲受 내가 무엇 때문에 받겠는가

何爲는 '무엇 때문에, 어째서' 의 의미이다. 종종 독립된 문장으로도 사용되나 여기서는 의문부사로 기능한다. 吾何受라고 한다면 '내가 무엇을 받겠는가' 가 된다.

穀已屬汝矣 곡식은 이미 너에게 속해버린 것이다

已(이미)는 '변화' 의 상과 '완료' 의 시제를 나타낸다. 따라서 종결어기사로 어떠한 변화의 결과를 암시하는 矣와 어울린다. 已의 종결사로 也는 올 수 없다. 반대로 未(아직)은 '불변화' 의 상과 '미완' 의 시제를 나타낸다. 未에 어울리는 종결어기사는 也이다.

掌市官 以聞王 장시관이 왕에게 아뢰게 됨으로써

掌市管 : 시장을 관리 감독하는 벼슬아치이다.

以(之)가 보어로 사용되었다.(물론 대용어이다. 그 동안 대용어에 대한 설명과 같은 말이다) 掌市官聞王이라고 한다면 능동의 어기로 '장시관이 왕에게 아뢰었다' 가 된다. 以가 사용됨으로 장시관이 왕에게 한 보고는 '제3자의 관찰' 이나 '전해지는 이야기' 가 된다.

또한 장시관이 직접 왕을 찾아가 그 목격한 사실을 보고했다는 의미가 아니라, 장시관은 보고행위의 수동자가 된다. 즉 '장시관에 의해서 왕에게 알려지게 되었다' 와 '장시관이 왕에게 보고했다(掌市官聞王)' 의 차이가 생기는 것이다.

직역한다면 '장시관이 왕에게 아뢰는 것에 사용되었다' 가 된다.

洪耆燮 少貧甚無料. 一日早 婢兒踊躍
獻七兩錢 曰 此在鼎中 米可數石
柴可數駄 天賜天賜. 公驚 曰 是何金.
卽書失金人推去 等字 付之門楣而待.
俄而 姓劉者來問書意. 公悉言之 劉 曰
理無失金於人之鼎內 果天賜也.
盍取之. 公 曰 非吾物 何. 劉俯伏 曰
小的昨夜 爲窃鼎來 還憐家勢蕭條而施之.
今感公之廉价 良心自發 誓不更盜
願欲常侍 勿慮取之. 公卽還金 曰
汝之爲良則善矣. 金不可取. 終不受.
後 公爲判書 其子在龍 爲憲宗國舅.
劉亦見信 身家大昌.

홍기섭 소빈심무료 일일조 비아용약헌칠량전 왈 차재정중 미가수석 시가수석 천사 천사 공경 왈 시하금 즉서실금인추거 등자 부지문미이대 아이 성류자래문서의 공실언지 류 왈 리무실금어인지정내 과천사야 합취지 공 왈 비오물 하 류부복 왈 소적작야 위절정래 환련가세소조이시지 금감공지렴개 량심자발 서불갱도 원욕상시 물려취지 공즉환금 왈 여지위량즉선의 금불가취 종불수 후 공위판서 기자재룡 위헌종국구 류역견신 신가대창

홍기섭이 젊어서 가난하기가 심하여 헤아릴 수 없었다.
하루는 새벽에 계집종 아이가 폴짝거리며 일곱 냥의 돈을 바치면서 "이것이 솥 안에 있었습니다. 쌀이 몇 석이겠으며, 땔감이 몇 바리이겠습니까? 하늘이 내림입니다. 하늘의 내림입니다"라고 말했다. 공이 놀라며 "이 무슨 돈인가?"라고 말하고는 곧 '돈을 잃은

사람은 찾아가라' 라고 글을 써서는 글자를 나란히 하여 문의 상인방에 붙여두고는 기다렸다.

얼마 안 있어 성이 류라는 자가 와서 글의 뜻을 물었다. 공이 다 말하고 나니, 류가 "남의 솥 안에 돈을 잃어버릴 이유가 없습니다. 과연 하늘의 하사함입니다. 어찌하여 취하지 않는 것입니까?"라고 말하였다.

공이 "나의 물건이 아닌데 어떻게!"라고 말했다.

류가 굽어 엎드리며 "소인이 분명히 어제 밤에 솥을 훔치기 위하여 왔다가 도리어 가세가 쓸쓸한 것에 행한 것이었지만, 지금은 공의 염개에 감복하여 바른 마음이 스스로 발동하여 다시 도둑질 안하기로 맹세합니다. 원컨대 항상 모실 수 있기를 바라니 우려하지 마시고 거두어 주십시오"라고 말했다.

공이 곧바로 돈을 돌려주며 "너의 바르게 됨은 좋은 것이지만, 돈은 가질 수 없다"라고 말하고는 끝내 받지 않았다.

후에 공은 판서가 되고 그의 아들 재룡은 헌종의 국구가 되었다. 류 또한 신임을 받아 자신과 집이 크게 번창하였다.

풀이

踊躍 좋아서 뜀

米可數石 쌀이 몇 섬이겠는가

可는 반문의 수사적인 어기를 나타내고 있다. '~하겠는가?'

石 : 쌀의 양을 재는 수량사로 '섬' 에 해당한다.

馱 바리

마소에 가득 실은 짐을 세는 단위.

推去 와서 찾아가다, 찾아내어 가져가다

等字 글자를 나란히 하다

等은 '나란히 하다, 가지런히 하다' 의 의미이다. 가난하기에 하나의 큰 종이에 글을 쓴 게 아니라 조각난 종이나 기타의 곳에 글을 쓴 것을 의미한다.

盍取之 어찌 취하지 않는 것인가

盍(어찌 아니하다)은 何不의 합자(合字)이다.

俯伏 굽어 엎드림

的 확실히, 분명히, 명확히

蕭條 쓸쓸한 모양, 한적한 모양

施 행하다, 시행하다

廉价 깨끗하고 큼

〔예〕 价人 — 큰 사람, 큰 인물

良心 사물의 시비 · 선악을 분별할 줄 아는 천부(天賦)의 능력

汝之爲良 너의 바르게 됨

〔예〕 汝爲良 — 너는 선량하다

之가 문장을 명사구로 만드는 역할을 하고 있다. 이러한 之를 간혹 '문장의 독립성을 없애고 전체 문장으로 내포시키는 역할' 이라고 정의내리기도 한다. 그러나 단문과 단문이 만나 중문으로 하나의 문장을

이루는 경우에 之가 사용되는 것은 아니다. 그것은 한국어에서도 동일한데, '우리가 살던 고향…' 과 '우리의 살던 고향…' 처럼 양자가 모두 가능하다. 하지만 '의' 가 사용됨으로 내포문으로서의 의미가 더욱 분명해진다. 본문에서는 종결어기사 矣의 출현과, 이 之가 상호 대응하는 형식이다.

國舅 국왕의 장인

〔예〕 부원군(府院君)－왕비의 친아버지나 정1품 공신의 작호.

高句麗平原王之女 幼時 好啼. 王戲
曰 以汝 將歸于愚溫達. 及長 欲下嫁于
上部高氏 女以王不可食言 固辭
終爲溫達之妻. 蓋溫達 家貧 行乞養母
時人 目爲愚溫達也. 一日 溫達 自山中
負楡皮而來 王女訪見 曰 吾乃子之匹也
乃賣首飾 而買田宅器物 頗富
多養馬以資溫達 終爲顯榮

고구려평원왕지여 유시 호제 왕희 왈 이여 장귀우우온달 급장 욕하가우상부고씨 여이왕불가식언 고사 종위온달지처 개온달 가빈 행걸양모 시인 목위우온달야 일일 온달 자산중 부유피이래 왕여방견 왈 오내자지필야 내매수식 이매전택기물 파부 다양마이자온달 종위현영

고구려 평원왕의 딸은 어렸을 때에 울기를 잘했다. 왕이 희롱하여 "너로써 장차 바보 온달에게 시집을 보내겠다"라고 말하였다. 장성함에 이르러 귀족 고씨에게 시집보내려 하였으나, 딸이 왕으로서 식언은 옳지 않다고 하며 굳이 사양하고 결국 온달의 처가 되었다. 대저 온달은 집이 가난하여 구걸을 하여 모친을 봉양하였으니 당시의 사람이 '바보 온달아' 라고 지어서 불렀다. 하루는 온달이 산 속으로부터 느릅나무 껍질을 등에 지고서 내려왔는데, 공주가 찾아와서는 "내가 바로 그대의 배필이다"라고 말하고는 곧 머리 장식을 팔아서는 밭과 집과 기물을 샀는데, 몹시 부유해지고 말을 많이 키움으로써 온달을 도와 이름을 날리고 부귀영화하게 되었다.

以汝 將歸于愚溫達 너로서 장차 바보 온달에게로 시집가게 할 것이다

以汝를 목적어(너를)로 보고 '술어 앞에 위치한 목적어' 로 받아들일 순 없다. 그러한 분석은 어디까지나 한국어의 언어습관으로 한문을 분석하려고 하는 것이다. 以汝는 목적어가 아니라 보어이다. 보어라는 개념도 현대 문법에 의한 분석이다. 한문 자체로 들어가 보면 동사 연속으로 하나의 절이다. 한문의 기본적인 문형은 단문의 연속이다. 직역하면 '너를 사용하다' 가 된다.

以는 개사로 불리긴 하지만 여전히 동사로서의 기능을 나타내고 있다. 이 동사의 주어는 王이다. 이러한 이유로 이 책에서 전치사나 격조사라 하지 않고 개사라 한다. 격조사란 '너' 라는 몸체에 대격조사 '를' 이라는 볼트로 위치〔格〕를 고정시키는 조립구조인 반면, 한문은 '汝' 라는 독립된 구조물과 '以' 라는 독립된 구조물을 이음매 방식으로 결합하는 언어이다. 즉 결합된 두 구조물은 상호 보완적이면서도 구조체로서 독립성을 가지고 있는 것이다. 동사 以의 주어는 王이다. 전치사나 격조사에는 이러한 기능이 없다.

下嫁 군주의 딸이 신하에게로 시집을 감, 하강(下降)

上部 귀족

以王 不可食言 왕으로서 식언은 옳지 않다

위 以汝 將歸于愚溫達 구문과 비교하여 볼 것.

食言 : 거짓말을 함, 한 말을 실행하지 않음, 남과의 약속을 지키지 않음

固辭 굳게 사양하다, 굳이 사양하다

時人 당시의 사람들

目爲愚溫達也 '바보 온달아' 라고 지어서 불렀다

目은 '지칭하다' 의 의미이다. 目이 시각의 의미로 사용될 경우는 단순한 '보다' 가 아니라 '주목(注目)하다' 로 주의집중해서 관찰함의 의미가 된다. 爲는 '(시문 따위를) 짓다, 만들다' 의 의미이며, 문말의 也는 종결어기사가 아닌 호명의 也(온달아!)이다. 이 문장의 종결어기사로 也는 어울리지 않는다. 사람들이 바보 온달이라고 부르게 된 것은 온달이 구걸하는 모습을 보았기 때문이지, 본래부터 온달이 바보이기 때문은 아니다. 원인에 대한 결과의 형식으로 문장이 종결될 때에는 矣가 사용되어야 더 자연스럽다.

目爲 : 한국어로 풀이하는 과정에서 '~라고 지어서 불렀다' 와 같이 동사 연쇄의 형태이지만, 두 문장이 결합한 형태이다. (目 爲愚溫達也-지칭하였다. '바보온달아' 이다)

自山中 산속으로부터

自는 '~로부터' 의 의미이다.

首飾 머리 장식물

顯榮 이름을 날리고 부귀영화를 누림

勸學篇

권학편

明心寶鑑

子曰 爲善者 天報之以福 爲不善者 天報之以禍 漢昭烈 將終 勅後主曰 勿以善小而不爲 勿以惡小而爲之 太公曰 見善如渴 聞惡如聾 又曰 善事須貪 惡事莫樂 馬援曰 終身行善 善猶不足 一日行惡 惡自有餘 司馬溫公曰 積金以遺子孫 未必子孫能盡守 積書以遺子孫 未必子孫能盡讀 不如積陰德於冥冥之中 以爲子孫之計也 子曰 爲善者 天報之以福 爲不善者 天報之以禍 漢昭烈 將終 勅後主曰 勿以善小而不爲 勿以惡小而爲之 太公曰 見善如渴 聞惡如聾 又曰 善事須貪 惡事莫樂 馬援曰 終身行善 善猶不足 一日行惡 惡自有餘 司馬溫公曰 積金以遺子孫 未必子孫能盡守 積書以遺子孫 未必子孫能盡讀 不如積陰德於冥冥之中 以爲子孫之計也 子曰 爲善者 天報之以福 爲不善者 天報之以禍 漢昭烈 將終 勅後主曰 勿以善小而不爲 勿以惡小而爲之 太公曰 見善如渴 聞惡如聾 又曰 善事須貪 惡事莫樂 馬援曰 終身行

朱子 曰 勿謂今日不學而有來日. 勿謂今年不學而有來年. 日月逝矣. 歲不我延. 嗚呼老矣. 是誰之愆.

주자 왈 물위금일불학이유래일 물위금년불학이유래년 일월서의 세불아연 오호로의 시수지건

주자가 "금일 배우지 않고서 내일이 있다고 이르지 말며, 금년에 배우지 않고서 내년이 있다고 말하지 말라. 해와 달은 가는 것이다. 세월은 나를 위하여 더디 가지 않는다. 오호 늙음이여! 이게 누구의 허물인가?"라고 말하였다.

풀이

歲不我延 세월은 나를 위하여 더디 가지 않는다

我延은 부정문에서 목적어로 인칭대명사가 사용되면서 도치된 형태이다.

또한 목적어와 동사는 직접적이고 일반적인 관계가 아니다.(동사와 목적어의 일반적 관계는 직접적인 지배와 피지배의 관계이다) 동사 延은 주어(주격보어) 歲의 움직임이긴 하지만, 목적어 我와는 무관한 별도의 움직임이면서도 형식적으로 목적어를 취하고 있다. 이는 그 동안 종종 나왔던 사역이나 피동, 혹은 의동관계로 받아들일 수 없다. 비교적 특수한 구문으로, 이러한 술목관계를 '위동(爲動－위하다)관계 술목구조'라고 한다. 즉 일종의 조동사라고 할 수 있는 '~를 위하여 ~하다'가 생략된 형태이다. 또 다른 측면으로 개사 於는 거의 모든 경우에 생략이 가능하다는 일반적인 한문 문법으로도 받아들일 수 있다. 즉 延(於)我로 '나에 대하여 더디 가다'가 된다.

上好富則民死利矣(『순자』「대략」)－임금이 부를 좋아하면 백성은 이익을 위하여 죽게 된다.

위 구문에서 술어 死와 목적어 利의 관계도 위동(爲動)관계 술목구조이다.

少年易老學難成 一寸光陰不可輕.
未覺池塘春草夢 階前梧葉已秋聲.

소년이로학난성 일촌광음불가경 미각지당춘초몽 계전오엽이춘성

소년은 쉽게 늙고 학문은 이루기 어렵다. 한 마디의 시간이라도 가벼이 할 수 없다. 아직 연못가의 봄풀의 꿈을 깨기도 전에 섬돌 앞의 오동잎은 이미 가을 소리를 낸다.

풀이

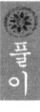

未와 已 대응관계이다. '아직 ~전에' 와 '이미 ~후에' 의 차이이다.

秋聲 가을소리

오동잎(梧葉)이 가을색(秋色)을 띠는 것이 아니라, 가을소리(秋聲)를 낸다는 공감각적이고 의인화된 표현이다.

陶淵明詩 云 盛年 不重來 一日 難再晨. 及時當勉勵 歲月 不待人.

도연명시 운 성년 불중래 일일 난재신 급시당면려 세월 불대인

도연명의 시에 이렇게 이른다.
"성년은 거듭 오지 않으며
하루에 두 번의 새벽은 어렵다
때 맞춰 스스로 힘써야 할 것이다
세월은 사람을 기다리지 않는다"

풀이

盛年 청춘의 시절, 한창 때

〔예〕 성년(成年)—사람의 신체나 지능이 완전히 발달되었다고 보는 시기

及時 때맞춰

及과 至는 공히 '이르다, 도달하다' 의 의미이나 '~에 맞추다' 로는 及만 사용된다.

當勉勵 스스로 힘써야 한다

當은 조동사로 '(당연히) ~해야 한다' 의 뜻이다.

勉勵 : 스스로 힘씀, 힘쓰게 함

荀子 曰 不積蹞步 無以至千里. 不積小流 無以成江河.

순자 왈 불적규보 무이지천리 불적소류 무이성강하

순자가 "발걸음을 쌓지 않으면 천리에 이를 수가 없을 것이며, 작은 흐름이 쌓이지 않으면 강하를 이룰 수가 없다"라고 말하였다.

풀이

蹞步 발걸음

규보(跬步)와 같다.

無以至千里 천리에 도달할 수가 없을 것이다

한국어에서 '없다'는 '있지 않다'의 의미로 '있다'의 부정형이다. 이런 통합형의 부정으로 '없다'를 특수부정이라 하기도 한다. 즉 無는 有의 부정으로 不有와 같다. 하지만 여기서의 無는 동사가 아니라 형용사이다. '방안에 책이 있다/없다'에서 '있다'와 '없다'는 동사가 아니라 형용사인 것이다. 존재의 유무에 대한 형용인 것이다.

본문의 無는 동사이다. 즉 동사 至(이르다)의 부정사로서 '~못하다'이다. 본문의 無는 可(할 수 있다)의 부정사로 不可와 같다.

그리고 以(之)는 대체사로 상적인 의미를 내포하고 있다. 不積蹞步라는 가정적인 상황 하에서의 단정적인 '(절대로) 할 수 없다'가 아니라 '(지당함을 내포하지만 가정으로서) 할 수가/는 없을 것이다'가 되는 것이다.

부록

1 용 어 정 리

2 사 용 자 전

明心寶鑑

子 曰 爲善者 天報之以福. 爲不善者 天報之以禍. 漢昭烈 將終 勅後主 曰 勿 以善小而不爲 勿 以惡小而爲之.太公 曰 見善如渴 聞惡如聾. 又 曰 善事須貪 惡事莫樂.馬援 曰 終身行善 善猶不足. 一日行惡 惡自有餘. 司馬溫公 曰 積金以遺子孫 未必子孫能盡守. 積書以遺子孫 未必子孫能盡讀. 不如積陰德於冥冥之中 以爲子孫之計也.子 曰 爲善者 天報之以福. 爲不善者 天報之以禍. 漢昭烈 將終 勅後主 曰 勿 以善小而不爲 勿 以惡小而爲之.太公 曰 見善如渴 聞惡如聾. 又 曰 善事須貪 惡事莫樂.馬援 曰 終身行善 善猶不足. 一日行惡 惡自有餘.司馬溫公 曰 積金以遺子孫 未必子孫能盡守. 積書以遺子孫 未必子孫能盡讀. 不如積陰德於冥冥之中 以爲子孫之計也. 子 曰 爲善者 天報之以福. 爲不善者 天報之以禍. 漢昭烈 將終 勅後主 曰 勿 以善小而不爲 勿 以惡小而爲之.太公 曰 見善如渴 聞惡如聾. 又 曰 善事須貪 惡事莫樂.馬援 曰 終身行善 善猶不足. 一日行惡 惡自有餘.司馬溫公 曰 積金以遺子孫 未必子孫能盡守. 積書以遺子孫 未必子孫能盡讀. 不如積陰德於冥冥之中 以爲子孫之計也.子 曰 爲善者 天報之以福. 爲不善者 天報之以禍. 漢昭烈 將終 勅後主 曰 勿 以善小而不爲 勿 以惡小而爲之.太公 曰 見善如渴 聞惡如聾. 又 曰 善事須貪 惡事莫樂.馬援 曰 終身行善 善猶不足. 一日行惡 惡自有餘.司馬溫公 曰 積金以遺子孫 未必子孫能盡守. 積書以遺子孫 未必子孫能盡讀. 不如積陰德於冥冥之中 以爲子孫之計也. 子 曰 爲善者 天報之以福. 爲不善者 天報之以禍. 漢昭烈 將終 勅後主 曰 勿 以善小而不爲 勿 以惡小而爲之.太公 曰 見善如渴 聞惡如聾. 又 曰 善事須貪 惡事莫樂.馬援 曰 終身行善 善猶不足. 一日行惡 惡自有餘.司馬溫公 曰 積金以遺子孫 未必子孫能盡守. 積書以遺子孫 未必子孫能盡讀. 不如積陰德於冥冥之中 以爲子孫之計也.子 曰 爲善者 天報之以福. 爲不善者 天報之以禍. 漢昭烈 將終 勅後主 曰 勿 以善小而不爲

강절 소선생(康節 邵先生) 송(宋)나라 때의 철학자, 시인. 성은 소(邵), 이름은 옹(雍)이며 강절(康節)은 시호이다. 평생 벼슬을 하지 않고 지냈다. 장대한 우주론적 역사관과 자유인으로서의 기쁨에 대한 글들을 남겼다. 도교로서는 조금 계보를 벗어나기는 하지만, 그의 역학(易學)은 주희에게 큰 영향을 주었다.

개사(介詞) 한국어 문법의 격조사, 영어의 전치사와 유사한 개념이지만, 한문의 개사는 전치사나 격조사에는 없는 동사적 성향이 강하다.

격양시(擊壤詩) 중국 송나라 철학자 정이의 『이천격양집』에 있는 시. 안분을 읊은 시라 해서 '안분음(安分吟)' 이라고도 한다. 격양이란 본래 '태평성세' 를 노래함을 말하는데, 요임금 때에 한 농부가 길에서 땅을 두드리며 천하는 평화롭고 백성은 무사함을 노래 부른 것에서 유래한 말이다.

격조사(格助詞) 체언 또는 용언의 명사형 아래에 붙어 그 말이 문장에서 어떤 자격을 가지게 하는 조사. 자리토씨. 한 문장 안에서 체언이 다른 말에 대하여 갖고 있는 자격을 전통적 의미에서의 격(格)이라고 한다. 주격조사, 서술격조사, 목적격조사, 보격조사, 관형격조사, 부사격조사, 호격조사 따위가 있다.

겸어(兼語)구조 두 절이 결합한 문형에서 앞 동사의 목적어가 뒤 동사의 주어를 겸하는 구조를 말한다. 또, 동사가 두개의 목적어를 취할 때 두번째 목적어가 첫번째 목적어를 주어로 하는 절이 되는 경우를 말하기도 한다. pivot 혹은 추축(樞軸)구조라고도 한다.

경행록(景行錄) 송(宋)나라 때의 책 이름. 경행(景行)은 큰길, 대도, 훌륭한 덕, 고상한 덕행 등의 뜻이다.

계사(繫辭) 명제(命題)의 주사(主辭)와 빈사(賓辭)를 연결하여 긍정이나 부정을 나타내는 말. '사람은 동물이다' 에서 '이다' 와 같은 말. 연사(連辭), 코퓰라(copula), 판단사라고도 한다.

고조(高祖) 한고조(漢高祖) 유방(劉邦)을 말한다. 유방 참조.

고종황제(高宗皇帝) ① 남송(南宋)의 1대 황제. 이름은 구(構). 금(金)나라가 강북지방을 지배하게 되자 남경(南京)에서 황제의 위(位)에 오름. ② 628~683. 당(唐)나라의 제3대 황제(재위 649~683). 태종의 제9남.

공자(孔子) 춘추시대(春秋時代) 말기의 사상가. BC 552~479. 이름은 구(丘), 자는 중니(仲尼)이다. 인(仁)을 근본사상으로 하는 윤리도덕을 확립하여 유교의 시조가 됨. 주대(周代)의 전통의례와 문화가 잘 보존되어 있기로 유명한 노(魯)나라의 취푸(지금의 산동성)에서 태어났다. 업적에 비하여 그의 생애는 지극히 평범하다. 이러한 공자의 생애는 위대한 인물은 타고나거나 영감이나 계시에 의한 것이 아니라 자기 수양과 노력의 결과임을 나타내 주는 것이다. 개인적이고 사회적인 노력에 의하여 인성은 완벽해 질 수 있다는 것은 유교의 핵심사상의 하나이기도 하다. 교육을 모든 사람에게 개방하고, 일생을 교육에 전념한 사람은 공자가 처음이다.

공자가어(孔子家語) 공자의 언행과 문인(門人)과의 문답 · 논의(論議)를 적은 책. 《한서예문지(漢書藝文志)》에 27권으로 기재되어 있으나, 원서는 오래 전에 없어졌으며, 현존본 10권은 위(魏)의 왕숙(王肅)이 수집해서 위조한 것이다.

관형격(冠形格) 체언을 꾸미는 자리. 앞에 오는 체언이 뒤에 오는 체언의 관형어임을 보이는 자리. 소유격, 속격 등이 이에 해당한다. 동의어 매김자리.

관형어(管形語) 체언 앞에서 체언을 꾸며 주는 말. 체언이나 체언형 앞에서 그것들의 의미를 더 자세히 밝혀주는 구실을 하는 수식(부속)성분. 관형사, 체언, 체언에 관형격 조사 '의'가 붙은 말, 동사와 형용사의 관형사형, 동사와 형용사의 명사형에 관형격 조사 '의'가 붙은 말 따위가 있다.≒매김말

교착어(膠着語) 첨가어(添加語) 참조.

구(句) 둘 또는 그 이상의 단어로 이루어져 절(節)이나 문장의 한 성분이 되는 통사론적(統辭論的) 단위의 하나. '따뜻한 봄이 돌아왔다'에서 '따뜻한 봄'(명사구) 따위. 절은 주어와 서술어가 나타나는 반면 구는 주술관계(主述關係)가 나타나지 않은 두 단어 이상의 통합체를 말한다.

구래공(寇萊公) 송(宋)나라의 재상. 이름은 준(準)이며. 구래공은 그의 시호이다.

구조조사(構造助詞) 단어 또는 구의 뒤에 붙어서 일정한 의미나 문법관계를 나타내는 조사이다.

군자(君子) 중국 서주(西周) · 춘추시대 귀족에 대한 통칭. 사전적 의미로는 학문과 덕이 높고 행실이 바르며 품위를 갖춘 사람. 지난날, 글 가운데서 아내가 '자기의 남편'을 높이어 일컫던 말 등의 뜻이 있다.

군평(君平) 한(漢)나라 사람으로 알려져 있다. 복서(卜筮－길흉을 점침)를 팔았음.

근사록(近思錄) 중국 송(宋)나라 때 신유학의 생활 및 학문 지침서로 1175년 주희(朱熹:주자)와 여조겸(呂祖謙)이 주돈이(周敦頤) · 정호(程顥) · 정이(程頤) · 장재(張載) 등 네 학자의 글에서 학문의 중심문제들과 일상생활에 요긴한 부분들을 뽑아 편집하였다. 제목의 '근사'는『논어』의 "널리 배우고 뜻을 돈독히 하며, 절실하게 묻고 가까이 생각하면(切問而近思) 인(仁)은 그 가운데 있다"는 구절에서 따온 것이

다. 우리나라에는 고려 말 원(元)나라로부터 성리학과 함께 들어온 것으로 알려져 있다.

남창(南昌) 현재의 중국 강서성(江西省) 성도(省都).

노계집(蘆溪集) 조선 선조 때 박인로(朴仁老 : 1561~1642)의 시문집. 내용 가운데 〈중용성도 中庸誠圖〉·〈대학경도 大學敬圖〉·〈소학충효도〉는 주자학의 정신을 살폈다. 〈안분음 安分吟〉은 가난한 생활 가운데서도 스스로 만족해 하는 정신적 풍모를 나타냈고, 〈무하옹전 無何翁傳〉은 자전적인 삶을 그렸다. 〈향유청포상정문 鄕儒請褒賞呈文〉·〈 순상청포계장 巡相請褒啓狀〉 등에서는 충·효·우애·애민·청빈 등 삶의 태도가 잘 나타나 있다. 시조는 「오륜가」처럼 교훈적인 내용이 많고, 가사는 풍부한 어휘 구사와 더불어 꼼꼼한 문장력, 구성에 있어서의 장대함이 엿보인다.

노출(露出) 문장의 한 성분을 대조적으로 강조하기 위하여 문두로 위치시킨 문장 서술 방식. 주어를 노출시키기 위해서는 주어 바로 다음에 부사어를 부가하여 강조시키기도 한다. 한문에서 주어 이외의 성분이 문두로 노출될 경우는 원래 위치에 지시사 등으로 노출을 표시하기도 한다.

논어(論語) 사서(四書)의 하나. 10권 20편. 공자(孔子)의 언행, 공자와 제자·제후 등과의 문답, 제자끼리의 문답 등을 모아서 엮은 책. 공자 사후, 제자들이 그때까지 써 두었던 스승의 말을 논찬(論纂)해서 만들었다고 한다.

당(唐)나라 618~907. 수(隋)나라에 이은 중국의 왕조. 618년 이연(李淵)이 건국하여 907년 애제(哀帝) 때 후량(後梁) 주전충(朱全忠)에게 멸망하기까지 290년간 20대의 황제에 의하여 통치되었다. 중국의 통일제국(統一帝國)으로는 한(漢)나라에 이어 제2의 최성기(最盛期)를 이루었다. 발달된 문물과 제도는 주변 국가들에 많은 영향을 미쳤다.

당태종(唐太宗) 당(唐)나라의 제2대 황제(재위 626~49). 본명은 이세민(李世民)이다. 아버지는 이연(李淵 : 초대 황제)이고 어머니는 두(竇)씨이다. 중국 역사상 유수(有數)의 영주(英主)로 알려져 있으며, 북방민족의 피가 섞인 무인 귀족 집안에서 태어났다. 수(隋)나라 양제(煬帝)의 폭정에 항거하여 군사를 일으켜 당나라를 건립하였다. 사심을 누르고 백성을 불쌍히 여기는 지극히 공정한 정치를 하기에 힘써 '정관(貞觀)의 치(治)'라 칭송받았고, 후세 제왕의 모범이 되었다. 만년에 고구려 친정 실패 등으로 그가 죽은 뒤에는 정권이 동요하게 되었으며, 마침내 측천무후(則天武后)가 실권을 쥐게 되었다.

대명사(代名詞) 인물, 사물, 장소 및 기타 발화의 내용을 지시하는 기능을 가진 언어의 한 요소. 대이름씨라고도 한다. 문장 속에서 주어진 내용이나 문장 자체를 가리키기도 한다. 지시대명사, 관계대명사, 재귀대명사 등이 있다.

대부(大夫) 고대 중국의 봉건제도 상의 세습 관직. 통칭으로 천자의 나라는 만승지국(萬乘之國)으로, 제후의 나라를 백승지국(千乘之國)으로, 대부가 관할하는 권역을 백승지가(百乘之家)라고 이르기도 한다. 후에 관료를 지칭하는 용어로 정착된다. 우리나라에서는 고려와 조선에서 이러한 용어를 사용하기도 하였으며, 나중에 士와 결합하여 사대부(士大夫)란 용어로, 士는 일반 선비를, 大夫는 그중 관직을 한 사람을 말하기도 하였다.

대사(代詞) 대체사(代替詞) 참조.

대용어(代用語) 대명사와 유사한 개념이지만, 전술된 내용에 한하여 대신 사용된다는 개념에서 대사와 다르다.

대체사(代替詞) 대명사, 관계대명사, 재귀대명사 및 지시대명사를 모두 포함하는 개념이다. 대사(代詞)와 같다.

도가(道家) 유가(儒家) 사상과 더불어 중국 양대 종교철학의 하나이다. 주요 특징은 현실세계에 대한 신비주의적이고 형이상학적인 이론에 있다. 종교로서의 도교(道教)와 사상으로서의 도가(道家)는 개념적으로 다르지만, 포괄하는 용어로 사용되고 있다. 종교로서의 도교는 국교인 유교와 민간신앙의 중간에 위치한다. 송대(宋代) 이후 민간에서는 불교와 도교는 명확한 구분없이 공존했었다. 유교와 도교에서 추구하는 극점은 많은 유사점이 있다.

도구격(道具格) 무엇을 만들 때 쓰이는 도구나 재료 및 어떤 일을 하는 수단을 나타내 주는 조사로서 구격조사로 불리기도 한다. 한국어의 대표적 도구격 조사로는 '~으로/로'가 있다.

도씨(都氏) 조선조 철종 때 사람.

도연명(陶淵明) 365~427. 중국의 대표적 시인. 이름은 잠(潛). 호는 오류선생(五柳先生). 연명은 자이다. 동진(東晉) 말기부터 남조(南朝)의 송(宋 : 劉宋이라고도 함) 초기에 걸쳐 생존했다. 그의 가문은 대대로 남방의 토착 사족(士族)으로, 북조로부터 내려온 귀족이 절대적 실권을 장악하고 있던 당시의 남조사회에서는 영달의 길에서 소외된 압박받는 계층이었다. 10년 정도의 관료생활을 마치고 41세 때부터 죽을 때까지 약 20년 동안 은둔생활에 들어가 저작에만 전념했다. 5언시의 대표적인 작가이며, 〈귀거래사〉·〈 귀전원거오수 歸田園居五首〉 등의 유명한 작품들이 있다. 이외에도 부(賦)에는 《한정부(閑情賦)》, 산문에는 《자제문(自祭文)》《자엄(子儼) 등에 주는 소(疏)》 등, 잡전(雜傳)에는 《오류선생전(五柳先生傳)》《오효전(五孝傳)》《사팔목(四八目)》 등이 있으며, 그 중에서도 《오류선생전》이 유명하다. 《도정절집(陶靖節集)》 10권이 전한다. 시호는 정절(靖節)이다.

도척(盜跖) 중국 춘추전국시대의 전설

적인 대도적(大盜賊). 도척(盜蹠)이라고도 쓴다. 노(魯)나라의 현인(賢人) 유하혜(柳下惠)의 동생이었다는 설(說)에 따르면 춘추시대 사람이지만, 실존인물이었는지 여부는 분명치 않다. 성격이 포악하여 날마다 무고한 사람들을 죽였으며, 사람의 간을 생으로 먹고 재물을 약탈하였으며, 수천의 부하를 모아 천하를 횡행하고 여러 나라를 뒤흔들어 놓았다고 전한다. 《장자(莊子)》의 〈도척편〉에 공자와 도척이 가공적으로 문답하고 있는 내용이 기록되어 있다. 몹시 악한 사람을 비유하는 말로 쓰이기도 한다.

동몽훈(童蒙訓) 송(宋)나라 시인 여본중(呂本中 1084~1145)의 저서. 아이들을 가르치기 위한 내용이다.

동사연쇄(動詞連鎖) 첨가어인 한국어에서 두 개 이상의 동사가 연이어 사용될 때, 앞 동사의 어미가 활용되어 동사에 긴밀히 결합됨을 말한다. 이 때의 앞 동사를 부동사(副動詞 : 부사형 동사)라고 하기도 하며, 때로 복합어로 진화하기도 한다. 고립어인 한문에서는 이러한 동사연쇄의 개념은 성립될 수 없다.

동악성제(東嶽聖帝) 도교의 신 이름.

등왕각(滕王閣) 중국 남창(南昌)에 있는 누각(樓閣) 이름. 당(唐)나라 때 왕발(王勃)이 〈등왕각서(滕王閣序)〉를 지어 명문(名文)을 떨치게 되었다.

마

마원(馬援) BC 14~AD 49. 중국 후한(後漢)의 정치가이며 무장이다. 남쪽으로는 지금의 남베트남 지역과 중앙아시아의 흉노족을 제압하였으며, 열병으로 진중에서 병사하였다. 죽은 뒤에 바다의 파도를 잠재우는 해신(海神)으로 받들어졌다.

맹자(孟子) BC 372~BC 289. 중국 전국시대 유학의 철학자. 명문 귀족 가문 출신으로 추(鄒)나라에서 태어났다. 공자와 마찬가지로 맹자도 어려서 아버지를 여의었으나 모친은 어린 아들의 교육에 각별한 신경을 써 면학 분위기를 위하여 집을 세 번이나 옮겨 다니기도 하였다. 본명은 가(軻)이며, 시호는 추공(鄒公)이다. BC 320년 경부터 약 15년 동안 각국에 유세하고 다녔으며, 만년에는 향리에서 후진들을 지도했다. 『맹자』는 정치에 대한 내용이 기술되어 있으며, 백성들의 행복이 무엇보다 우선시되어야 한다고 주장하고 있으며, 성선설이 그의 대표적 이념이다.

명도선생(明道先生) 정호(程顥) 참조.

무왕(武王) BC 1169 ?~BC 1116. 중국 주(周)나라의 제2대 왕이며 사실상의 창건자. 본명은 발(發)이다. 아버지 문왕(文王)의 뜻을 이어받아 은(殷)나라 서부 제후(諸侯)의 맹주로서 은나라 토벌의 전쟁을 일으켜 허난성[河南省] 목야(牧野)에서 주왕(紂王)의 대군을 격파하여 은나라의 폭군 주(紂)를 멸하고 주나라를 세웠다.

문장부사(文章副詞) 문장 전체를 꾸

미는 부사. 화자(話者)의 태도를 나타내는 양태부사와 단어와 단어, 문장과 문장을 이어 주는 접속부사로 나눈다. 모두 문장의 첫머리에 오는 특징을 가지고 있다.

문중자(文中子) 왕통(王通) 참조.

백이 · 숙제(伯夷 叔齊) 중국 은(殷) · 주(周)나라 교체기인 BC 1100년 무렵의 전설적 성인(聖人) 형제. 백(伯) · 숙(叔)은 장유(長幼)를 나타낸다. 백(伯)과 숙(叔)은 형제의 서열을 나타낸다. 사마천(司馬遷)의 『사기(史記)』에 의하면 고죽군(孤竹君 : 고죽은 지금의 허베이성[河北省] 루룽현[盧龍縣])의 아들이라고 한다. 고죽군은 막내아들인 숙제에게 나라를 물려주고 싶어했다. 그가 죽은 뒤 숙제는 이것이 예법에 어긋나는 것이라고 하여 맏형인 백이에게 양보했지만 백이도 받아들이지 않았다. 결국 두 사람은 함께 나라를 떠나 서백(西伯) 문왕(文王)의 명성을 듣고 주나라로 갔다. 그곳에서는 이미 문왕이 죽고 아들인 무왕(武王)이 문왕의 위패(位牌)를 수레에 싣고 은의 주왕(紂王)을 정벌하러 가려는 참이었다. 두 사람은 "아버지의 장례가 끝나기도 전에 병사를 일으키는 것은 불효이며, 신하로서 군주를 치는 것은 불인(不仁)이다"라고 하며 말렸지만 무왕은 듣지 않고 출정해 은을 멸망시키고 주의 지배를 확립했다. 두 사람은 주의 녹(祿)을 받는 것을 부끄럽게 여겨 수양산(首陽山 : 지금의 산시성[山西省] 융지현[永濟縣])에 숨어살며 고사리를 캐먹고 지내다 굶어죽었다.

범익겸(范益謙) 송(宋)나라 고종(高宗) 때의 사람으로 알려져 있다.

범충선공(范忠宣公) 북송(北宋) 때의 명신. 이름은 순인(純仁)이다. 충선공(忠宣公)은 그의 시호이다.

법가(法家) 전국시대 제자백가의 한 유파로 법치주의를 주장한 일군(一群)의 정치사상가에 대한 총칭이다. 예로부터 내려오는 귀족의 특권을 인정하는 형식을 없애고 권력을 군주에 집중시켜 부국강병(富國强兵)을 꾀할 것을 주장하였다. 특히 유가(儒家) 사상과의 대립 · 항쟁과정에서 발달하였으며, 전국시대의 전제적 지배를 지향한 군주에게 채용되어, 진(秦) · 한(漢)나라의 통일제국 성립을 뒷받침한 중요한 사상이 되었다. 신상필벌(信賞必罰)의 질서 있는 정치를 주장한 장점이 있고, 오로지 형법(刑法)에 의거하여 때로는 육친의 정까지도 저버린 것이 단점이라는 평도 있다. 상앙, 신불해, 신도, 한비 등이 이 학파에 속한다.

보어(補語) 주어와 서술어만으로는 문장의 뜻이 불완전한 경우에 그 서술어의 부족함을 보충하는 말이다. 기움말, 보족어, 보충어 등으로 불리기도 한다.

부사(副詞) 용언이나 다른 말 앞에 놓여 그 말의 뜻을 제한해 주는 품사로, 관형사와 함께 수식언에 속한다.

불완전자동사(不完全自動詞) ①어

미 활용이 완전하지 못한 자동사. ≒불구자동사, 안갖은제움직씨. ②보충하는 말이 있어야 서술이 완전해지는 자동사.

사기(史記) 중국 전한(前漢)의 사마천(司馬遷)이 상고시대의 황제(黃帝)~한나라 무제 태초년간(BC 104~101)의 중국과 그 주변 민족의 역사를 포괄하여 저술한 세계사적인 통사. 사마천은 저술의 동기를, 가문의 전통인 사관의 소명의식에 따라 《춘추》를 계승하고 아울러 궁형의 치욕에 발분하여 입신양명으로 대효를 이루기 위한 것으로, 저술의 목표는 '인간과 하늘의 관계를 구명하고 고금의 변화에 통관하여 일가의 주장을 이루려는 것' 으로 각각 설명하는데, 전체적 구성과 서술에 이 입장이 잘 견지되었다. 이 책의 가장 큰 특색은 역대 중국 정사의 모범이 된 기전체(紀傳體)의 효시로서, 제왕의 연대기인 본기(本紀) 12편, 제후왕을 중심으로 한 세가(世家) 30편, 역대 제도 문물의 연혁에 관한 서(書) 8편, 연표인 표(表) 10편, 시대를 상징하는 뛰어난 개인의 활동을 다룬 전기 열전(列傳) 70편, 총 130편으로 구성되었다.

사마온공(司馬溫公) 사마광(司馬光)의 별칭. 1019~86. 중국 북송(北宋)의 정치가. 『자치통감』의 저자이다. 속수선생(涑水先生)이라고도 하며, 죽은 뒤에 온국공(溫國公)에 봉해졌으므로 사마온공(司馬溫公)이라고도 한다.

사서삼경(四書三經) 사서와 삼경을 아울러 이르는 말. 사서는 『논어(論語)』, 『맹자(孟子)』, 『대학(大學)』, 『중용(中庸)』을 말하며, 삼경은 『시경(詩經)』, 『서경(書經)』, 『주역(周易)』을 말한다.

사역문(使役文) 어떤 사람(사물)이 다른 사람(사물)으로 하여금 어떤 동작을 하게 하는 뜻을 나타내는 문장으로, 使, 令, 遣, 教 등의 동사를 사용하거나 문맥상 사역문이 이루어지기도 한다.

삼강(三綱) 유교 도덕의 기본이 되는 세 가지 도리. 곧 임금과 신하[君臣], 아버지와 자식[父子], 남편과 아내[夫婦] 사이에 지켜야 할 떳떳한 도리.

상(相) 온갖 종류의 모양과 태도. 문법에서는 동사의 형식을 나타내는 하나의 방식이지만 고립어인 한문에서는 동사에 국한시켜 정의내릴 수 없다.

상덕(尙德) 신라 때 사람. 덕행이 지극하여 이웃의 칭송이 자자했다고 한다.

서경(書經) 삼경(三經)의 하나. 중국의 요순(堯舜) 시대부터 주대(周代)에 이르기까지의 정사(政事)에 관한 문헌을 수집하여 공자가 편찬하였다고 하는 책. 옛날에는 〈서(書)〉라 했고, 한대(漢代)에는 《상서(尙書)》라 하였으며, 송대(宋代)에 와서 《서경》이라 부르게 되었다. 현재는 《상서》《서경》 두 명칭이 혼용되고 있는데, 고증이 어렵고 난해한 글로 알려져 있다. 진시황의 분서갱유로 자취를 감추었다가 한대에 금서율(禁書律)이 해제되자 빛을 보게 되었다.

서법(敍法) 문장의 내용에 대한 화자의 심리적 태도를 나타내는 문법적 수단. 전통적 의미의 서법은 화자의 상태에 대한 마음의 태도, 곧 심리적 태도가 일정한 활용형으로 실현되는 문법범주를 가리켰으나, 생성문법이 자리잡으면서 화자의 청자에 대한 태도와 관련된 문유형(文類型)도 서법의 태도에서 논의되고 있다.

서조(署調) 신라 때 사람.

설원(說苑) 전한(前漢) 말에 유향(劉向)이 편집하였다. 고대의 제후나 선현들의 행적이나 일화 · 우화 등을 수록한 것이며, 위정자를 설득하기 위한 훈계독본으로 이용하였다.

성리서(性理書) 사람의 심성과 우주의 원리를 연구한 책. 유교(儒敎)의 경전이다.

성리학(性理學) 중국 송나라 때의 유학의 한 가지. 유교에 철학적 세계관을 부여하고 유교를 심성 수양의 도리로 확립한 학풍.

소광(疏廣) 전한(前漢) 선제(宣帝) 때의 학자.

소동파(蘇東坡) 1036. 12. 19～1101. 7. 28. 중국 북송 때의 시인. 호 동파거사(東坡居士), 별칭 자첨(子瞻), 애칭(愛稱) 파공(坡公) · 파선(坡仙). 주요작품 《적벽부(赤壁賦)》. 본명은 소식(蘇軾). 동파는 그의 호로 동파거사에서 따온 별칭이다. 아버지 소순(蘇洵), 동생 소철(蘇轍)과 함께 '삼소'(三蘇)라고 일컬어지며, 이들은 모두 당송8대가(唐宋八大家)에 속한다.

소서(素書) 진(秦)나라 때 황석공(黃石公)이 장량(張良)에게 전해주었다는 병서(兵書).

소순(蘇洵) 1009～66. 중국 북송(北宋) 시대의 문학자. 호는 노천(老泉)이며, 자명윤(明允), 노소(老蘇)이다. 젊은 시절에는 협객(俠客) 노릇을 하다가 27세에 분발하여 학문에 정력을 쏟았으나 진사(進士) 시험에 낙방하자 관리가 되기를 단념하고 정치와 역사평론 저술에 힘썼다. 1056년 날카로운 논법(論法)과 정열적인 필치에 의한 평론과 독창적인 군사론, 정책론을 전개한 문장은 구양수(歐陽修)의 인정을 받게 되어 일약 유명하여졌다. 그후 조정에 나가 북송 이래의 예(禮)에 관한 글을 모은 《태상인혁례(太常因革禮)》(100권)를 편찬하였다. 정치 · 역사 · 경서 등에 관한 평론도 많이 썼으며, 아들 소식(蘇軾) · 소철(蘇轍)과 함께 삼소(三蘇)라 불렸고, 함께 당송팔대가(唐宋八大家)로 칭송되었다. 또, 소순을 노소(老蘇), 소식을 대소(大蘇), 소철을 소소(小蘇)라고도 부른다. 그의 문집은 《가우집(嘉祐集)》 또는 《노천선생집(老泉先生集)》이라 하며, 그밖에도 《시법(諡法)》(4권)의 저작이 있다.

손사막(孫思邈) 581～682. 중국 초당

(初唐)의 명의이며 신선가(神仙家)이다. 노장백가(老莊百家)의 설(說)에 조예가 깊었다. 벼슬을 사양하고 명산에 은퇴하여 저작에만 몰두하여 의서(醫書)를 비롯한 많은 책들을 저술하였다. 『비급천금요방(備急千金要方)』,『천금익방(千金翼方)』 등이 그의 저작으로 전하여지고 있다.

손순(孫順) 신라 때 사람.

손진인(孫眞人) 손사막(孫思邈) 참조.

송(宋)나라 960~1279. 중국 역사상 문화가 가장 번성했던 나라. 변경(지금의 開封)을 도읍으로 정한 북송(北宋 : 960~1127)과 임안(臨安 : 지금의 杭州)을 도읍으로 정한 남송(南宋 : 1127~1279)을 가리킨다. 1250년 마침내 칭기즈 칸의 손자들이 이끄는 몽골군에 의하여 멸망하였다.

속격(屬格) 관형격(冠形格) 참조.

수사(修辭) 말을 다듬어서 뜻을 똑똑하고 아름답고 힘있게 하는 일.

순자(荀子) 중국 전국시대 말기 조나라의 사상가. 본명은 순황이다. 순경(荀卿)·손경자(孫卿子) 등으로 존칭된다. 제나라의 왕건(王建:재위 BC 264~BC 221) 때 직하(稷下)의 학사(學士) 중 최장로(最長老)로 존경받았다. 공자(孔子)·맹자(孟子)를 잇는 유가(儒家)로, 그의 중심사상은 끊임없는 노력을 중시하며, 노력주의라고도 할 수 있는 이러한 기본적인 사고에서 맹자의 성선설에 대치되는 성악설이 나왔다. 또한 고대의 신화적 천자, 즉 선왕(先王)을 군주의 이상형으로 삼는 전통적인 사고방식에 반대하여, 현재의 정치는 현재와 가장 가까운 곳에 있고 현실에 노력한 왕, 즉 후왕(後王)이 정한 정책이나 제도에 당연히 복종해야 한다는 후왕사상을 주장하였다. 그러나 현실 및 현실을 변화시키려는 노력을 중시하는 순자의 주장은, 이상론을 원칙으로 삼는 유교에서는 이단시되어 오다 18세기에 접어들어 주목받기 시작하였다.

시경(詩經) 고대 중국 황하(黃河) 유역의 여러 나라와 왕국에서 부른 시가(詩歌) 305 수(首)를 모은 책으로 공자(孔子)가 편찬한 것으로 알려져 있다. 서경(書經)·역경(易經)·춘추(春秋)·예기(禮記)와 함께 유교의 경전인 오경(五經)의 하나이다.

시제(時制) 용언의 시간적인 관계를 나타내는 형식. 때매김. 시상(時相). 언어에 있어서의 시간 개념과 실제의 시간 개념에는 상당한 차이가 발생하기도 하는데, 발화시를 기준으로 하는 절대시제와 사선시를 기준으로 하는 상대시제가 있다.

신종황제(神宗皇帝) 1048~85. 중국 북송(北宋) 제6대 황제. 성명은 조욱(趙頊).

안분음(安分吟) 노계집(蘆溪集) 참조.

안씨가훈(顔氏家訓) 중국 북제(北齊)의 유학자 안지추(顔之推 : 531~602)가

후손들에게 남긴 유훈서(遺訓書). 호족 집안의 지은이가 남북조시대에 전란(戰亂)·망국(亡國)·포로생활 등의 고난을 겪으면서 느낀 처세관을 쓴 것이다

안평중(晏平仲) 제(齊)나라의 뛰어난 정치가. 이름은 안영(安嬰)이며, 자는 중(仲)이다. 시호는 평(平). 공자가 제나라에 출사하려 할 때 안평중의 반대로 무산되었다.

양상(樣相) 모습, 꼴, 생김새, 모양, 상태. 문법상으로는 발화하는 내용에 대한 추측, 가정, 강조 등의 부차적 의미를 나타냄을 말한다. 서법에 의하여 구체화된 서법의 내용을 나타나도록 하는 단어이다. '~이다'는 단순 서술형 종결문인데 비하여 '~일 것이다'에서 '~ㄹ 것'이 추측의 양상을 띠게 한다. 상(相), 서법(敍法) 참조.

어기사(語氣詞) 문장의 어기를 나타내는 데 쓰이는 단어. 어말조사(語末助詞)라고도 불린다. 어기사의 종류로는 서술·휴지·추측·반어·의문·명령·감탄어기사가 있다.

어기조사(語氣助詞) 어기를 나타내는 데 사용되는 조사로 문장의 첫머리나 중간에 사용된다. 문장 끝에 사용되어 문장형을 나타내는 역할을 주로 하는 어기사(語氣詞)와는 다르다.

어림수 정확한 수가 아닌 개략(概略)으로 나타낸 수.

여불위(呂不韋) 전국시대 말기 진(秦)나라의 정치가로 상인 출신이다. ?~BC 235. 그의 유능한 외교능력 덕분으로 진나라가 고대 중국 최초의 통일제국을 이루게 되었다.

여씨춘추(呂氏春秋) 전진(前秦)의 여불위(呂不韋)가 편찬한 일종의 백과전서. 그에게는 3천여 명의 식객이 있었다고 하는데, 그들 각자에게 견문을 쓰게 하고 여러 학설과 설화를 모은 것이다. 26권으로 이루어져 있으며, 후대의 가필도 약간 포함되어 있다.

여영공(呂榮公) 북송(北宋)의 학자. 이름은 희철(希哲). 영공(榮公)은 시호. 이정(二程), 장재(張載)와 교우하였다.

역(易) 주역(周易), 역경(易經). 유교의 기본경전인 오경(五經)의 하나. 본래의 명칭은 역(易) 또는 주역(周易)이었는데, 점서(占書)였던 것이 유교의 경전이 되면서 역경이 되었다. 주(周)의 문왕이 지었다고 전해진다. 역의 기본사상은 자연법칙으로서의 천도(天道)를 상징화하고, 인간이 이에 순응함을 인도로서 규정하며, 중정(中正)한 것을 길(吉)이라 하여 가장 선하다고 보는 것이다. 사물과 현상들을 양·음 두 가지로 구분하고 그 위치나 생태에 따라 끊임없이 변화한다는 것이 주역의 원리이다. 달은 차면 다시 기울기 시작하고, 여름이 가면 다시 가을·겨울이 오는 현상은

끊임없이 변하나 그 원칙은 영원불변한 것이며, 이 원칙을 인간사에 적용시켜 비교·연구하면서 풀이한 것이 역이다. 《주역》은 동양의 유가사상에 많은 영향을 끼쳤으며, 운명을 점치는 복서(卜筮)의 원전으로 정착되었다.

연동식(連動式) 동사가 연속해서 사용되는 구문을 말한다. 연동식 혹은 술목구조의 연속은 한문 문형의 가장 기본적인 형태이다.

열자(列子) 중국 고대의 사상가. 이름은 어구(禦寇). 정(鄭)나라 출신. 도가(道家)의 대표자, 또한 그 서적을 말한다. 노자(老子)의 제자, 또는 관윤자(關尹子)의 제자라고 하며, 혹은 노상자(老商子)의 제자라고도 한다. 이외에 장자(莊子)의 선배라고 말하기도 하는데, 그 사적(事績)은 불분명하다.

염계선생(濂溪先生) 주돈이(周敦頤) 참조.

예기(禮記) 중국 유가 5경(五經) 중의 하나. 원문은 공자(BC 551~479)가 편찬했다고 전해진다. 중국 고대의 예법과 제도를 수록한 책이다.

오(吳)나라 중국 5대10국시대(五代十國時代 : 907~60) 왕조 가운데 하나. 창건자는 양행밀(楊行密 : 852~905)로서 그의 자는 화원(化源)이고 여주(廬州) 허페이[合肥 : 지금의 안후이 성(安徽省)에 속함] 사람이다. 그는 당(唐)나라 말기에 군사를 일으켜 여주를 차지했고, 892년 회남절도사(淮南節度使)를 지냈다. 902년에는 당(唐)이 그를 오왕(吳王)으로 봉했다. 월(越)나라와 원수지간이다. 오월동주(吳越同舟) 참조.

오륜(五倫) 유교에서 말하는 5가지 기본적 실천덕목(實踐德目). 오교(五教)라고도 한다. 인생에 있어 대인관계를 5가지로 정리하여 서로 지켜야 할 의무를 규정한 것으로, 오상(五常)과 함께 유교 윤리설의 근본을 이룬다.

오월동주(吳越同舟) 서로 적의(敵意)를 품은 사람끼리 한자리나 같은 처지에 있게 된 경우, 또는 서로 미워하면서도 공통의 어려움이나 이해에 대해서는 협력하는 경우를 비유하는 말. 『손자(孫子)』의 「구지편(九地篇)」에 나오는 말로, 원수 사이인 오나라 군사와 월나라 군사가 같은 배를 타게 되었다는 고사에서 유래함.

온달(溫達) ?~590(영양왕 1). 고구려 평원왕 때의 장군. 『삼국사기』에 전해지는 온달의 일대기는 다분히 설화적 색채가 강하나 자료가 거의 전해지지 않는 6세기 무렵 고구려의 상황을 이해하는 데 중요한 자료가 되고 있다.

왕량(王良) 중국 춘추시대 진(晉)나라 사람이라고도 하고, 명(明)나라 사람이라고도 함.

왕발(王勃) 648?~675? 중국 당(唐)나라 시인. 자는 자안(子安). 666년 유소거(幽素擧)라고 하는 관리임용시험에 급제하여 조산랑(朝散郎)이 되고, 고종(高宗)의 아들 패왕(沛王)의 부(府)에서 일을 보았으나, 투계(鬪鷄)를 소재로 하여 장난삼아 쓴 격문이 고종의 분노를 사게 되어 면직되었다. 그 뒤 괵주(河南省)의 참군(參軍)이 되었으나, 관노를 죽인 일로 관리 자격을 박탈당하였다. 이 사건에 연좌되어 교지(交趾 : 베트남)로 좌천된 아버지를 만나러 가던 도중 바다에 빠져 익사하였다. 유명한 시 「등왕각」 등 화려하면서도 격조를 느끼게 하는 시풍을 지녔고, 또 율시(律詩)에 뛰어났으며, 근체시(近體詩)의 성립에도 중요한 역할을 하였다. 《왕자안집(王子安集)》(16권)이 있다.

왕참정(王參政) 북송(北宋)의 정치가로 이름은 단(旦)이다.

왕촉(王蠋) 전국시대 제(齊)나라 사람. 제나라가 연(燕)나라에 패하자, 항복하라는 권고를 물리치고 자살한 충신이다.

왕통(王通) 586~617. 중국 수(隋)나라 사상가. 자는 중엄(仲淹). 문인(門人)들이 문중자(文中子)라는 시호를 붙였다. 저작으로는 『중설中說』(일명 문중자)이 있다.

원도(原道) 당(唐)나라의 문학자 한유(韓愈)의 주요 논문. 의미는 〈본래의 의미로서의 도란 무엇인가〉이다. 도의의 본원을 논하고, 인간을 사회적 질서체(秩序體)안에 존재하는 것으로 봄으로써 유가(儒家)의 인의(仁義)의 도(道)를 고취하고, 몰사회적(沒社會的)인 불가(佛家)와 도가(道家)의 설을 배척하였다. 논문에서 《대학(大學)》과 《중용(中庸)》을 인용하고, 또 이른바 도통(道統:중국 고래의 聖人의 道의 전통)을 주창하여, 송대(宋代)의 유교 부흥의 선구적 역할을 한 것으로 평가되고 있다.

월(越)나라 중국 춘추전국시대 동남지역에 있던 제후국 중의 하나. 중국 춘추시대에서 전국시대에 걸쳐 저장성[浙江省] 북부에 본거지를 두고 장쑤성[江蘇省]까지 진출했던 나라. 단발로 몸에 문신을 했으며 한민족(漢民族)과는 다른 동남이계(東南夷系) 민족국가이다. 춘추시대 말기에 월과 오(吳) 사이에 벌어졌던 수차례의 전투는 매우 유명하다. BC 494년 오나라 왕 부차(夫差)는 부초산(夫椒山)에서 월을 격파하고 승세를 몰아 월의 수도를 공략했다. 오나라에 패배한 월왕 구천(句踐)은 와신상담(臥薪嘗膽)하면서 국력을 회복하여 BC 473년 드디어 오를 멸했다. 구천은 여세를 몰아 북진하여 제(齊) · 진(晉) 등의 여러 나라와 쉬저우[徐州]에서 회맹했고, 이후 맹주(盟主)가 되었다. 원래는 초(楚)의 속국이었으나 월군(越君) 윤상(允常)에 이르러 처음으로 왕호를 사용했다. 이때 월의 영토는 지금의 장쑤[江蘇] 이북 운하의 동부지역, 장쑤 남부, 안후이[安徽] 남부, 장시[江西] 동부, 저장 북부에까지 이르렀다. 전국시대에는 국력이 쇠약해져서 BC 306년 경 멸망했다. 《사기(史記)》에는

BC 334년에 초나라에게 멸망당하였다고 기록되어 있다. 중산왕(中山王)의 묘에서 출토한 동정(銅鼎)의 명문(銘文)에 보면 그 이후에도 존속했다는 유력한 견해가 나오기는 하였으나 월의 유품이 초나라의 묘에서 많이 나왔기 때문에 초나라에게 멸망당하였다고 본다.

위동동사(爲動動詞) 동사와 목적어의 관계에서, "(목적어)를 '위하여' (동사)하다"의 관계가 성립될 때의 동사를 동사의 위동용법이라고 한다.

유가(儒家) 공자(孔子)에 의해서 시작된 학파의 이름. 묵가(墨家), 도가(道家) 등과 더불어 9가 중의 하나이다. 다른 학파에 비하여 성공할 수 있었던 이유는 유가는 다른 학파와 대립하면서도 그들의 장점을 받아들여 교학(教學)의 내용을 정립해 나갔기 때문이며, 점차로 발전을 거듭하여 BC 136년 한(漢) 무제(武帝) 때에 국교화에 성공했다. 『맹자(孟子)』에서 처음 이 명칭이 등장한다. 유생(儒生)과 같은 의미로 사용된다.

유방(劉邦) 중국 한(漢)나라의 제1대 황제(재위 BC 202~195). 농가에서 태어났으나, 가업을 돌보지 않고 유협(遊俠)의 무리와 교유하였다. 진(秦)나라 말기에 이르러 진승(陳勝)·오광(吳廣)이 반란을 일으키자 각지에서 군웅이 봉기하였으며, 유방도 향리의 지도자와 청소년층의 추대를 받아 진나라 타도의 기치를 높이 들고 군사를 일으켜 패공(沛公)이라 칭하였다(BC 209). 진나라가 멸망하자 항우는 서초패왕(西楚霸王)이라 칭하고, BC 206년 유방은 항우로부터 한왕(漢王)에 봉해졌다. 그뒤 4년간에 걸친 항우와의 쟁패전에서 소하(蕭何)·조참(曹參)·장양(張良)·한신(韓信) 등의 도움으로 해하(垓下)의 결전에서 항우를 대파하고 천하통일의 대업을 실현시켰다. 유방은 서민 출신이었으나 성격이 대담치밀하고 포용력이 있어, 부하를 적재적소에 활용하는 데 능숙하였으므로 최후의 승리를 거둘 수 있었다.

유안례(劉安禮) 송(宋)나라 사람으로 자는 원소(元素)이다.

유회(劉會) 인물과 시대 분명치 않음.

의동동사(意動動詞) '여기다, 간주하다, 인정하다' 등의 뜻을 가진 동사.

의존명사(依存名詞) 명사이긴 해도 실제적인 뜻을 가지지 못하며 관형사나 그 밖의 수식어가 선행되어야만 사용될 수 있다. 불완전명사, 형식명사, 안옹근이름씨 등으로 불린다. 의존명사의 종류에는 이·것·터·듯·뿐 등이 있으며, 물건을 세는 단위인 말·되·자·치·권·장 등도 포함된다.

이견지(夷堅志) 중국 남송(南宋)의 홍매(洪邁)가 엮은 설화집. 북송(北宋) 말에서 남송 초에 이르는 약 100년 동안의 민간잡사(民間雜事)를 32집(集) 420권으로 편집하여 출판했다. 당(唐)나라의 장신소

(張愼素)가 민간에 전래하는 괴담이나 기담을 모아서 엮은《이견록(夷堅錄)》이라는 저서가 있었는데, 이것을 홍매가 모방하여 발간한 책이다.

이천선생(伊川先生) 정이(程頤) 참조.

익지서(益智書) 송(宋)나라 때의 책 이름. 익지(益智)란 '지혜를 늘린다'는 뜻이다.

인관(印觀) 신라 때 사람.

인용문(引用文) 남의 글이나 말을 직접 또는 간접으로 인용한 문장. '동의어' 따옴월.

자동사(自動詞) 동사의 한 갈래. 움직임의 대상인 목적어를 필요로 하지 않고 주어 자체만의 움직임을 나타내는 단어. '송아지가 운다', '새가 날다'에서 '운다' '날다' 따위. 제움직씨. ↔ 타동사(他動詞).

자장(子張) 공자의 제자.

자하(子夏) 공자의 제자.

자허원군(紫虛元君) 도가(道家). 이름과 연대는 알 수 없음.

장사숙(張思叔) 북송(北宋)의 학자로 정자(程子)의 제자.

장원시(壯元詩) 과거에서 장원한 시(詩)를 말함.

장자(莊子) BC 365?~BC 290? 중국 전국시대 송(宋)나라 사람으로 이름은 주(周)이다. 노자의 무위자연(無爲自然)론을 발전시켜 노장사상(老莊思想)을 이룩하였다.

재동제군(梓童帝君) 도가(道家). 시대와 이름 미상.

재여(宰予) 공자(孔子)의 제자. 자는 자아(子我)이다.

절(節) 주어와 서술어를 갖춘 하나의 온전한 문장이 더 큰 문장의 하나의 구성 성분으로 역할하는 것을 이름.

절구(絕句) 한시의 한 체. 기·승·전·결 네 구로 되는데, 한 구가 오언으로 된 것과 칠언으로 된 것이 있다. 칠언절구는 칠언체가 다 그렇듯이 오언의 발전에 편승한 형국으로 육조 말부터 당대에 걸쳐 급격히 생겨났으며, 초당(初唐) 말에는 그 체가 정해졌다. 오언과 칠언은 모두 성당(盛唐) 때에 최고조에 달했으나, 특히 칠언절구는 가장 보편적인 체로서 성행하였다. 한국의 경우 최치원의 〈추야우중 秋夜雨中〉·〈도중작 途中作〉을 5언절구와 7언절구의 효시작으로 삼는다.

정관사(定冠詞) 명사 앞에 붙어서 강한 지시나 한정의 뜻을 나타내는 관사.

정이(程頤) 중국 북송(北宋)의 유학자. 정호(程顥)와 함께 이정자(二程子)라고 일컬어지며, 성리학(性理學)의 기초를 닦았다.

정태부사(靜態副詞) 동작 행위의 양상과 상태를 나타내는 부사어.

정호(程顥) 1032~85. 중국 북송(北宋) 중기의 유학자. 호 명도(明道)로 명도선생으로 일컬어지고 있음. 동생 정이(程頤 : 伊川)와 함께 이정자(二程子)로 알려졌다. 그의 학문적 태도는 만물일체관(萬物一體觀)에 입각하여 혼일적(渾一的)으로 천지의 생의(生意)를 체험하는 데 있었다. 제자(諸子) · 노장(老莊) · 불교도 공부하였으나, 결국 유학으로 복귀하여 자신의 학설을 확립하였다.

제(齊) 전국시대의 국가. BC 4세기 중반 4대 위왕(威王) 때부터 왕이라 칭하게 되었고, 현재의 산동성 전역을 지배하는 강국으로 성장하여 전국칠웅(戰國七雄)의 하나가 되었다. 그의 아들 선왕(宣王)시대에 국력이 절정에 달하였고, 학문도 전국제가(全國諸家)의 학자들을 임치(臨淄)의 직문(稷門)에 있는 학관(學館)에 모아 정치를 논하게 하여 이른바 '직하(稷下)의 학(學)'을 일으켰다. BC 221년 진(秦)나라의 동벌군(東伐軍)에 의하여 멸망당하였다.

제후(諸侯) 봉건시대에, 군주로부터 받은 영토와 그 영내에 사는 백성을 다스리던 사람. 은나라를 정복한 주나라에 의해 처음으로 생겨난 체계이다. 공후(公侯), 군후(君侯), 열후(列侯).

조동사(助動詞) 어절이나 문장 안에서의 쓰임에 따라 주로 용언에 붙어 그 뜻을 돕는 동사. 보조동사라고도 한다. 문장에서 주동사나 다른 술부의 기본 의미에 뜻을 더해주거나 시제 · 법 · 인칭 · 수에 관한 정보를 전할 수 있다.

조사(助詞) 체언이나 부사 따위의 아래에 붙어서 다른 말과의 문법적 관계를 나타내거나 뜻을 도와주는 품사. 관계사 및 토씨라고도 한다. 크게 격조사와 보조사로 구분된다. 보조사를 일부 문법책에서는 특수조사로 분류하기도 한다. 국어에서 조사가 하나의 독립된 단어의 자격을 가지는지에 대해서는 이견이 있다. 하나의 독립된 단어로 인정하지 않을 경우 조사라는 용어는 사용될 수 없게 되어 어미나 접미사로 처리하여야 한다.

좌전(佐傳) 공자의 《춘추 春秋》를 해설한 주석서. 《좌씨전》 · 《좌씨춘추》 · 《좌전 左傳》이라고도 한다. 단편적이기는 하지만 당시 철학 유파들에 관한 믿을 만한 역사적 자료들과 증거들도 담겨 있다. 춘추시대 전 시기에 일어난 주요 정치적 · 사회적 · 군사적 사건들을 포괄적으로 설명하고 있다. 또한 중국 최초의 담화체 서술방식으로 후세에 큰 영향을 끼쳐, 중국문학사상 독보적인 지위를 차지하고 있다. 편찬자는 좌구명(左丘明 : 또는 左邱明)으로 알려져 있으나 이견도 있으며, 편찬시기도 확실하지 않고 그 시대의 사적 등에 대해서도 알려져 있지 않다. 현재는 전국시대(BC 475~221) 초기에 익명의 작가가 편찬한 것으로 보고 있다.

주격보어(主格補語) 불완전 자동사를 보충하는 말.

주돈이(周敦頤) 1017~73. 송나라 때의 유학자. 호 염계(濂溪), 자 무숙(茂叔), 주요저서 《태극도설(太極圖說)》, 《통서(通書)》. 지방관으로서 각지에서 공적을 세운 후 만년에는 루산[廬山] 기슭의 염계서당(濂溪書堂)에 은퇴하였기 때문에 문인들이 염계선생이라 불렀다. 북송의 사마광(司馬光)·왕안석(王安石)과 동시대의 인물이다. 그는 도가사상(道家思想)의 영향을 받고 새로운 유교이론을 창시하였다. 즉 우주의 근원인 태극(太極:無極)으로부터 만물이 생성하는 과정을 도해(圖解)하여 태극도(太極圖)를 그리고 태극 → 음양(陰陽)의 이기(二氣) → 오행(五行 : 金·木·水·火·土의 五元素) → 남녀 → 만물의 순서로 세계가 구성되었다고 논하고, 인간만이 가장 우수한 존재이기 때문에, 중정(中正) 인의(仁義)의 도를 지키고 마음을 성실하게 하여 성인(聖人)이 되어야 한다는 도덕과 윤리를 강조하고, 우주생성의 원리와 인간의 도덕원리는 본래 하나라는 이론을 제시하였다. 남송의 주자(朱子)는 염계가 정호(程顥)·정이(程頤) 형제를 가르쳤기 때문에 도학(道學:宋代의 新儒教)의 개조라고 칭하였다.

주문공(朱文公) 주희(朱熹) 참조.

주역(周易) 역(易) 참조.

주자(朱子) 주희(朱熹) 참조.

주희(朱熹) 1130~1200. 중국 남송(南宋) 때의 유학자. 주자학을 집대성하여 중국 사상계에 가장 큰 영향을 미쳤다. 자는 원회(元晦)·중회(仲晦), 호는 회암(晦庵)·회옹(晦翁)·운곡노인(雲谷老人)·둔옹(遯翁). 존칭하여 주자(朱子)라고 한다. 시호는 문공(文公)이다. 18세 때 대과(大科)에 급제했는데, 당시 그 시험에 급제한 사람들의 평균 연령은 35세였다. 정호와 정이, 주돈이, 장재 등의 논문들을 편찬하면서 이 철학자들에 대한 존경을 표시했고, 이들의 철학을 집대성하여 자신의 철학을 완성시켰다. 그의 가르침에 따르면 이 4명의 사상가들은 맹자가 죽은 후에 없어진 도(道)의 전통을 회복시켰다고 한다. 1175년 그와 친구 여조겸(呂祖謙 : 1137~81)은 이 4명의 사상가들의 저작에서 뽑은 문장들을 집대성한 《근사록近思錄》을 편찬했다. 이 시기에 주희는 《논어》와 《맹자》에 관한 집주(集注)를 저술하면서 자신의 철학적 사상을 나타냈는데, 이 집주는 모두 1177년에 완성되었고, 그후 중국·고려·일본 등의 지식인 사회에 영향을 미쳤다.

증자(曾子) BC 505~436 경. 중국의 철학자. 이름은 삼(參). 자는 자여(子輿). 공자의 문하생이며 《대학》의 저자로 알려져 있다. 효성이 지극했다.

지시대명사(指示代名詞) 대명사(代名詞) 참조.

진(秦)나라 주(周)나라의 제후국이었으나, BC 221년 제(齊)나라를 멸하여 중국 통일 완성, 황제라는 칭호를 사용하고, 군현제(郡縣制)를 전국적으로 시행하였다.

진종황제(眞宗皇帝) 중국 송(宋)나라의 제3대 황제(997/998~1022/23 재위). 이름은 조항(趙恒). 유교를 강화하고 북쪽의 유목민족인 거란족과 휴전조약을 체결하여 몇 십 년 간 지속되던 전쟁을 끝냈다.

채백계(蔡伯喈) 한(漢)나라의 문인. 이름은 옹(雍).

천복비(薦福碑) 중국 천복산(薦福山)에 있는 비석. 당(唐)나라의 명군(名軍) 구양순(歐陽詢)이 비문을 썼다고 함.

천자(天子) 천제(天帝)의 아들이란 뜻으로 천명을 받아 천하를 다스리는 사람. 곧 중국에서 황제를 일컫던 말. 만승지군(萬乘之君). 상주(常主). 태상(太上).

첨가어(添加語) 언어의 형태상 유형의 하나로, 교착어(膠着語)라고도 한다. 교착이란 '아교로 붙인다'는 뜻인데, 이는 어근에 접두사나 접미사가 부가되어 하나의 단어를 이루어 가는 형식을 말한다. 알타이어가 대표적인 교착어이며, 한국어, 일본어, 터키어 등이 이에 속한다.

추축구조(樞軸構造) 겸어구조(謙語構造) 참조.

춘추전국시대 중국 주(周)나라가 서북 민족의 침략을 받아 낙양성으로 천도한 시기를 일컫는 동주(東周)에서 진(秦)나라의 천하통일까지로, BC 770년에서 BC 221년까지를 말한다. 춘추와 전국의 시대 구분은 공자(孔子)의 저서 『춘추(春秋)』와 전한(前漢) 말기 유향(劉向)이 편찬한 『전국책(戰國策)』에서 유래하였다. 춘추시대와 전국시대의 구분은 한(韓)·위(魏)·조(趙)나라가 진(晉)나라를 삼분해서 독립한 BC 403년을 경계로 한다.

충자(忠子) 인물과 시대 미상. 한(漢)나라 충담(忠譚)이라고도 함.

7언절구(七言絕句) 절구(絶句) 참조.

타동사(他動詞) 동사의 한 갈래. 그 자체만으로는 움직임을 나타낼 수 없고, 움직임의 대상인 목적어가 있어야 뜻을 이루는 단어. 남움직씨라고도 한다. ↔ 자동사.

태공(太公) 중국 고대 희씨(姬氏 : BC 15~12세기 경) 부락의 우두머리이며 주족(周族)의 시조. 즉 고공단보(古公亶父)이다. 주(周)나라 문왕(文王)의 할아버지로 무왕(武王)이 즉위한 후에 태공(太公)으로 추존되었다.

판단사(判斷詞) 동사의 일종으로, 주어가 무엇이거나 무엇과 같은지를 판단하는데 사용된다. 한문에서 대표적인 판단사로는 是가 있으며, 爲, 如, 似, 謂, 若, 猶 등도 이에 해당한다.

패러다임(paradigm) 다양한 관념을 서로 연관시켜 질서지우는 체계나 구조를 일컫는 개념. 범례(範例)를 뜻하는 그리스어 '파라데이그마'에서 유래한다. 또 어떤 한 시대 사람들의 견해나 사고를 지배하고 있는 이론적 틀이나 개념의 집합체를 말하기도 한다.

평원왕(平原王) ?~590(평원왕 32). 고구려의 제25대 왕(559~590 재위). 이름은 양성(陽成)·탕(湯). 평강상호왕(平崗上好王)·평강왕(平岡王)이라고도 한다.

포박자(抱朴子) 진(晉)나라 때 갈홍(葛洪)의 호이며, 그의 저서이다. 신선수련(神仙修練)과 시세의 득실 및 인사의 시비 등의 내용이 기록되어 있다.

풍간(諷諫) 책 이름. 작자와 연대 미상. '넌지시 둘러서 말하여 잘못을 고치도록 깨우침'의 의미이다.

피동문(被動文) 주어진 문장에서 어떤 행위나 동작이 주어 스스로의 힘에 의해 행해지지 못하고, 남의 행동에 의해 이루어지는 방식의 문장구성법.

피보트(pivot) 겸어구조 참조.

한문공(韓文公) 한유(韓愈) 참조.

한서(漢書) 중국 이십사사(二十四史)의 하나. 전한(前漢)의 역사를 기전체(紀傳體)로 쓴 책으로 중국 후한(後漢) 역사가 반고(班固)의 저서이다.

한소열(漢昭烈) 유비(劉備). 161~223. 중국 삼국시대 촉한(蜀漢 : 221~263/264)의 창건자. 한(漢) 경제(景帝)의 아들인 중산정왕(中山靖王) 유승(劉勝)의 후예라고 한다. 귀가 컸으며 또한 손을 내리면 손끝이 무릎까지 닿았다. 아버지를 일찍 여의고 어머니와 멍석을 짜서 생계를 유지했다. 후덕함과 지혜로 군인과 사대부들의 신망을 받는 인물로 묘사되고 있다. 학문보다는 호걸들과의 교류를 즐겼으며, 관우(關羽)·장비(張飛)와 의형제를 맺었다. 후한말 황건(黃巾)의 난을 진압하는 데 참여하여 고당현령급평원상(高唐縣令及平原相)에 임명되었고, 조조(曹操)의 추천으로 예주목(豫州牧)이 되었다. 그가 마지막으로 몸을 의탁한 곳은 형주(荊州)의 유표(劉表)였다. 유표 밑에서 비교적 평온한 생활을 했기 때문에 비육지탄의 푸념을 하는 한편, 제갈량(諸葛亮)과 방통(龐統) 등 우수한 인재를 끌어들이는 데 성공했다. 특히 제갈량에게는 삼고(三顧)의 예를 갖추어 맞이했고 "나에게 공명(孔明)이 있는 것은 물고기에게 물이 있는 것과 같다"라고 하면서 군신수어지교(君臣水魚之交)를 맺었다. 이후 제갈량은 유비의 모신(謀臣) 또는 외교관으로 활약했다. 시호는 소열제(昭烈帝)이다.

한유(韓愈) 768~824. 중국 당(唐)나라의 문학가 · 사상가. 자는 퇴지(退之), 시호 문공(文公). 유학이 침체되어가던 시기에 유학을 옹호했던 그는 헌종(憲宗)이 불사리(佛舍利)에 참배한 데 대해 끝까지 간한 일로 인하여 1년 동안 차오저우[潮州] 자사(刺史)로 밀려나 있었고, 평생을 불우하게 지내야 했다. 문학상의 공적은 첫째, 산문의 문체개혁(文體改革)을 들 수 있다. 종래의 대구(對句)를 중심으로 짓는 병문(騈文)에 반대하고 자유로운 형의 고문(古文)을 친구 유종원(柳宗元) 등과 함께 창도하였다. 고문은 송대 이후 중국 산문문체의 표준이 되었으며, 그의 문장은 그 모범으로 알려졌다. 둘째, 시에 있어 지적인 흥미를 정련(精練)된 표현으로 나타낼 것을 시도, 그 결과 때로는 난해하고 산문적이라는 비난도 받지만 제(題材)의 확장과 더불어 송대의 시에 끼친 영향은 매우 크다. 사상분야에서는 유가의 사상을 존중하고 도교 · 불교를 배격하였으며, 송대 이후 도학(道學)의 선구자가 되었다. 시문학에서도 그는 기존의 문학적 형식을 뛰어넘으려고 했다. 그러나 문학에서 그가 기울인 노력의 많은 부분은 실패로 끝났다.

합성어(合成語) 둘 이상의 형태소가 합하여 하나의 단어를 이룬 경우, 첨가어인 한국어에서는 파생어와 복합어로 나누어지지만 고립어인 한문에서는 복합어와 합성어는 동일한 개념이다.

해서체(楷書體) 한자 서체의 하나로 자형이 가장 방정하다.

허경종(許敬宗) 당나라 측천무후 때 학자. 건망증이 심하여 사람의 얼굴을 잘 기억하지 못하였다 한다.

허사(虛辭) 독립된 의미를 가지지 못하고 문법적인 기능만 하는 말. 허사(虛詞)라고도 쓰며, 실사(實辭 : 또는 實詞)에 대립되는 개념이다. 다른 말로 형태어 · 문법어라고도 한다. 국어의 경우 첨가어이기 때문에 의미부에 조사나 어미같은 형식적인 관계를 나타내는 형태어들이 붙어 그 문법적 기능을 표시하게 된다. 한문에 있어서 허사는 매 글자마다 의미나 문법 기능이 고정되어 있는 것이 아니라 앞뒷말과의 유기적 관계에 의하여 결정되어진다.

헌종(憲宗) 1827(순조 27)~49(헌종 15). 조선 제24대 왕. 1834~49 재위.

현제(玄帝) 천제(天帝)라고도 하며, 도교의 사람으로 이름과 시대는 알 수 없다. 사전상의 천제(天帝)는 ① 하늘을 다스리는 신, 하느님, 상제(上帝), 천공(天公) ② 불교에서 '제석천' 을 달리 이르는 말 등의 뜻이 있다.

형용사(形容詞) 품사의 하나로 사람이나 사물의 성질과 상태 또는 존재를 나타내는 말.

형용사구(形容詞句) 문장에서 형용사처럼 서술어 구실을 하는 구. '그 꽃이 매우 아름답다' 에서의 '매우 아름답다' 따위.

홍기섭(洪耆燮) 영조 때 공조판서. 청백리로 유명하였다.

화제(話題) '이야기거리'의 의미로 문두에서 문장의 설명의 대상이 되는 문장성분을 말한다. 화제에 대응하는 개념은 논평(論評, comment)이다. 일반적으로 주어나 주격보어는 모두 화제로 볼 수 있다. '자동차는 빠르다'에서 '자동차'가 화제성분이며, 나머지 부분이 논평 부분이다.

활용(活用) 한 단어가 문장 내에서 문법적인 직능을 표시하기 위해 단어의 끝부분을 바꾸는 일. 주로 용언에 속하는 단어나 서술격 조사가 시제(時制)·서법(敍法) 등을 나타내기 위하여 어미를 교체하는 것을 말한다. 분포와 서열에 따라 선어말어미·어말어미로, 기능에 따라 종결어미·연결어미·전성어미 등으로 나뉜다.

휘종황제(徽宗皇帝) 중국 북송(北宋) 제8대 황제(1100~25). 이름은 조길(趙佶). 제6대 신종(神宗)의 11번째 아들이며, 형인 제7대 철종(哲宗)이 후사없이 병사하자 즉위하였다. 휘종은 정치에는 무능하였으나 시문(詩文)에 뛰어나 수금체(瘦金體)라 하는 독특한 서체를 창시하였으며, 그림에서도 원체화(院體畵)의 대가였다. 문화재를 수집·보호하고 서화원을 설치하여 궁정서화가를 양성하는 등 예술의 황금기를 이루었다. 1126년 금나라의 두 번째 침공으로 흠종과 함께 포로가 되어 북송의 멸망을 초래하였다.

휴지어기사(休止語氣詞) 문장의 중간(주어의 다음, 절과 절 사이, 시간사나 부사어 다음)에 쓰여서, 강조나 기타 어기를 나타내는데 사용된다. 대표적인 휴지어기사로는 者와 也가 있으며, 이외에도 焉, 耶, 矣, 兮 등이 있다. 중국에서는 휴지어기사를 停頓語氣詞라고도 한다. 하지만 이 개념은 단순한 음운론적인 견해이고, 실제 휴지어기사에는 노출 및 화제화의 표시와 같은 문법적인 기능도 있다.

가

가 價 값, 가치 可 옳을 嘉 아름다울
嫁 시집갈 家 집 歌 노래

각 却 물리칠, 도리어 各 각각
覺 깨달을 閣 누각

간 干 방패, 간여할 揀 가릴 看 볼
諫 아뢸 間 사이

갈 渴 목마를 竭 다할

감 堪 견딜 感 느낄 甘 달 鑑 볼

강 剛 굳셀 康 편안할 强 강할
江 강 綱 벼리
降 내릴, 항복할 [항]

개 价 클 個 낱 改 고칠 漑 물댈
喈 새소리 皆 다 蓋 덮개
대개(대체로, 무릇) 開 열

객 客 손님

갱 更 다시, 고칠 羹 국

거 去 갈, 버릴 居 집, 살다 巨 클
拒 막을 據 의거할 擧 들
裾 옷깃 車 수레

건 愆 허물

걸 乞 구걸

검 儉 검소할

겁 怯 비겁할

격 擊 칠 格 격식 隔 떨어질

견 堅 굳을 牽 끌 見 볼, 뵐 [현]

결 潔 깨끗할 結 맺을 缺 이지러질

겸 謙 겸손할

경 傾 기우러질 卿 벼슬 慶 경사
敬 공경할 景 볕, 경치 更 고칠
竟 마침내 競 다툴 經 지날, 세로
耕 밭갈 警 경계할 輕 가벼울
逕 좁은길, 자취 鏡 거울
頃 잠깐, 발걸음 [규] 驚 놀랄

계 戒 경계할 溪 시내 繼 이을
計 계산할 階 섬돌 雞 닭

고 古 옛 告 고할 固 굳을
孤 외로울 庫 창고 故 연고
枯 마를 痼 고질 股 넓적다리
膏 기름질 苦 괴로울 顧 돌아볼
餻 떡 高 높을

곡 曲 굽을 穀 곡식

골 骨 뼈

공 供 받들 公 공평할, 관청 共 함께
功 공로 孔 구멍 工 장인
恐 두려울 恭 공손할 空 빌

과 寡 적을, 홀어미 果 과실, 결과
瓜 오이 過 지날 顆 낟알

곽 郭 외성

관 冠 갓 官 벼슬 寬 너그러울
灌 물댈 觀 볼 鑵 두레박, 통

광 光 빛 廣 넓을 狂 미칠

괘 掛 걸

괴 壞 무너질 怪 괴이할

굉 轟 울리는소리

교 交 사귈 巧 교묘할, 재주
敎 가르칠 橋 다리 狡 교활할
郊 들 驕 교만할

구 久 오랠 九 아홉 具 갖출
劬 수고할 區 지역, 구역 口 입
句 글귀 咎 허물 垢 때 寇 도둑
懼 두려워할 拘 잡을 救 구원할
求 구할 溝 도랑 究 궁구할
舅 장인, 외숙 苟 진실로, 만약
衢 네거리 軀 몸

국 國 나라 鞠 굽힐, 기를

군 君 그대, 임금, 군자 羣 무리
軍 군사

굴 屈 굽을 掘 팔 窟 굴

궁 弓 활 窮 궁구할

권 勸 권할, 권면할

궐 闕 그, 나라이름

궤 饋 보낼

귀 歸 돌아갈 貴 귀할

규 刲 찌를 窺 엿볼 跬 반걸음
閨 규문

균 均 고를

극 亟 빠를, 자주 克 이길
棘 가시, 대추나무 極 다할

근 勤 부지런할 根 뿌리 筋 근육
近 가까울

금 今 지금, 이제 擒 사로잡을
襟 옷깃 金 쇠, 성씨 [김] 錦 비단

급 及 미칠, 도달할 急 급할
汲 물길을 給 줄

기 其 그 嗜 즐길 器 그릇
奇 어찌, 기이할 己 몸, 자기
幾 얼마, 어찌 忌 꺼릴, 기일
技 재주 旣 이미 棄 버릴
機 베틀 欺 속일 氣 기운
紀 벼리 耆 늙은이
記 기념할, 기록할 豈 어찌
起 일어날 飢 주릴 饑 주릴
騎 말탈

길 吉 길할

끽 喫 먹을, 마실

나

낙 諾 허락할

난 煖 따뜻할 難 어려울

남 男 사내

납 納 들일

내 乃 이에 奈 어찌 耐 견딜 內 안

녀 女 계집

년 年 해

념 念 생각할

녕 寧 편안할 佞 망녕될 濘 진창

노 奴 천할, 노비 怒 노여워할

농 農 농사

뇌 惱 번뇌할

뇨 尿 오줌 鬧 씨꺼러울

능 能 능할

니 尼 신중(여자중) 泥 진흙

닉 溺 빠질

다

다 多 많을 茶 차 [차]

단 丹 붉을 但 다만 斷 끊을 短 짧을 端 단서

달 達 통달할

담 啖 먹을 淡 맑을 膽 간 談 이야기

답 答 대답할

당 儻 빼어날, 혹시 唐 당나라 堂 집 塘 못 撞 칠 當 마땅할, 전당잡힐 黨 무리

대 代 대신할 大 클 對 대답할 待 기다릴

덕 德 덕

도 刀 칼 到 이를 圖 그림, 꾀할 堵 담 塗 길, 바를 度 정도 徒 달아날 盜 도둑 禱 빌 稻 벼 賭 노름 跳 뛸 道 길 都 모두, 도읍 陶 질그릇

독 毒 독할, 독 獨 홀로 篤 돈독할 讀 읽을

동 動 움직일 同 같을, 한가지 東 동녘 棟 기둥, 동량 童 아이

두 斗 말 豆 콩 頭 머리

득 得 얻을

등 滕 물솟을, 나라이름 燈 등불 登 오를 等 같을

라

라 懶 게으를 羅 그물, 비단

락 樂 즐거울, 풍류 [악], 좋아할 [요] 落 떨어질

란 亂 어지러울 蘭 난초

람 濫 넘칠, 함부로

래 來 올 萊 명아주(풀이름)

량 兩 둘 樑 들보 涼 서늘할 良 어질, 좋을 量 중량

려 勵 힘쓸 呂 음률 慮 염려할 癘 염병 麗 고울, 아름다울

력 力 힘 歷 지낼, 역사

련 憐 가련할

렬 列 벌릴 烈 매울

렴 廉 청렴할 濂 엷을

렵 獵 사냥할

령 令 하여금 零 떨어질 靈 신령

례 禮 예의 醴 단술

로 勞 힘슬 老 늙을 虜 오랑캐
路 길 露 이슬

록 祿 녹 錄 기록할

론 論 논의할

롱 聾 귀머거리

뢰 牢 우리, 안온할 賚 줄 雷 우뢰

료 了 마칠 僚 동료 料 헤아릴

룡 龍 용

루 屢 여러, 자주 淚 눈물 漏 샐
縷 실, 자세할

류 劉 성 流 흐를 留 머무를

륙 六 여섯 戮 도륙할

륜 倫 인륜, 도리

름 廩 곳집

리 利 이로울, 나카로울 吏 아전
履 밟을 李 오얏 理 이치
詈 꾸짖을 里 마을
離 헤어질, 떨어질

린 隣 이웃

림 林 수풀 臨 임할

립 立 설

마

마 磨 갈 馬 말

막 寞 쓸쓸할 莫 말 邈 멀

만 慢 게으를, 거만할 挽 당길
晩 늦을 滿 찰 漫 부질없을
萬 만

말 末 끝

망 亡 없을, 망할 妄 망령될
忙 경황없을 望 바랄 網 그물
罔 없을
芒 까끄라기(벼, 보리 따위의 수염)

매 埋 묻을 寐 잠잘
每 매양(늘, 항상) 昧 어두울
罵 꾸짖을 買 살 賣 팔

맹 孟 맏, 맹랑할

멱 覓 구할

면 免 면할 勉 근면할 眠 잠잘
綿 솜 面 낯

멸 滅 멸할 蔑 업신여길

명 冥 어두울 名 이름 命 목숨
明 밝을 銘 새길

모 暮 저물 母 어미 毛 터럭

耗 소모할 茅 띠 謀 도모할, 꾀할
貌 모양, 용모

목 木 나무 沐 목욕할 目 눈

몰 沒 빠질

몽 夢 꿈 蒙 어릴, 어리석을, 이어받을

묘 妙 묘할 廟 사당

무 務 힘쓸 无 없을 武 호반 毋 말
無 없을 茂 무성할 霧 안개

묵 默 잠잠할

문 問 물을 文 글월, 무늬
聞 들을, 아뢸 門 문

물 勿 말 物 사물

미 未 아닐 楣 상인방 眉 눈썹
米 쌀 美 아름다울 迷 헤맬

민 悶 고민할 民 백성

밀 密 빽빽할

바

박 博 넓을 朴 순박할 薄 엷을

반 伴 반려, 짝 半 반 反 돌이킬
般 일반 飯 밥

발 潑 뿌릴 發 필

방 妨 방해할 彷 배회할
方 모, 바야흐로 紡 자을 訪 찾을
謗 헐뜯을 防 막을

배 盃 술잔 背 등 輩 무리

백 伯 맏, 작위 帛 비단 柏 측백나무
白 흰 百 백

번 煩 번거러울 飜 날

범 凡 무릇, 일반 犯 범할
范 벌, 거푸집, 성

법 法 법

벽 璧 구슬

변 辨 분별할 辯 말잘할 邊 가

별 別 다를

병 並 아우를 幷 아우를
甁 병(단지, 항아리) 病 병들
餠 떡

보 保 보호할 報 갚을 寶 보배
步 걸음 補 기울 輔 도울

복 伏 엎드릴 僕 노비 卜 점
服 옷 福 복 覆 엎을, 덮을 [부]

본 本 근본

봉 俸 봉급 奉 받들 封 봉할
棒 몽둥이 逢 만날

부 俯 숙일, 구부릴 夫 사내 婦 부인
富 부할 復 다시, 회복할 [복]
扶 도울 斧 도끼 浮 뜰 父 아비
符 부신 簿 장부 負 질
部 떼, 무리, 구분 釜 가마솥
附 붙을

북 北 북녘

분 分 나눌 噴 뿜을 墳 봉분
忿 성낼 盆 동이 糞 똥

불 不 아닐 [부] 佛 부처 弗 아닐

붕 朋 벗

비 備 갖출 卑 낮을, 하여금 婢 계집종
悲 슬플 比 견줄 沸 끓을
碑 비석 肥 살찔 脾 지라(비장)
譬 비유할 費 쓸
非 아닐, 비방할 鼻 코

빈 濱 물가, 임박할 貧 가난할 賓 손
頻 자주

빙 氷 얼음

사

사 事 일 仕 벼슬 似 비슷할, 같을
使 하여금 俟 기다릴 史 역사
司 맡을 嗣 이을 四 넉 士 선비
射 쏠 師 스승, 군사 思 생각할
捨 버릴 斯 이 死 죽을 沙 모래
祀 제사지낼 私 사사 肆 가게
舍 집 蛇 뱀 詞 말씀 謝 사양할
賜 줄 辭 말 麝 사향노루

산 山 뫼 算 계산, 산가지

살 撒 흩을

삼 三 석

상 上 위 傷 상처 喪 잃을
嘗 일직이, 맛볼 尙 오히려, 숭상할
常 항상 廂 곁채 爽 시원할
相 서로 祥 상서로울 詳 자세할
霜 서리

색 塞 막을, 변방 [새] 索 찾을 色 빛

생 生 날

서 序 차례 庶 여러, 무리 恕 용서할
書 책 絮 솜 署 마을, 부서
誓 맹세할 逝 갈 鋤 호미 鼠 쥐

석 夕 저녁 惜 아낄 昔 옛 石 돌

선 仙 신선 先 앞 善 착할 宣 베풀
羨 부러워할 船 배 鮮 고울, 드물

설 舌 혀 說 이야기 雪 눈
媟 설압할(버릇없이 굴다)

섭 涉 건널 燮 화합할

성 城 성 姓 성씨 性 성품 成 이룰
星 별 盛 성할 聖 성스러울
聲 소리 誠 정성 醒 깰

세 世 세대 勢 세력 歲 해 洗 씻을
細 가늘

소 召 부를 小 작을 少 적을 所 바
昭 밝을 燒 불사를 疏 성길, 거칠
笑 웃을 素 흴 蕭 쓸쓸할
蘇 깨어날, 소생할 邵 고을이름
霄 하늘

속 俗 풍속 屬 무리, 부탁할 [촉]
續 이을

손 孫 자손 損 덜 飧 저녁밥

송 宋 송나라 松 소나무 送 보낼

쇠 衰 쇠할

수 修 닦을 受 받을 垂 드리울
壽 목숨 守 지킬 愁 근심
收 거둘 數 셈할 水 물 睡 잠잘
誰 누구 讐 원수 輸 보낼
隧 굴, 떨어질 [추] 隨 따를
雖 비록 須 모름지기 首 머리

숙 叔 아재비 夙 일찍 宿 잠잘
熟 익을 肅 엄숙할

순 循 따를 脣 입술 荀 사람이름
順 순할

술 術 재주 述 서술할

습 濕 젖을 習 익을

승 乘 탈, 곱하기 勝 이길 升 되
繩 줄

시 始 처음, 비로소 市 시장 弑 시해할
恃 믿을 施 베풀 是 이 時 때
柿 감 柴 섶 示 보일 視 볼
試 시험할 詩 시

식 息 숨쉴 識 알 食 밥, 먹을 [사]
飾 장식할

신 信 믿을 愼 삼갈 新 새 晨 별
神 귀신 臣 신하 薪 땔나무
身 몸

실 失 잃을 室 집 實 열매
悉 다, 전부

심 尋 찾을, 여덟자 心 마음 深 깊을
甚 심할

십 十 열

쌍 雙 쌍

씨 氏 성

아

아 俄 갑자기, 아라사 兒 아이 我 나
瘂 벙어리

악 喔 닭우는소리 嶽 큰산
惡 악할, 미워할 [오]

안 安 편안할 晏 편안할, 늦을 眼 눈
雁 기러기 顔 얼굴

암 暗 어두울 諳 욀

앙 殃 재앙

애 哀 슬플 崖 낭떠러지 愛 사랑할

야 也 어조사 夜 밤

약 弱 약할 若 만약 藥 약 躍 뛸

양 佯 거짓, 노닐 壤 흙 揚 날릴
樣 모양 羊 양 讓 겸손할
養 부양할

어 御 임금 於 어조사 語 말씀
馭 말부릴 魚 고기

언 焉 어조사 言 말씀

엄 嚴 엄할 俺 가릴

여 予 나, 줄 如 같을 汝 너
與 더불, 참여할 餘 남을

역 亦 또 役 부릴 易 바꿀, 주역
疫 역병 逆 거스를

연 吮 빨 延 끌 淵 못 然 그럴
燃 불사를 緣 연분, 인할 鳶 솔개

열 熱 뜨거울

염 厭 싫어할 染 물들일 炎 불꽃

엽 葉 잎사귀

영 嬰 아이 榮 영화 籯 상자
迎 맞이할

예 睿 밝을 穢 더러울 藝 재주
裔 후예 譽 명예

오 五 다섯 吳 나라이름 吾 나
嗚 탄식할 圬 흙손 忤 게으를
梧 오동나무 汚 더럽힐
誤 그릇될

옥 屋 집 玉 구슬

온 溫 따뜻할 穩 안온할

옹 癰 종기

와 臥 누울

완 完 완전할 浣 빨 頑 우둔할

왈 曰 가로

왕 往 갈 枉 굽을 王 임금

외 畏 두려울

요 要 구할 遙 멀 邀 맞이할

욕 慾 욕심 欲 하고자할 浴 목욕
辱 욕보일

용 傭 품팔이할 勇 날랠
容 얼굴, 용서할 慵 게으를 用 쓸
舂 찧을 踊 뛸

우 于 어조사 又 또 友 벗 右 오른쪽
愚 어리석을 憂 근심 遇 만날
雨 비

운 云 이를 運 돌, 운 雲 구름
暈 빛을, 달무리

원 元 으뜸 冤 원죄(억울하게 쓴 죄)
原 근원 員 관원, 인원 園 동산
圓 둥글 寃 원죄 怨 원망할
援 구원할 源 근원 苑 동산
遠 멀 願 바랄, 빌

월 月 달 越 초월할 鉞 도끼

위 位 자리 危 위태할 慰 위로할
爲 할, 위할 衛 막을, 지킬
謂 이를

유 乳 젖 唯 오직, 대답할 幼 어릴
幽 그윽할 惟 생각할, 오직
愈 더할, 나을 有 있을
楡 느릅나무 猶 오히려
由 말미암을 까닭 瘉 병나을
諭 깨우칠, 비유할 遊 놀
遺 남을, 끼칠

육 肉 고기

윤 潤 윤택할

융 戎 오랑캐

은 恩 은혜

음 吟 읊을 淫 음란할 陰 그늘
音 소리 飮 마실

응 應 응할

의 依 기댈 宜 마땅할 意 뜻
疑 의심할 矣 어조사 義 옳을
衣 옷 儀 거동, 법도 醫 의원

이 二 두 以 써 伊 저 夷 오랑캐
已 이미 怡 기뻐할 易 쉬울
爾 너 異 다를 移 옮길
而 말이을 耳 귀

익 益 더할, 이로울

인 人 사람 仁 어질 刃 칼날
印 도장 因 인할 寅 셋째지지
忍 참을

일 一 한 日 날 溢 넘칠 逸 편안할

임 任 맡을

입 入 들

잉 仍 인할, 그대로따를

자

자 刺 찌를 咨 물을 子 아들
字 글자 慈 자애로울 紫 자주빛
者 놈 自 스스로 玆 이

작 作 지을 昨 어제 爵 벼슬 雀 참새

장 丈 어른 墻 담 壯 씩식할
將 장수, 장차 張 활시위얹을, 베풀
掌 손바닥 臧 착할, 감출
莊 엄할, 바를 藏 감출
贓 장물, 뇌물받을 長 길

재 再 다시 哉 어조사 在 있을
宰 재상 材 재목, 재능
梓 가래나무 災 재앙 纔 겨우
財 재물 載 실을

쟁 爭 다툴

저 低 낮을 底 밑 詆 꾸짖을, 흉볼
諸 김치, 어조사, 모든 [제]

적 寂 고요할 敵 원수 滴 물방울
的 과녁 積 쌓을 績 자을
賊 도둑 赤 붉을

전 全 온전할, 모두 前 앞 塡 메울
專 오로지 戰 싸울 田 밭
箭 화살 轉 구를 錢 돈
鐫 새길, 물리칠 電 번개
顓 오로지 顚 머리, 넘어질

절 切 끊을 竊 도둑, 몰래(竊의 속자)
節 마디, 예절, 절제할
絶 끊을, 뛰어날

점 漸 차차 點 점

접 接 접할

정 井 우물 定 정할, 편안할 庭 뜰
廷 조정 情 뜻 政 정사
整 가지런할 旌 기 正 바를
精 찧을, 자세할 貞 곧을 鼎 솥

제 制 억제할, 법도 啼 울 堤 제방

帝 황제 弟 아우 濟 구제할
祭 제사 第 차례 製 지을
諸 모두 除 뺄, 덜 齊 가지런할

조 早 일직 曹 무리 朝 아침
條 조건, 가지 照 비출 調 고를
造 지을 遭 만날 釣 낚시
雕 물수리, 새길

족 族 종족 足 발

존 存 존재할 尊 높을, 공경할

졸 拙 졸할

종 宗 마루, 으뜸 從 따를 種 씨
終 마칠 縱 세로, 늘어질
鍾 쇠북, 술잔

좌 佐 도울 坐 앉을 座 자리

죄 罪 허물

주 主 주인 住 집 周 두루 州 고을
晝 낮 朱 붉을 珠 구슬 誅 벨
走 달아날 酒 술

준 遵 좇을

중 中 가운데 仲 버금 衆 무리
重 무거울

즉 則 곧 卽 곧

증 增 더할 憎 미워할 曾 일직
症 증세

지 之 갈, 어조사 只 다만 咫 지척
地 땅 志 뜻 持 가질 旨 뜻, 맛
智 지혜 枝 가지 止 그칠 池 못
知 알 祇 공경할, 삼갈 脂 지방
至 이를 芝 지초

직 直 곧을 織 짤 職 직분

진 嗔 진노할 塵 먼지 振 떨칠
珍 보배 盡 다할 眞 참
進 나아갈 陣 진칠(병영)

질 嫉 미워할 秩 차례 窒 막을

짐 朕 나

징 懲 징계할

차

차 且 또 借 빌릴 差 틀림 此 이
遮 가릴

착 着 붙을, 입을 錯 꾸밀, 둘 [조]

찬 饌 차려낼

찰 察 살필

참 參 참여할, 석 [삼] 慙 부끄러울
斬 벨 讒 헐뜯을

창 倉 창고 昌 창성할 暢 화창할
蒼 푸를

채 債 빚 菜 나물 蔡 나라이름

책 責 책임

처 妻 아내 處 곳

척 尺 자, 척

천 千 천 天 하늘 川 시내 泉 샘

薦 드릴, 천거할 賤 천할

철 撤 거둘

첨 添 더할 簷 처마

청 淸 맑을 聽 들을 靑 푸를

체 替 바꿀 涕 눈물 滯 막힐 體 몸

초 初 처음 招 부를 肖 닮을 草 풀
超 뛰어넘을

촉 蠋 벼룩, 나비애벌레

촌 寸 마디 村 마을

총 寵 괼 摠 거느릴 聰 밝을, 총명할

추 墜 떨어질 推 밀 皺 주름
秋 가을 趨 추창할 追 쫓을
麤 거칠

춘 春 봄

출 出 날

충 忠 충성

취 取 취할 娶 장가들 就 나아갈
臭 냄새 醉 술취할

측 厠 측간 測 잴, 헤아릴

치 侈 사치 値 값 恥 부끄러울
治 다스릴 痴 어리석을 (癡의 속자)
致 이를 齒 이

칙 勅 칙서(임금이 내리는 글)

친 親 가까울, 어버이

칠 七 일곱 漆 옻

침 侵 침노할 寢 잠잘
沈 빠질, 가라앉을

카

쾌 快 쾌할, 빠를

타

타 他 다를, 타인 唾 침 墮 떨어질
惰 게으를

탁 坼 터질 濁 흐릴 琢 쫄

탄 歎 탄식할 炭 숯

탈 奪 빼앗을

탐 探 찾을 貪 탐욕

탕 湯 끓을

태 太 클 怠 게으를 殆 아마, 거의
泰 클, 산이름
駄 바리(수레에 가득 실은 짐)

택 擇 가릴, 선택할 宅 집

토 吐 토할 土 흙

통 痛 아플 通 통할

퇴 退 물러날

투 妬 질투할 投 던질 鬪 싸울

파

파 坡 고개, 둑 怕 두려워할 波 물결
派 갈래 破 깨트릴
頗 치우칠, 자못

판 判 판단할 辦 힘쓸

팔 八 여덟

패 佩 찰 悖 어그러질 敗 패할, 무너질

편 便 편할, 소식 偏 치우칠 片 조각
篇 책

평 平 평평할 評 품평

폐 幣 비단 廢 폐할 弊 해질
敝 해질, 겸사 閉 닫을

포 布 베 抱 안을 抛 버릴 晡 저녁
飽 배부를 鮑 절인어물

폭 暴 나타낼, 사나울 [포]

품 稟 사뢸, 녹미 [름]

풍 諷 욀 豊 풍성할 風 바람

피 彼 저 披 해칠 疲 피로할
皮 껍질 被 입을 避 피할

필 必 반드시

핍 泛 물소리, 뜰 [범]

하

하 下 아래 何 어찌 夏 여름
廈 큰집 河 물, 물이름

학 壑 골 學 배울 虐 사나울

한 寒 찰 恨 한할 漢 나라이름
閑 한가할 韓 나라이름

할 割 나눌

함 含 머금을

합 合 합할 盍 모일, 어찌 아니할

항 缸 항아리

해 孩 아이 害 해로울 懈 게으를
楷 해서, 본보기 海 바다
解 풀이할 該 갖출

핵 覈 핵실할(조사하여 밝힘)

행 倖 요행 行 갈

향 享 누릴, 드릴 向 향할
鄕 고을, 마을 香 향기

허 虛 풍칠 許 허락할

헌 憲 법 獻 드릴

험 險 위험할

현 懸 달 玄 검을 縣 매달, 고을
賢 어질 顯 나타날

혈 血 피

혐 嫌 혐의할

협 狹 좁을

형 兄 맏 刑 형벌 形 형상 荊 가시

혜 兮 어조사 慧 슬기 蕙 훈초

호 乎 그런가 呼 부를 好 좋아할 戶 집 昊 하늘 毫 터럭 皓 흴 蒿 쑥 虎 범 號 부를 護 보호할 豪 뛰어날

혹 或 혹

혼 婚 혼인할 昏 어두울

홀 忽 홀연

홍 洪 넓을 紅 붉을 鴻 기러기

화 化 될 和 화합할 火 불 畵 그림(畫의 속자) 禍 재화 禾 벼 花 꽃 華 빛날 話 이야기 貨 재화

확 攫 움킬 確 확실할 鑊 솥

환 丸 알 宦 벼슬 患 근심 懽 기뻐할 換 바꿀 桓 굳셀 歡 기뻐할 還 돌아올

황 徨 방황할 皇 임금 荒 거칠 黃 누를

회 回 돌아올 恢 클, 넓을 悔 후회할 懷 품을 會 모일

획 獲 얻을 畫 꾀할

횡 橫 가로

효 孝 효도 曉 새벽

후 侯 제후 厚 두터울 後 뒤 朽 썩을

훈 訓 가르칠

훼 毁 훼

휘 徽 아름다울 輝 빛날 麾 대장기

휴 休 쉴 虧 이지러질

휼 譎 속일

흉 凶 흉악할

흑 黑 검을

흡 恰 흡사할

흥 興 성할

희 喜 기쁠 戱 희롱할